36 | 계명한국학총서

한국유학과 사회과학의 대화

— 계명대학교 한국학연구원 편 —

계명대학교 출판부

책을 내면서

21세기를 접어들면서 근대 서구의 학문이 세계사적 표준이 되던 시기는 이제 저물어가고 있다. 서구적 근대성은 인류에 물질적 풍요와 개인적 자유를 가져다주었지만 동시에 인간을 물질의 노예로 전락시키고 공동체적 삶으로부터 고립시키는 결과를 초래하였다. 한국사회는 개항과 더불어 근대화에 국가와 민족의 명운을 걸었고 그 성과는 오늘날의 세계 10위 안의 경제대국으로, 또한 제3세계에서 가장 빠른 민주화를 이룩한 국가로 나타났다. 그러나 근대화는 역사・문화적 단절의 희생 위에 급속히 이루어졌고, 그 성취에 비례하여 부작용도 심각하게 나타나고 있다. 정치적, 경제적인 수준에 비해 국민의 행복지수는 세계에서 최하위에 머물고, 이혼율과 자살률 등 사회해체적 문제들은 최상위에 가깝다. 거의 1세기 전에 서구에서 도입된 한국의 사회과학은 지금까지 서구의 학문과 제도를 수입하는데 선봉에 섰지만 정작 이들 서구화, 근대화에 따른 실존적 문제를 해결하는 데는 태생적 한계를 안고 있었다.

계명대학교 한국학연구원에서는 이러한 문제의식하에 〈한국유학과 사회과학의 대화〉을 주제로 학술대회를 기획하였고 한국유학의 사회사상에서 현대적 가치들 재발견하여 서구의 근대적 사회사상과 이에 따른 문제를 재조명해보고자 하였다. 한국유학에는 오늘날 한국사회가 안고 있는 문제들의 해결에 도움을 줄 많은 사회과학적 지혜가 내포되어 있다. 더욱이 한국유학의 가치와 이념은 한국인의 집단 무의식 속에, 그리고 한국 문화의 심층에 잠재해 있기 때문에 그 지혜의 현실 정합성은 매우 높다. 오늘날 한국사회가 직면한 많은 사회제도적 문제는 타율적 식민지 근대화에 따른 역사적,

문화적 괴리에 기인하는 면이 많았다.

본 학술대회의 기획 의도는 '토착적 한국 사회과학을 정립하기 위해 한국 유학은 서구 사회과학과 어떤 대화를 나눌 수 있을까'란 질문에 답하는데 있었다. 이 질문에 대한 답은 결국 한국유학 사회사상의 사회과학적 이론화로 귀결될 것이다. 대화를 통해 한편으로는 한국유학의 사회과학적 지평을 탐색하고 다른 한편으로는 서구 사회과학의 한국적 토착화의 가능성을 모색하고자 하였다.

이번 학술대회는 한국유학의 사회과학적 이론화 가능성을 타진하고 전반적인 윤곽을 그려보는데 초점을 맞추었다. 그래서 시대별로 조선 전기(정도전), 중기(이황, 이이, 정제두), 후기 (정약용, 최한기), 말기(이원구)로 안배했고, 학파별로 관학파(정도전), 사림파(이황, 이이), 양명학(정제두), 실학파(정약용), 근대 유학(최한기, 이원구)을 망라했다. 그리고 분야별로 정치(정도전), 경제(이원구), 교육(이황), 윤리·인권(이이), 사회심리(최한기), 법(정약용), 환경(정제두)으로 나누었다. 여기에 김세정 교수의 한국유학의 생태의식 논문과 김태오 교수의 교육 생태학적 논문을 추가하여 책으로 엮었다. 이상의 논문으로 한국유학의 사회과학적 과제가 충분히 다루어졌다고는 보지 않는다. 그러나 한국유학의 사회과학적 이론화의 가능성을 종합적으로 탐색하고 한자리에서 토론해 본 좋은 기회였다는 점에서 나름 의의가 있었다고 자평하고 싶다. 앞으로 한국유학과 사회과학의 대화가 지속적으로 이루어져 한국학의 발전에 크게 기여할 수 있는 계기가 되기를 기대한다.

2014. 2. 7

이 영찬

● Contents

한국유학과 사회과학의 대화

정도전 사상과 현대 한국정치
-정치가 양성을 중심으로 | 박홍규

정도전 사상과 현대 한국정치

—

정치가 양성을 중심으로

—

박홍규

1. 현대 한국정치의 상황

1980년대 민주주의로의 이행을 달성한 이후 한국의 민주주의는 공고화 과정을 거쳤지만, 민주주의 수준이 질적으로 향상되었다고 보기는 어렵다. 경제발전과 민주화에도 불구하고 낮은 수준의 정치적 제도화, 정치적 부패의 만연, 경제적·사회적 불평등의 증대와 경제적 불안감의 확대, 사회적 불신과 정치적 제도에 관한 낮은 신뢰 수준 등의 현상은 성숙한 민주사회라는 평가를 내리기 어렵게 한다. 특히 지난 19대 총선 과정을 살펴볼 때, 정치엘리트의 수준이 향상되고 있는지에 대해서는 더욱 회의적이다. 기존의 정치인은 물론 정당공천을 통해 정치권에 진입한 새로운 인물 또한 견실한 정책 선거를 지향하기보다는 득표를 위해 실행가능성이 낮은 공약空約을 남발하고, 네거티브 선거캠페인을 행하였다. 한국 민주주의의 '성숙화'를 위해서는 분명 긴급한 치료를 요하는 상황임을 누구나 공감할 것이다. 그렇다면 이런 상황에 이르기까지 한국에서의 정치학은 무엇을 했고, 앞으로 무엇을 할 수 있을까?

이 글에서는 먼저 근대 이후 서구 정치사상 및 미국 중심의 현대 정치학의 특징을 살펴보고, 그러한 서구 정치학을 충실히 추종하고 있는 오늘날의 한국 정치학계의 상황과 문제점을 지적한 다음, 제도 개혁론과 정치가론을 함께 가지고 있는 정도전 사상을 통해 시사점을 찾아보고자 한다.

2. 서구 근대 정치사상 및 현대 정치학의 접근방식

근대는 중세의 신으로부터 해방된 개체로서의 인간을 상정한다. 따라서 근대 서구 정치학은 욕망의 주체이자 이성의 소유자인 인간이 신이 아닌 인간 자신의 능력으로 질서를 창출하는 것을 핵심과제로 하였다.

마키아벨리는 『군주론』에서 새로운 질서(분열된 이탈리아의 통일)를 위한 군주의 통치술을 전개하였다. 그의 통치술은 바람직한 인간이 아니라 현존하는 인간을 전제로 하고 있다.

이론이나 사변보다는 사물의 실제적인 진실에 관심을

경주하는 것이 낫다고 생각한다. 왜냐하면 많은 사람들이 현실 속에 결코 존재한 것으로 알려지거나 목격된 적이 없는 공화국이나 군주국을 상상해왔기 때문이다. 그러나 "인간이 어떻게 사는가"는 "인간이 어떻게 살아야 하는가"와는 너무나 다르기 때문에, 일반적으로 행해지는 바를 행하지 않고 마땅히 해야 하는 바를 고집하는 군주는 권력을 유지하기보다는 잃기 십상이다. 어떤 상황에서나 선하게 행동할 것을 고집하는 사람이 많은 무자비한 사람들에게 둘러싸여 있다면 그의 몰락은 불가피하다. 따라서 권력을 유지하고자 하는 군주는 필요하다면 부도덕하게 행동할 태세가 되어 있어야 한다.01

마키아벨리는 중세적 인간과는 극명하게 대비되는 자신의 눈앞에 현존하는 인간, 즉 근대적 인간을 바탕으로 질서를 구축할 수 있는 논리를 주장한다. 그가 묘사하는 인간은 자신의 이익과 욕망을 추구하는 인간일 뿐이다.

이 점은 인간 일반에 대해서 말해준다. 즉 인간이란 은혜를 모르고, 변덕스러우며, 위선자인 데다 기만에 능하며, 위험을 피하고 이득에 눈이 어둡다는 것이다. 당신이 은혜를 베푸는 동안 사람들은 모두 당신에게 온갖 충성을 바친다. … 그러나 당신이 정작 궁지에 몰리게 되면,

01 마키아벨리. 2003. 『군주론』. 강정인 · 문지영 옮김. 까치. 107-108쪽.

> 그들은 등을 돌린다. 따라서 전적으로 그들의 약속을 믿고 다른 방비책을 소홀히 한 군주는 몰락을 자초할 뿐이다. … 인간은 두려움을 불러일으키는 자보다 사랑을 받는 자에게 해를 끼치는 것을 덜 주저한다. 왜냐하면 사랑이란 일종의 의무감에 의해서 유지되는데 인간은 지나치게 이해타산적이어서 자신들의 이익을 취할 기회가 있으면 언제나 자신을 사랑한 자를 팽개쳐버리기 때문이다. 그러나 두려움은 처벌에 대한 공포로써 유지되며 항상 효과적이다.[02]

이러한 이해타산적인 인간에게 질서를 부여하기 위해서는 군주는 상황에 따라 악덕을 행할 수 있는 신중한 인물이어야 한다.

> 군주가 앞에서 말한 것들 중에서 좋다고 생각되는 성품들(virtues)을 모두 갖추고 있다면 그야말로 가장 찬양받을 만하며, 모든 사람들이 이를 기꺼이 인정할 것이라는 점을 나는 알고 있다. 그러나 이 모든 것을 갖추는 것이 가능하지 않고, 상황이란 것이 전적으로 유덕한 삶을 영위하는 것을 용납하지 않기 때문에, 신중한 사람이라면 자신의 권력기반을 파괴할 법한 악덕으로 악명을 떨치는 것을 피하고, 또 정치적으로 위험을 초래하지 않는 악덕들도 가급적 피하도록 노력해야 할 것이다. 그러나

---

02 같은 책. 117쪽.

> 만약 그렇게 할 수 없다면, 후자의 악덕은 별다른 불안을 느끼지 않고 즐겨도 좋을 것이다. 그러나 그것 없이는 권력을 보존하기 어려운 악덕으로 악명을 떨치는 것에 대해서는 개의치 말아야 할 것이다. 왜냐하면 모든 것을 신중하게 고려할 때, 얼핏 유덕한 것으로 보이는 어떤 일을 하는 것이 자신의 파멸을 초래하는 반면, 일견 악덕으로 보이는 다른 일을 하는 것이 결과적으로 자신의 입장을 강화시키고 번영을 가져오는 경우가 있기 때문이다.[03]

그렇다고 해서 마키아벨리가 악덕, 악행 그 자체를 권하는 것은 아니다. 상황이 악행을 요구한다면 기꺼이 그것을 실행한다는 의미일 뿐이다.

> 군주는 특히 신생 군주는 좋다고 생각되는 방법으로 처신할 수 없다는 점을 분명히 이해해야 한다. 왜냐하면 자신의 권력을 유지하기 위해서, 그는 종종 신의 없이, 무자비하게, 비인도적으로 행동하고 종교의 계율을 무시하도록 강요당하기 때문이다. 따라서 그는 운명의 풍향과 변모하는 상황이 그를 제약함에 따라 자신의 행동을 거기에 맞추어 자유자재로 바꿀 태세가 되어 있어야 하며, … 가급적이면 올바른 행동으로부터 벗어나지 말아

03 같은 책. 109쪽.

야 하겠지만 필요하다면 비행을 저지를 수 있어야 한다.[04]

그러나 군주의 악행을 요구하는 상황이란 역시 "인간이란 신의가 없고 당신과 맺은 약속을 지키려고 하지 않는"[05] 인간의 본질에서 유래한다고 본다. 따라서 질서를 창출하려는 군주는 이러한 인간의 본질에 부합하는 행동을 해야 한다.

> 군주가 자신의 약속을 지키며 기만책을 쓰지 않고 정직하게 사는 것이 얼마나 찬양받을 만한 것인지를 모든 사람이 알고 있다. 그럼에도 불구하고, 경험에 따르면 우리 시대에 위대한 업적을 성취한 군주는 자신의 약속을 별로 중시하지 않고 오히려 인간을 혼동시키는 데에 능숙한 인물들이라는 것을 알 수 있다. 그들은 신의를 지키는 자들에게 맞서서 항상 승리를 거두었다.[06]

이상과 같은 마키아벨리가 묘사한 근대적 인간의 모습은 홉스가 『리바이어던』을 저술할 때도 등장한다. 그러나 홉스는 마키아벨리와 달리 현존하는 인간이 아니라 '자연상태'라는 상황을 가정하고 있다.

자연상태에서의 "인간은 나면서부터 평등하다." 왜냐하면 "자연은 인간을 신체와 정신의 능력에 있어서 평등하게 창조했"기 때문이다.[07]

---

04 같은 책. 125쪽.
05 같은 책. 123쪽.
06 같은 책. 122쪽.
07 홉스. 1982.『리바이어던』. 한승조 옮김. 삼성출판사. 223쪽.

이러한 '능력의 평등'에서부터 인간은 욕망을 달성하는 데 있어 '희망의 평등'이 발생한다. "따라서 만일 어떤 두 사람이 같은 것을 의욕하고, 그럼에도 불구하고 그들이 둘 다 향유할 수 없다면, 그들은 적으로 된다. 그리고 그들의 목표를 달성하는 과정에서 서로를 멸망시키거나 굴복시키려고 노력하"는 상호불신의 상황이 전개된다.[08] 이러한 상호불신으로부터 어떤 사람이든지 자신을 지키는 데 있어서 선수를 치는 것과 같은 적절한 방법은 없고, 폭력이나 간계에 의해서 그가 그를 위태롭게 하는데 충분한 다른 힘을 만나지 않을 때까지, 그가 할 수 있는 한 많은 사람들을 지배하게 된다. 그리고 이것은 그 자신의 보존을 위해 필요로 하는 것에 지나지 않으며, 일반적으로 허용되는 것이다.[09] 홉스는 "모든 사람이 그 자신의 본성, 즉 그 자신의 생명의 보존을 위해 스스로 원하는 대로 그 자신의 힘을 사용하기 위해 갖는 자유"[10]를 자연권이라고 규정한다. 모든 사람이 자연권을 갖고 있는 자연상태를 홉스는 다음과 같이 묘사한다.

> 인간이 그들 모두를 두렵게 하는 공통의 힘이 없이 사는 시기에는, 그들은 전쟁이라고 불리는 상태에 있으며, 그리고 그러한 전쟁은 모든 사람에 대한 모든 사람의 전쟁인 것이다. 왜냐하면 전쟁이란 전투나 싸우는 행동에만 존재하는 것이 아니고, 전투에 의해 싸우고자 하는 의지가 충분히 알려진 기간에 존재하기 때문이다.[11]

---

08 같은 책. 224쪽.
09 같은 책. 224-225쪽.
10 같은 책. 228쪽.

> 그러한 상태에서는 근로의 여지가 없다. 그것의 성과가 불확실하기 때문이다. … 무엇보다도 나쁜 것은 계속적 공포와 폭력에 의한 죽음에 대한 공포이며, 인간의 생활은 고독하며 가난하고 험악하며 잔인하고 짧은 것이다.[12]

모든 사람에 대한 모든 사람의 전쟁 속에서는 어떠한 것도 부정한 것이 될 수 없으며 따라서 정正과 사邪, 정의와 부정의의 관념이 거기에 존재할 여지는 없다.[13] 그러나 이러한 상태로부터 벗어나 질서를 창출하고자 하는 정념과 이성이 인간에게 작동하게 된다. 이는 평화에 대한 정념과 평화를 가능케 하는 이성의 명령, 즉 자연법이다.

> 인간을 평화로 지향케 하는 정념은 죽음에 대한 공포나 편리한 생활에 필요한 것과 같은 것들에 대한 의욕이며, 그들의 근로에 의해서 그것들을 획득하려는 희망이다. 그리고 이성은 인간들이 동의에 이를 수 있는 적절한 조항들을 시사한다. 이러한 조항들은 자연의 법률들이라고 불리는 것이다.[14]

자연법이란 이성에 의해 발견된 계율 또는 일반적 법칙으로, "모든 사람은 그가 그것을 획득하려는 희망을 가지는 한, 평화를 얻기

---

11 같은 책. 225-226쪽.
12 같은 책. 226쪽.
13 같은 책. 227쪽.
14 같은 책. 228쪽.

위해 노력해야만 한다." "평화를 추구하고 그것을 따르라"는 것이 제1의 자연법이다.[15] 이로부터 제2의 자연법이 도출된다. "인간은 평화와 자신의 방어를 위해 그가 필요하다고 생각하는 한, 타인도 그러할 때에는 모든 것에 대한 이러한 권리(자연권)를 포기해야만 한다."[16]

계약을 통해 자연권을 상호 양도함으로써, "사람도 신의 창조를 모방하여 자연을 인공동물로 만들어볼 수가 있는 것이다."[17] "정치공동체, 즉 국가는 바로 이런 솜씨에 의하여 만들어졌는데, 그것이 바로 하나의 인공적 인간과도 같은 리바이어던이다."[18] 홉스는 사악한 인간에게 법과 정치제도를 통해 질서를 부여하는 '제도규율적 질서론'을 주장했다.

또한 로크는 홉스만큼 극단적이지는 않지만 인간의 불완전성을 전제로 법적, 제도적 장치를 통한 정치 질서를 구축하고자 했다. 로크는 『통치론』에서 다음과 같이 자연상태를 설명한다. "자연상태란 사람들이 타인의 허락을 구하거나 그의 의지에 구애받지 않고, 자연법의 테두리 안에서 스스로 적당하다고 생각하는 바에 따라서 자신의 행동을 규율하고 자신의 소유물과 인신人身을 처분할 수 있는 완전한 자유의 상태이다. 그것은 또한 평등한 상태이기도 한데, 거기서 모든 권력과 권한은 호혜적이며 무릇 어느 누구도 다른 사람보다 더 많이 가지지 않는다."[19] 이러한 자연상태는 '자유의 상태'이지 '방종의 상태'는 아니다.

---

15 같은 책. 229쪽.
16 같은 책. 229쪽.
17 같은 책. 149쪽.
18 같은 책. 149쪽.
19 존 로크. 1996. 『통치론』. 강정인 · 문지영 옮김. 까치. 11쪽.

> 그 상태에서 인간은 자신의 인신과 소유물을 처분할 수 있는 통제받지 않는 자유를 가지고 있지만, 그는 자신을 파괴할 수 없으며, 또 그의 소유 하에 있는 어떠한 피조물도 살해할 수 없다. 자연상태에는 그것을 지배하는 자연법이 있으며 그 법은 모든 사람을 구속한다. 그리고 그 법인 이성은 조언을 구하는 모든 인류에게 인간은 모두 평등하고 독립된 존재이므로 어느 누구도 다른 사람의 생명, 건강, 자유 또는 소유물에 위해를 가해서는 안 된다고 가르친다.[20]

또한 로크의 자연상태에서는 만인이 다른 사람의 권리를 침해하거나 다른 사람에게 해악을 가하는 것을 억제하고 모든 인류의 평화와 보전을 지향하는 자연법의 준수를 확보하기 위해서, 자연법의 집행이 모든 사람의 수중에 맡겨져 있다.[21]

> 자연상태에서 한 인간은 다른 인간에 대해서 권력을 획득하게 된다. … 차분한 이성과 양심이 명하는 바에 따라 범법자에게 그의 침해에 비례하여 보복을 가할 수 있는 권력으로서 배상과 범죄의 억제를 목적으로 하는 것이다. … 모든 사람은 위반자를 처벌할 수 있는 권리를 가지며 자연법의 집행자가 된다.[22]

---

20 같은 책. 13쪽.
21 같은 책. 14쪽.
22 같은 책. 14-15쪽.

그러나 자연상태에는 많은 것들이 결여되어 있다.

> 첫째, 자연상태에는 옳고 그름을 판별하는 기준이자 사람들 사이에서 모든 분쟁을 해결하는 공통된 척도로서의 공통의 동의를 통해서 수용되고 인정된 법률 그리고 확립되고 안정된, 잘 알려진 법률이 없다.
> 둘째, 자연상태에는 확립된 법에 따라 모든 다툼을 해결할 수 있는 권위를 가진, 널리 알려진 무사공평한 재판관이 없다.
> 셋째, 자연상태에는 비록 올바른 판결이 내려지더라도, 이를 뒷받침해서 지원해주고 그 적절한 집행을 확보해주는 권력이 종종 결여되어 있다.[23]

따라서 인류는 자연상태에 따르는 온갖 특권에도 불구하고 그들이 거기에 남아 있는 동안 단지 열악한 상황에 시달리게 되므로, 급기야 사람들은 그들이 자연상태에서 가졌던 평등, 자유 및 집행권을 사회의 선이 요구하는 바에 따라 입법부가 처리할 수 있도록 사회의 수중에 양도하게 된다.[24]

> 일정한 수의 사람들이 서로 결합하여 하나의 사회를 형성하고, 각자 모두 자연법의 집행권을 포기하여 그것을 공공체(the publick)에게 양도하는 곳에서만 비로소 정치

23 같은 책, 120쪽.
24 같은 책, 123쪽.

사회(political society) 또는 시민사회(civil society)가 존재하게 된다.[25]

비록 루소와 같은 이질적인 존재가 있기는 했지만, 이상에서 서술했듯이 마키아벨리에서 홉스 그리고 로크에 이르는 서구 근대 정치사상의 근본 저류는 면면히 지속되었다. 그리고 이러한 제도규율적 정치론의 흐름을 이어 정치학이 하나의 학문 분야로 독립된 것은 1860년대 후반이었다. 비록 독립된 학문분과를 이루기는 했지만, 여전히 정치학은 역사학, 철학, 법학과 밀접한 연관을 가지면서 정치현상의 역사적인 면, 규범적인 면을 다루거나, 법, 정치기구, 정치제도 등을 서술하는 수준을 벗어나지 못했으며,[26] 정치체제가 가지고 있는 특성들에 관해 상세하게 서술하는 수준에 머물렀다. 즉 중요한 인물이나 제도, 법문서, 헌법, 정치기구들을 열거하면서 서술하거나 역사적 사건을 시대 순으로 나열하여, 법적인 것이나 공식적인 것에만 주된 관심을 두었다. 이 당시에는 법학의 영향을 크게 받았기 때문에 헌법뿐만 아니라 정부의 공식적인 기구들인 내각, 의회, 법원, 관료, 선거제도 등이 주된 연구의 대상이었다.[27] 그러다가 2차 세계대전 이후 미국을 중심으로 전개된 행태주의 정치학은 정치학의 과학화를 주창하여 일세를 풍미하게 된다.

1960년대에 들어서 비교정치학에서 지적인 혁명이 일어났다. 비교정치학 분야에서 공식적인 정부기구 등에 관한 관심의 집중을 벗어

25 같은 책. 85쪽.
26 신명순. 1999. 『비교정치』. 박영사. 7쪽.
27 같은 책. 8쪽.

나 정치현실에 관한 탐구가 증대하여 정책결정이나 정치과정에 관한 관심이 증가하였다. 방법론적으로는 계량적인 방법을 도입하고 자료의 분석과 사용에서 정확한 측정을 추구하는 경향이 나타났고, 단순한 서술보다는 지적인 것을 추구하고 이론을 정립하려는 경향이 나타났다. 이전의 서술적, 나열적, 규범적인 것에서 설명적, 예측적인 학문으로 변화하였다. 비교정치학의 이러한 발전은 행태주의(behavioralism)의 대두와 시기적으로 일치한다. 행태주의는 정태적인 법이나 기구, 제도보다는 인간의 행태에 초점을 맞추어 분석한다.[28]

인간의 정치적 행동은 제도적 질서, 합리적 손익계산, 가치판단이 함께 어우러진 결과이며, 그 가운데에서도 특히 일정한 유형을 반복적으로 나타내는 정치적 행동을 정치행태(political behavior)라고 부른다.[29] 행태주의 연구는 정치제도의 모습이나 특징을 단순히 서술하는 작업을 넘어서서, 제도 속의 인간의 정치행태가 형성되는 역동적 과정을 파악하려는 목적을 갖고 있다.[30]

행태주의자는 정치제도의 중요성을 강조하며 정치행태를 어디까지나 '제도에 귀속된 행태'로 간주한다. 그럼에도 불구하고 행태주의자들이 정치행태에 관심을 두는 근본적인 이유는 인간의 선택과 결정이야말로 정치의 존재론적 본질이라고 믿기 때문이다.[31] 즉, 행태주의자들은 자신의 고유한 목표를 달성하기 위한 인간의 선택과 결정은 반드시 일정한 행태로 표출되기 마련이며, 따라서 행태연구는

28 같은 책. 10쪽.
29 김웅진. 2008.「행태주의와 경험과학 연구: 전제, 영역과 설계」.『정치학이해의 길잡이2 정치이론과 방법론』. 법문사. 2쪽.
30 같은 책. 5쪽.
31 같은 책. 3-4쪽.

곧 정치현상의 본질적 속성에 관한 연구가 될 수 있다고 주장한다.[32] 그러나 행태주의 연구가 개인의 정치행태만을 다루는 것은 아니며, 개인을 넘어서서 조직과 집단, 더 나아가 정치체계의 움직임에 이르기까지 광범위한 정치적 역동을 그 연구대상으로 삼는다.[33]

행태주의는 과학적 운동을 표방하고 있으며, 과학의 의미와 목표, 과학적 연구의 절차에 관한 입장을 명백히 밝히고 있다. 이러한 전제와 입장은 이스튼(David Easton)이 정리한 행태과학 운동의 '지적 초석'에 명확히 반영되어 있다.

이러한 행태주의 정치학으로 명명된 미국정치학은 다양한 각도에서 비판을 받았음에도 불구하고 지난 반세기에 걸쳐 전제와 분석논리를 끊임없이 수정, 발전시키는 가운데 경험과학 연구(empirical research)라는 새로운 명칭으로 대응하면서 현대 정치학을 떠받치고 있는 이론적, 방법론적 주류의 한 갈래로서 그 위치를 확보하게 되었다. 즉 20세기 전반부에 걸쳐 정치학 연구에 과학적 시각을 도입하려는 학문적 운동으로 시작된 행태주의는 오늘날에 이르러 치밀한 연구 프로그램 내지는 패러다임으로 전환됨으로써 현대 정치학에 있어서 '강한 과학(strong science)'으로서의 안정된 지위를 누리고 있다.[34]

해방 이후 한국의 정치학은 미국정치학의 우산 속에서 전개되었다. 그 중에서도 정치과정론, 정치발전론, 민주주의론 등을 다루는 비교정치학 분야가 주류를 이루었다. 특히 민주화과정을 거치면서

32 같은 책, 4쪽.
33 같은 책, 5쪽.
34 같은 책, 5쪽.

대통령제도, 정당제도, 선거제도 개선론 등 민주주의 제도 설계 및 운영에 관한 연구가 광범위하게 진행되었다. 나아가 현실에서 시행되고 있는 민주주의 정치제도를 전제로 하여 그 속에서 전개되는 정치과정 특히 선거 행태에 관한 연구가 이루어져 왔다. 그러나 정치학 분야의 연구가 많아지고 수준이 깊어지고 있음에도 불구하고 한국 민주주의의 질은 저하되고 있는 듯하다. 다양하게 제시되는 제도 개선론(4년 중임제 개헌, 정당공천제 개혁)은 쉽게 실행될 기미를 보이지 않는다. 급기야 근년에 들어 비교정치학은 오히려 퇴조의 경향을 보이는 반면 국제정치학이 성황을 이루고 있다. 그것은 한국 민주주의의 성숙을 위해 바람직하다고 볼 수 없다. 그렇다면 한국의 정치현상을 분석하고 대안을 제시할만한 다른 접근방식은 없는가? 제도개혁론과 정치가론을 함께 가지고 있는 정도전 사상에 주목해보자.

3. 정도전의 제도론

정도전은 제도개혁론자였다. 위화도회군 이후 새로운 정치세력으로 부상한 신흥유신세력들은 고려사회 폐해의 근간이 되고 있던 토지제도의 개혁에 착수했다. 그 세력의 일원인 정도전은 삼대三代 이상적인 토지제도인 정전제井田制를 자신의 개혁 모델로 설정하고 있었다.[35]

전하(태조 이성계)는 잠저에 있을 때 친히 그 폐단을 보고 개탄스럽게 여기어 사전을 혁파하는 일을 자기의 소임으로 정하였다. 그것은 대개 경내의 토지를 모두 몰수하여 국가에 귀속시키고, 인구를 헤아려서 토지를 나누어 주어서 옛날의 올바른 토지제도를 회복시키려고 한 것(蓋欲盡取境內之田, 屬之公家, 計民授田, 以復古者田制之正)이었는데,[36]

"옛날의 올바른 토지제도"의 양상을 정도전은 다음과 같이 말한다.

옛날에는 토지를 관에서 소유하여 백성에게 주었으니, 백성이 경작하는 토지는 모두 관에서 준 것이었다. 천하의 백성으로서 토지를 받지 않은 사람이 없고 경작하지 않는 사람이 없었다. 그러므로 백성은 빈부나 강약의 차이가 그다지 심하지 않았으며, 토지에서의 소출이 모두 국가에 들어갔으므로 나라도 역시 부유하였다.[37]

이러한 이상적인 제도를 정도전은 고려에서 실행하고자 했다.

사전을 개혁하는 의론은 신이 처음에 생각하기를 모두 공가公家에 속하게 하면 국용國用을 후하게 하고 병식兵食

35 이하의 서술 내용은 최상용 · 박홍규. 2007. 『정치가 정도전』에서 요약한 것임.
36 정도전. 『삼봉집』 卷13(朝鮮經國典上). 「賦典」. 經理.
37 위의 글.

> 을 족하게 하며 사대부들에게 녹祿을 주고 군역에 공급함으로써 상하로 하여금 궤핍匱乏의 근심이 없게 하는 것이었습니다.[38]

그러나 정도전은 자신이 구상한 정전제를 모델로 한 전제田制를 실행하지 못했고, 조준이 선봉에 서서 추진한 과전법이 시행되었다. "그런데 뜻을 결국 이룰 수 없었고, 이어 전하에게 청하여 제조관提調官을 면한 지 오래인데 분전分田이 균평하지 못하다는 원망이 모두 신에게 돌아왔습니다."[39]라는 서술에서 알 수 있듯이, 과전법 시행 이후에 제기된 불평이 정도전에게 집중되었다.[40]

원래 정도전은 의식적으로 자신의 이상론을 전면에 내세워 관철시키려 하지 않았다. 당시 권력투쟁을 수반한 전제개혁이 진행되는 과정에서 조준과 견해를 달리하여 자신의 이상론을 주장한다는 것은 이성계파의 분열을 의미했기에, 정도전은 조준과 이색의 대립을 주시하며, 주자주의자로서 삼대의 정전제의 이상을 견지하면서도, 현실적으로는 조준을 통해 실행 가능한 전제개혁을 관철시켜갔던 것이다. 그리고 비록 이상적 토지제도 개혁을 단념하였지만 과전법 시행의 성과에 대해서는 정도전도 인정하고 있다.

---

38 『고려사』 卷119. 列傳32; 정도전. 『삼봉집』 卷7. 「拾遺」. 恭讓朝辭右軍摠制使箋.

39 위의 글.

40 과전법은 비록 여말 조준을 중심으로 한 사전개혁론자들의 개혁안이 받아들여져 단행된 것으로 일전다주(一田多主)의 현상을 척결하는데 커다란 성과를 거두기는 하였지만, 이색을 중심으로 한 사전개선론자와 개혁론자들의 견해를 절충한 위에 수조지를 존속시키고 사적 소유에 기반한 농장문제를 해결하지 못하였다는 점에서 불철저한 개혁이었다 할 수 있다. 정도전에 대한 불만은 정도전이 가진 이상주의적 제도개혁에 대한 불만이었을 것이다.

> 그러나 뜻을 같이한 2, 3명의 대신들과 함께 전대의 법을 강구하고 오늘의 현실에 알맞은 것을 참작한 다음, 경내의 토지를 측량하여 파악된 토지를 결수로 계산하여 그 중의 얼마를 상공전, 국용전, 군자전, 문무역과전으로 나누어 주고, 한량으로서 경성에 거주하면서 왕실을 호위하는 자, 과부로서 수절하는 자, 향역·진도津渡의 관리, 그리고 서민과 공장에 이르기까지 공역을 맡는 자에게도 모두 토지를 주었다. 백성에게 토지를 분배하는 일이 비록 옛사람에게는 미치지 못하였으나, 토지 제도를 정제하여 일대의 전법을 삼았으니, 전조의 문란한 제도에 비하면 어찌 만 배나 나은 게 아니겠는가.[41]

정도전은 이상적 제도를 현실에 실현하는 것이 쉽지 않다는 것을 잘 알고 있었고, 따라서 이상을 추구하다 현실에서 뜻을 이루지 못하는 것보다는 한발 물러서서 차선을 택하였던 것이다.

제도주의자로서의 정도전의 진정한 면모는 조선건국 이후에 드러난다. 건국 직후 정도전은 최초의 법전인 『조선경국전』(1394)을 저술하여 중앙집권적 국가운영 체제를 확립하기 위한 법체계를 수립하였다. 그는 『주례』를 모델로 하여 군주의 통치행위를 여섯 분야로 분류하여 법제화하였다. 이를 육전체제라고 하며 원래 『주례』의 육전은 천관天官·지관地官·춘관春官·하관夏官·추관秋官·동관冬官의 여섯 개로 나뉘는 관직 체제인데, 『조선경국전』에서 정도전은 치전治典·

41 정도전. 『삼봉집』 卷13(朝鮮經國典上). 「賦典」. 經理.

부전賦典·예전禮典·정전政典·헌전憲典·공전工典으로 구성하였다.[42]

치전은 총서, 관제, 재상연표, 입관, 보리, 군관, 전곡, 봉작승습으로 구성되어 있다. 총서에서는 총재(재상)가 행정을 총괄해야 함을 주장한다. 세습군주제에서는 군주의 자질에 따라 정치의 질에 차이가 나므로, 군주는 현명한 재상을 선택하여 행정을 위임하는 것이 가장 중요한 임무로 설정되어 있다. 관제에서는 관직이 직능적으로 분산되어야 함을 논하고, 재상연표에서는 재상에 요구되는 자질이 피력되어 있다. 입관에서는 인재등용의 기준이 설명되고, 보리에서는 하급 기술직인 서리가 시험에 의해 선발되어 함이 주장되고, 군관은 군사제도의 개혁이, 전곡은 국가재정의 운영원칙이, 봉작승습은 공신에 대한 예우가 서술되어 있다.

부전에서는 국가가 인민에게서 수취하는 부와 그에 관련된 재정원칙을 설명하고 있다. 우선 부를 산출하는 주군과 판적을 논하고, 이어서 부의 제도인 경리經理와 부의 근본인 농상, 부를 국가에 바치는 부세, 부의 수송인 조운, 부의 보조인 염철·산장·수량·공장세工匠稅·상세商稅·선세船稅를 열거한다.(이상이 수입의 측면) 이어서 지출의 측면이 설명되는 분은 상공上供·국용國用·녹봉·군자·의창·혜민·전약국이다. 마지막으로 부를 완화하는 견면蠲免으로 끝을 맺는다.

재정의 최고 원칙은 "수입을 헤아려 지출함(量入爲出)"으로써 수입과 지출의 균형을 유지하는 것이다. 정도전이 「부전」의 총서總序에서 제시한 재정원칙은 수입과 지출의 항목을 획정하고 각 항목에 따

42 이하의 서술 내용은 한영우. 1999. 『왕조의 설계자 정도전』을 참조하였음.

른 운영원칙을 제시한 것으로, 수입과 지출이 유기적으로 연관되어 재생산적 경제순환이 이루어지게 하는 것이다. 그는 그것을 통해 조선왕조의 재정제도를 구축하고자 했다. 앞서 서술했듯이 이상적 토지개혁론자였던 정도전은 조선건국 이후에 불완전하지만 시행되고 있던 과전법을 소여로 하여 재정제도를 확립하고자 했던 것이다.

예전에서는 왕과 신하가 만나는 조회를 비롯하여, 국가의 각종 제사와 연향, 통신 수단인 부서, 수레와 의복, 음악, 달력, 왕을 교육시키는 경연, 학교와 과거제도를 비롯한 인재의 등용, 왕이 신민의 의견을 구하는 구언제도, 중국과의 외교, 시호, 정표, 향음주, 기타 관혼상제 등에 관한 의례의 원칙을 설명하고 있다. 이어지는 정전은 병전에 해당한다. 병전을 정전이라고 한 것은 군사제도가 기본적으로 바르지 못한 인간을 바르게 하는 정인正人의 도덕성에 기초해야 한다는 입장에서이다. 이러한 시각에서 군제를 비롯하여, 군기·교습·정점 등을 차례로 논한다. 마지막 헌전은 형전에 해당하는 것으로 형벌을 다루고, 공전은 국가에서 필요로 하는 각종 물품의 제조와 토목공사 등을 운영하는 원칙이 제시되어 있다.

이러한 『조선경국전』에서 제시된 제도론은 이후 『경국대전』의 편찬으로 이어져 조선왕조의 법전으로 확립된다. 여기서 주목하고 싶은 것은 정도전이 『조선경국전』에서 제도론에만 머무르지 않았다는 사실이다.

4. 정도전의 정치가론

국가를 구성하는 여섯 부분의 제도와 그 운영원칙을 논한 『조선경국전』의 곳곳에서 정도전은 그 제도를 운영하는 관리자에 관해서 논하고 있다.

우선 「부전」의 총서에서는 "토지가 있고 인민이 있은 뒤에 부를 얻을 수 있고, 덕德이 있은 뒤에 그 부를 보존할 수 있는 것이다. … 신은 덕으로써 부전의 근본을 삼는다"[43]고 하여 운영관리자의 덕성을 강조하고 있다. 또한 「부전」의 곳곳에 운영자에 대한 논의가 나타난다.

> 그러나 올바른 관리를 얻지 못하여 일을 처리하는 과정에 조금이라도 마땅함을 잃게 된다면 폐해가 생기게 되니, 유의하지 않을 수 없다.[44]

> 이렇게 하자면 역시 이를 관장하는 데 올바른 사람을 얻어서, 이 제도를 거듭 밝혀 거행하는 데 달려 있는 것이다.[45]

> 혜민전약국을 관장하는 책임자는 자기의 직책을 충실히

---

43 정도전. 『삼봉집』 卷13(朝鮮經國典上). 「賦典」. 總序.
44 정도전. 『삼봉집』 卷13(朝鮮經國典上). 「賦典」. 漕運.
45 정도전. 『삼봉집』 卷13(朝鮮經國典上). 「賦典」. 義倉.

이행하여 국가의 살리기를 좋아하는 덕이 영원히 빛나게 하여야 할 것이다.[46]

대개 선왕이 법을 만든 것은 천리에 따른 것이지만, 후세 사람이 부세에 폐단을 일으키는 것은 인욕 때문이다. 재신才臣과 계리計吏로 부세를 다스리는 자는 마땅히 인욕을 억제하고 천리를 간직할 것을 생각해야 옳을 일이다.[47]

정도전은 제도만 갖추면 왕조가 저절로 다스려진다고 생각하지 않았다. 전형적인 주자주의자였던 정도전은 제도를 운영하는 인간의 중요성을 『조선경국전』에서 반복해서 강조하고 있다. 헌전에서는 다음과 같이 말한다.

가을은 천지에서 의기義氣가 되는데, 형조刑曹를 추관秋官이라고 하니, 그 작용이 동일한 것이다. 그러나 천지의 도는 마음이 없어도 조화가 이루어지기 때문에 운행하는데 어긋남이 없거니와, 성인의 법은 사람에 의해서 한 뒤에 시행되기 때문에 반드시 공경하고 애휼하는 인仁과 밝고 신중한 마음을 다한 뒤에나 시행될 수 있는 것이다.[48]

소송을 처결하는 사람은 먼저 자신의 덕을 밝혀서 백성

---

46 정도전. 『삼봉집』 卷13(朝鮮經國典上). 「賦典」. 惠民典藥局.
47 정도전. 『삼봉집』 卷13(朝鮮經國典上). 「賦典」. 賦稅.
48 정도전. 『삼봉집』 卷14(朝鮮經國典下). 「憲典」. 總序.

들로 하여금 외복(畏服)하게 하고, 악한 일을 막고 분내는 것을 징계하여 끝내는 처결할 소송 사건이 없어지게 한 다음에야 백성의 덕성이 후하게 될 것이다.[49]

법 자체만으로는 좋아지는 것이 아니고 오직 그것을 운용하는 사람을 제대로 얻는 데 달려 있는 것이다. … 반드시 조심스럽게 구휼하는 인자스러움과 밝고 신중한 덕을 갖춘 다음에라야 그 좋은 법을 시행할 수 있을 것이다.[50]

정전에서도 정치가에 대한 정도전의 관심이 표출되고 있다.

다만 훌륭한 관리를 얻지 못한 까닭으로 … 이러한 폐단은 사람에게 있는 것이지, 법 자체에 있는 것은 아니다.[51]

사냥하는 일은 한가지로되, 그들 마음에는 천리와 인욕의 나뉨이 있어 치란과 존망이 각각 그 마음가짐에 따라서 나타났던 것이다. 이른바 터럭 끝만한 차이가 천리의 어긋남을 가져온다는 것이 바로 이것이다. 후세의 인주들은 어찌 취사하는 기틀을 살피지 않을 수 있겠는가.[52]

---

49 정도전. 『삼봉집』 卷14(朝鮮經國典下). 「憲典」. 罵詈 · 訴訟.
50 정도전. 『삼봉집』 卷14(朝鮮經國典下). 「憲典」. 捕亡斷獄.
51 정도전. 『삼봉집』 卷14(朝鮮經國典下). 「政典」. 屯田.
52 정도전. 『삼봉집』 卷14(朝鮮經國典下). 「政典」. 畋獵.

이상과 같이 조선왕조의 제도를 제시하고 있는 『조선경국전』(1394)에서도 운영자에 관한 지적이 등장하고 있지만, 정도전이 운영자인 치자의 문제(관직을 중심으로 그 직분과 운영원리)를 본격적으로 다룬 것은 『경제문감』(1395)과 『경제문감별집』(1397)에서이다.

1395년에 찬진된 『경제문감』은 『조선경국전』의 보유편에 해당한다. 『조선경국전』이 국정 전반의 방향을 제시한 종합적인 대전大典의 성격을 지녔다면, 『경제문감』은 그 가운데서 치전에 해당하는 권력구조 혹은 관료제도의 문제를 보완한 것이라고 할 수 있다. 『경제문감』에서는 재상으로부터 시작하여 대관·간관·위병·감사·주목·군태수·현령의 차례로 관료체계의 주요 부분을 다루고 있다. 그러나 여기서 주목하고 싶은 것은 정도전의 저술 목적이다. 그것은 책의 제목에서 확인할 수 있다.

'경제문감經濟文鑑'이란 '경세제민을 추구하는 자에게 문장으로 귀감을 제시한다' 혹은 '경세제민에 필요한 경계의 문장'이라는 뜻이다. 『조선경국전』을 통해 제시된 정통왕조의 법제를 운영하는 자를 위한 경계서警戒書란 의미이다. 이 책에는 각 관제의 연혁과 기능에 대해서 서술되어 있으며 또한 각 관제의 관료가 수행해야 하는 규범적인 주장이 피력되어 있다. 『경제문감』찬진 후 1397년에 저술된 군주만을 다룬 내용인 『경제문감별집』 또한 군주를 위한 경계서의 성격을 가지고 있다. 이렇듯 정도전은 제도뿐만 아니라 그 제도를 운영하는 정치가에 관해 지대한 관심을 기울인 경세가였다.

다음 절에서는 정도전이 구체적인 정치가 양성 및 충원에 관해 제시한 내용을 살펴본다.

5. 정치가 양성 및 충원

"천하 국가를 다스리는 요체는 인재를 등용하는 데 있을 뿐"이라고 단언한 정도전은 인재의 양성과 충원에 관해 고대의 이상시대의 모습을 제시한다.

> 옛날에는 인재를 등용하는 이가 인재 양성을 평소부터 해 오고, 인재 선택을 매우 정밀하게 하였다. 그래서 입관入官하는 길이 좁고 재임하는 기간이 길었다. 인재 양성을 평소부터 해 온 때문에 인재가 제대로 양성되었고, 인재 선택을 매우 정밀하게 해서 입관하는 길이 좁았기 때문에 요행을 바라고 함부로 덤벼드는 마음을 먹지 못하였으며, 재임하는 기간이 길기 때문에 현능한 사람이 재주를 제대로 발휘해서 일의 공적이 이루어졌던 것이다.[53]

그러나 후세에 이르러 "위에 있는 사람이 인재양성의 도道를 상실하자 인재의 성취는 본인의 타고난 자질의 고하에서 벗어나지 못하였고, 인재의 등용에 있어서도 혹은 인군의 사사로운 은혜에 힘입거나 혹은 고관이 이끌어 주거나 혹은 병졸 가운데서 발탁되거나 혹은 도필리刀筆吏(문서 작성이나 하는 하급관리) 가운데서 나오기도 하였

53 정도전. 『삼봉집』 卷13(朝鮮經國典上). 「治典」. 入官.

다."고 비판한다. 그나마 이러한 사례는 묵인할 수 있겠지만 더 심한 경우에는 "재산을 모은 자는 뇌물을 가지고서 관작을 구하고, 자녀를 가진 자는 혼인을 빙자하여 관작을 얻으니, 무슨 인재의 선택이 있을 수 있겠는가."라고 한탄한다. 그 결과 "재주 없는 자들이 뒤섞여서 관직에 나아가, 관작을 희구하는 데 싫증을 모르고 이리저리 내달리면서 날마다 관급官級이 뛰어오르기만을 일삼는" 상황에 처하게 되었다. 그러한 문제는 관작을 구하자는 자만의 문제가 아니었다.

> 임금이나 재상이 된 이는 수많은 사람들이 다투어 벼슬에 나아가려는 마음을 이기지 못하여, 저 사람에게서 벼슬을 빼앗아서 이 사람에게 주고, 아침에 벼슬을 주었다가 저녁에 파직시키는 등 한갓 구차하고 고식적인 방법으로 계책을 삼느라 날마다 겨를이 없으니, 재임하는 기간의 길고 짧음은 따질 것이 못된다. 비록 현명하고 지혜로운 인사가 있다 하더라도 어찌 자기의 재주를 제대로 발휘해서 일의 공적을 이룰 수 있겠는가?[54]

이러한 문제를 정도전은 제방에 비유해서 "만 길이나 되는 큰 제방이 날마다 큰 물이 흘러들어 오는 것을 다 받아들이지 못한다면, 그 형세는 반드시 물이 제방을 무너뜨리고 범람하여 사방으로 넘쳐 흐르고 말 터이니, 그처럼 국가도 따라서 망할 것이다."라고 한심스러운 상황을 개탄한다. 이러한 폐단을 보인 '후세'에는 고려왕조도 포

---

54 위의 글.

함되어 있었다. 따라서 조선건국을 통해 정도전은 전 왕조의 폐단을 극복하고자 했다.

건국 직후 인재 양성과 충원에 관한 시설과 제도가 정비되었다. 그 내용은 『조선경국전』 「예전」에 자세하게 설명되어 있다. 먼저 인재를 양성할 학교가 설립되었다.

> 학교는 교화의 근본이다. 여기에서 인륜을 밝히고, 여기에서 인재를 양성한다. 삼대三代 이전에는 학교 제도가 크게 갖추어졌었고, 진秦·한漢 이후로도 학교 제도가 비록 순수하지는 못하였으나 학교를 중히 여기지 않음이 없었으니, 일대의 정치 득실이 학교의 흥패에 좌우되었다. 조선의 중앙에 성균관을 설치하여 공경公卿·대부大夫의 자제 및 백성 가운데서 준수한 자를 가르치고, 부학 교수部學敎授[55]를 두어 동유童幼를 가르치며, 또 이 제도를 확대하여 주·부·군·현에도 모두 향학鄕學(향교)을 설치하고 교수와 생도를 두었다. 병률兵律·서산書算·의약醫藥·상역象譯(통역) 등도 역시 이상과 같이 교수를 두고 때에 맞추어 가르치고 있으니, 그 교육이 또한 지극하다.[56]

학교에서의 교육에 상응하여 과거제도 또한 정비되었다. 정도전은 과거제도 역시 주나라를 이상시하였다.

---

55 서울의 동부·서부·남부·중부에 세운 학당.

56 정도전. 『삼봉집』 卷13(朝鮮經國典上). 「禮典」. 學校.

> 과거 제도는 그 유래가 이미 오래다. 주周나라 때에는 대사도大司徒가 육덕六德·육행六行·육예六藝로써 만민을 가르쳤는데, 그 중에서 현능한 사람을 빈례賓禮로 천거하고서 이를 선사選士라 하였고, 태학太學에 천거하고서 이를 준사俊士라 하였으며, 사마司馬에 천거하고서 이를 진사進士라 하였다. 그리고 평론이 정한 뒤에 관작을 맡기고, 관작을 맡긴 뒤에 작위를 주며, 작위가 정한 뒤에 녹을 주었다. 인재를 교양함이 매우 철저했고, 인재를 선택함이 매우 정밀하였으며, 인재를 등용함이 매우 신중하였던 것이다. 그러므로 성주成周 시대의 인재의 융성함과 정치의 아름다움政治之美은 후세에서 능히 미칠 바가 아니었다.[57]

조선에서는 구체적으로 7과科가 설정되었다.

> 3년마다 한 번씩 대비大比(3년마다 관리의 성적을 고사考査하는 것)하여 경학經學으로 시험해서 경학의 밝기와 덕행의 수양 정도를 평가하고, 부賦·논論·대책對策으로 시험해서 문장과 경세제민의 재주를 평가하니, 이것이 문과文科이다.[58]

> 군대는 나라에서 항상 갖추고 있어야 할 것이니 무예를 연습시키지 않을 수 없다고 생각하여, 훈련관訓鍊觀을 설

57 정도전. 『삼봉집』 卷13(朝鮮經國典上). 「禮典」. 貢擧.
58 정도전. 『삼봉집』 卷13(朝鮮經國典上). 「治典」. 入官.

치하고 도략韜略과 전진법戰陣法을 가르치고 있다.[59]

문서를 다루는 일, 회계를 기록하여 보고하는 일, 돈이나 곡식을 다루는 일, 토목·건축의 경영, 물품 공급과 손님에게 응대하는 예절 따위를 익히지 않을 수 없다고 생각하여, 이학吏學을 설치하였다.[60]

역譯은 사명을 받들어 중국과 통하기 위한 것이요, 의醫는 질병을 치료하여 요절을 막기 위한 것이요, 음양복서陰陽卜筮는 혐의를 해결하고 주저되는 일을 결정하기 위한 것이다. 그래서 역학譯學·의학醫學·음양복서학陰陽卜筮學을 설치하고 각기 인재를 시험 선발하는 과科를 두었으니, 인재를 양성함이 가히 지극하다 하겠고, 인재를 선발함이 가히 정밀하다 하겠다.[61]

이상의 7과科에 들지 않은 사람은 본인 자신이 벼슬길에 나아갈 수 없을 뿐만 아니라, 유사有司 또한 법으로 이를 억제하고 있으므로 입관하는 길이 좁아졌다고 평가한다.

전하는 즉위하자 과거법을 손익한 다음, 성균관에 명하여 사서四書·오경五經으로써 시험보이게 하니, 이것은 대개 옛날 명경과明經科의 의의인 것이며, 예부에 명하여 부론賦論으로써 시험보이게 하니, 이것은 곧 옛날의 박학굉

---

59 위의 글.
60 위의 글.
61 위의 글.

> 사博學宏詞의 의의인 것이다. 이렇게 한 다음에 대책對策으로써 시험보이니, 이것은 곧 옛날의 현량 방정賢良方正·직언극간直言極諫의 의의인 것이다. 일거에 수대의 제도가 모두 갖추어진 셈이다. 장차 사문私門이 막히고 공도公道가 열리며, 부화자浮華者가 배척되고 진유眞儒가 배출되어, 정치의 융성함이 한·당을 능가하고 성주를 뒤쫓아 갈 것을 볼 것이니, 아! 거룩한 일이로다.[62]

한편 관제도 정해져서 "1품品에서 9품에 이르기까지 이를 다시 정正·종從으로 나누어 18급級으로 하고, 매 1급을 다시 2자資로 나누어 졌다." 그리고 "15개월의 임기가 지나면 1자를 높여 주고, 30개월이 지나면 1급을 올려 주고 있으니, 재임하는 기간이 또한 길어졌다."고 한다.

인재를 충원하는 방법으로 과거 이외에 "장상將相과 대신大臣은 모두 백성에게 공덕이 있고, 또 그들의 자손은 가훈을 이어받아서 예의를 잘 알고 있으므로 모두 벼슬을 할 만하다고 생각하여, 문음門蔭제도를 설치하였다." 그리고 정도전은 천거제도의 필요성도 강조하고 있다.

> 선비로서 초야에 묻혀 있는 사람들 중에는 혹 도덕을 지니고 있으면서도 세상에 알려지는 것을 바라지 않는 사람이 있는가 하면, 혹은 재능을 품고 있으면서도 발탁되

62 정도전. 『삼봉집』 卷13(朝鮮經國典上). 「禮典」. 貢擧.

> 지 못한 사람도 있다. 진실로 위에 있는 사람이 정성스럽게 구하고 근실하게 찾지 않으면 그들을 나오게 해서 그들을 등용하지 못할 것이다. 그러므로 후한 예로 부르고 높은 관작으로써 대우하는 것이니, 옛날의 철왕哲王들이 지극히 훌륭한 치세를 이룩할 수 있었던 것도 바로 이렇게 한 때문이었다.[63]

천거의 논리에 따라 이성계는 즉위하자 바로 초야에 묻혀 있는 인재를 구하는 뜻을 피력하였다.

> 경학經學에 밝고 행실이 닦여지고 도덕이 겸비하여 가히 사범이 될 만한 사람, 식견이 시무時務에 능통하고 재주가 경국제세經國濟世에 알맞아서 사공事功을 세울 만한 사람, 문사文辭에 익숙하고 필찰筆札에 솜씨가 있어서 문한文翰의 임무를 맡을 만한 사람, 율산律算에 정통하고 이치吏治에 달통하여 백성을 다루는 일을 감당할 만한 사람, 지모나 도략韜略이 깊고 용기가 삼군三軍에 으뜸이어서 장수가 될 만한 사람, 활쏘기와 말타기에 익숙하고 돌멩이를 던지는 일에 솜씨가 있어서 군무를 담당할 만한 사람, 그리고 천문天文·지리地理·복서卜筮·의약醫藥 중에서 한 가지 특기를 가진 사람들을 세밀히 찾아내서 조정에 보내라.[64]

---

63 정도전, 『삼봉집』 卷13(朝鮮經國典上), 「禮典」, 貢遺逸.
64 위의 글.

정치가를 위한 교육은 신하들에게만 한정된 것이 아니다. 최고통치자인 군주에게도 요청되었다. 경연經筵이 바로 그것이다. 이성계의 즉위와 함께 경연관經筵官을 설치하여 고문顧問을 갖추었고, 인군이 만세의 법을 세우는 데 필요한 책인 『대학大學』과 진서산眞西山이 『대학』의 뜻을 확대하여, 제왕이 정치를 하는 순서와 학문을 하는 근본을 밝힌 『대학연의大學衍義』가 텍스트로 사용되었다.

> 정사를 청단하는 가운데 여가가 있을 때마다 혹은 『대학』을 친히 읽기도 하고, 혹은 다른 사람을 시켜서 강론하게도 하였으니, 비록 고종高宗의 수시로 학업에 힘쓴 것이나, 성왕成王의 학업이 일취월장한 것이더라도 어찌 이보다 나을 수 있었으랴. 아름답고 거룩한 일이로다.[65]

군주와 세자는 물론 재상을 필두로 한 관료 그리고 관료를 지향하는 자들을 포괄하는 정치가 양성과 충원의 체계가 정도전의 구상에 의해 성립되었고, 그것은 조선왕조가 장기 지속할 수 있었던 중요한 요인으로 작용하였다.

---

65 정도전. 『삼봉집』 卷13(朝鮮經國典上). 「禮典」. 經筵.

6. 정도전 사상의 함의

순환하는 왕조에서 왕조의 명맥을 장구하게 유지하기 위한 방책은 창업기에 만들어진 전장제도와 우수한 신하의 등용이다. 『조선경국전』이 전자의 측면을 반영하는 것이라면, 『경제문감』은 후자의 측면을 반영하는 것이다. 정도전은 역사서에 대한 탐구를 통해 창업기가 지나간 세습왕조에서 출중한 군주를 기대하기 어렵다는 것을 알았고, 그러한 상황에서 국가를 유지하는 요체를 '일대지제一代之制'와, '용군庸君'이나 '중주中主'를 보좌하여 국가를 운영해 갈 우수한 신하에서 찾았던 것이다. 조선 건국 이후 정도전은 『조선경국전』과 『경제문감』에서 조선왕조의 제도와 그 제도의 운영자에 대한 자신의 구상을 제시했으며, 그를 통해 조선을 정통왕조로서 확립하고자 했다.[66] 이후 조선왕조는 1910년 일제에 의해 막을 내릴 때까지 지속하였다.

1945년 일제로부터 해방이 되어 건국에 이은 산업화와 민주화를 비교적 성공적으로 이루어온 대한민국은 지금 민주주의의 성숙화라는 과제를 안고 있다. 그러나 서구의 근대 정치학과 현대의 미국정치학은 민주주의의 성숙화를 위한 해답을 제시하지 못하는 가운데 퇴조의 기미마저 노정하고 있다.

현재 한국에는 정치가의 자질의 문제를 소리 높여 논하는 사람이 많다. 그러나 정치가를 양성하는 시스템은 전무한 상태이다. 사회화

66 최상용 · 박홍규. 2007. 『정치가 정도전』. 까치. 162쪽.

과정에서 정치가의 기초훈련이 되지도 않으며 대학의 정치외교학과에서조차 정치가 양성과는 무관한 커리큘럼이 사용되고 있다. 국가도 정당도 민간에서도 정치가를 양성하지 않는다. 사회 각 분야에서 사다리를 통해 성장해온 사람들이 어느 순간 정치가로 진입하고 있다. 그러한 사람들이 보여주는 저질의 정치행태를 치유하고 한국정치의 성숙화를 위하여 정도전의 사고와 실천이 갖고 있는 함의에 주목할 필요가 있다.

한국유학과 사회과학의 대화

퇴계 주리철학의 공공公共적 성격

| 정순우

퇴계 주리철학의 공공公共적 성격

정순우

1. 퇴계학에 대한 비판과 반비판

근대 학문이 수용된 이후, 퇴계학에 대한 평가는 긍정과 부정으로 선명하게 나누어진다. 20년대 이후 이 땅에 유물론과 맑시즘이 등장하자 퇴계학은 상당한 고초를 겪었다. 그 출발점에 홍명희가 있는데, 그는 소설 『임꺽정』에서 대도 임꺽정과 퇴계와의 만남을 설정하고 있다. 홍명희는 당대의 거유였던 화담 서경덕, 남명 조식, 하서 김인후 등에 대해서는 매우 우호적인 묘사를 하고 있으나, 유독 퇴계에 대해서만 비판적인 묘사를 하고 있다. 물론 퇴계를 영남의 전아한 선비, 예양을 아는 선비라고 하고는 있지만, 임꺽정이 자신의 형인 이해의 시신을 수습해 준 데 대한 답례조차도 양반이란 계급적 시각에서 행한 인물로 그리고 있다. 홍명희의 이러한 입장은 1920년대 후반부터 불기 시작한 사회주의 사상가들의 인식의 흐름을 반영하는 것이고, 이후 북한의 철학사에서도 일관되게 관철되고 있다.

퇴계철학에 대한 부정적 태도는, 조선 철학사의 전 과정을 유물론 대 관념론의 투쟁과정으로 파악하고, 퇴계를 관념론의 대표적인 인물로 위치시키는 데서 시작된다. 마르크스주의에서 역사란 곧 사람들의 구체적인 삶(concrete life)의 발전과정을 의미하기에 현실과 유리된 관념의 세계, 형이상학적 가치에 대한 지나친 집착 등을 보여주는 관념론적 인식태도는 자칫 현실의 첨예한 모순 상황에는 눈을 감고 사회계급적 차별을 승인하는 부르조아적 이데올로기로 전락할 위험성이 있다는 것이다.[01]

주리철학이 현실적 적응력이 떨어진다는 비판은 비단 사회주의 계열에서만 나타나는 것은 아니다. 오늘날의 다수 학자들은 암묵적으로 주리철학이, 주기론에 비하여, 다분히 비현실적이라는 통념을 갖고 있다. 한형조 교수는 주리론과 주기론을 비교한 도표에서 주리론자들이 현실을 보는 시각은 '좌절'의 정서에 기반을 두고 있고, 삶에 대한 태도는 '은둔'이며, 마음의 덕성은 '자기규율'에 터하고 있으며, 정치적 성향은 '개인주의'에 있다고 규정한다.[02]

그러나 퇴계학은 향약이나 서원의 운영 등에서 어떤 학파보다도 강한 사회의식을 드러내었다. 뿐만 아니라 한말의 격랑 속에서는 강렬한 역사의식과 사회 참여 의식을 드러내었다. 한말, 퇴계의 주리철학은 향산 이만도를 비롯해 이중업과, 류도발 부자, 이명우 부부, 김도현 등 수많은 순절인과, 백농 이동하, 동산 유인식, 석주 이상룡 등 단위 지역 당 가장 많은 항일 운동가들을 안동 지역을 중심으로 배출하였다. 더구나 일본의 퇴계학 수용은 그들의 근대정신을 촉발한 매개가 되었다는 사실은 좀 더 시사적이다. 강항姜沆을 통해 퇴계

---

01 졸고. "退溪哲學의 唯物論的 解析에 대한 批判的 檢討". (이우성 편. 2001. 『도산서원』. 한길사. 235쪽)

02 한형조. 2008. 『왜 조선유학인가』. 문학동네. 340쪽

학을 수용한 후지와라 세이카(藤原惺窩)의 학문은 제자 하야시 라잔(林羅山)에게 전해져 일본 고학의 거름 역할을 하였다. 그 후 퇴계의 경 철학은 메이지 유신의 이론적 기초가 되었던 야마자키 안사이(山崎闇齋) 학파로 이전되고, 명치유신의 교육철학을 기초한 요코이 쇼오난(橫井小南)과 모토다 나가자네(元田永孚)의 철학 속으로 스며들었다.

이런 점을 염두에 둘 때, 우리는 퇴계의 주리 철학에 대하여 다음과 같은 질문을 제기할 수 있다. 첫째 퇴계의 주리철학, 특히 그의 교육관이 과연 얼마나 기氣적 세계로서의 현실을 잘 통어하고 관리하고 있는가 하는 점이다. 좀 더 구체적으로 말하자면, 그의 철학은 일각에서 비판하는 것처럼 사회철학으로서의 기능이 약한 것인지, 또한 국가경영(nation building)을 위한 공공적 성격이 결여되어 있는가의 여부이다. 다음으로 만약 퇴계의 철학 내부에 공공 철학적 요소가 함장 되어 있다고 한다면, 그것이 한국 사회의 새로운 사회과학적 담론으로 발전할 수 있는 가능성은 없는지 고민해 보아야 할 것이다.

2. 퇴계 주리철학의 내향성과 역사의식

필사는 다른 글에서, 퇴계의 경 철학은 기본적으로 변화와 운동의 개념이 약화되어 있음을 논의하였다.[03] 즉 경의 담론은 근본적으로 일상의 시간적 흐름을 도덕적 단위로 재구성하고자 하는 사유체계이다. 일상은 언제나 도덕적 성찰 속에서 부단하게 검속되고 관리되어야 할 대상일 뿐이다. 변화와 운동을 지시하는 기 개념은 리에 종속되고 관리된다. 각자에게는 기적 세계의 다이나믹과 의외성을 관리하고 통제할 강력한 내면적 각성이 요청된다. 예로 〈성학십도〉의 중심개념인 '경敬'에는 엄격한 의미에서 '변화'의 개념을 함께 함장한 서구의 근대적 시간관이 없다. '일어난다(起)'는 단순한 동작 하나가 곧 천리에 순응해야 한다고 하는 경의 철학에서는 일상의 소소한 행위 하나 하나가 곧 리의 영역으로 승격되어야 함을 의미한다. 일상적인 삶이 영원한 리의 세계와 맞닿음으로 인해 일상적 삶이 구현되는 시간 그 자체는 절대화 된다. 일상적인 시간의 흐름이 리의 세계, 즉 본질적인 세계와 맞물리게 되고 일상적 시간이 초월적 시간과 연접하게 된다.

이 말은 곧 퇴계의 철학이 각 개인의 내면적 각성에 무게 중심을 둠으로써, 그 철학이 사회적인 동력으로 변질 되는 데에는 다소 소극적일 수 있음을 뜻한다. 과연 그런가? 여기에서 우리는 퇴계의 역사의식이 오늘날의 일반적인 그것과는 근본적인 차이가 있음을 확인할 필요가 있다. 퇴계의 역사의식에서는 명백히 미래의 어떠한 시점을 정점으로 하는 초월의 이미지를 찾아 볼 수 없다. 그에게 있어 역사는 도덕적 가치 평가를 가장 중심으로 하여 서술되고 설명되어야 할 대상이다. 역사를 인간의 무한한 욕망을 팽창하는 공간으로

03 졸저. 2007.『공부의 발견』. 현암사.

이해하는 것 자체가 죄악이다. 그는 인간에게 도덕적 성찰을 제공해 주지 않는 역사 연구란 무의미한 것이고 부질없는 놀음에 지나지 않는다고 보았다. 주자학파들은 근본적으로 사학史學은 바깥(外)과 말단(末)에 속하며 인생사의 거친 것(粗)과 작용(用)을 다루는 학문으로 취급하였다.[04] 역사를 읽는 주자의 방식은 철저히 역사와 시간 속에 담긴 형이상학적 가치와 도덕을 본으로, 그것을 담고 있는 구체적 역사적 사건과 형식은 말로 취급하였다. 그들은 노골적으로 '선경후사先經後史'의 뜻을 강조하였다.[05]

특히 퇴계는 역사에서 공리적인 사유의 필요성을 인정하고, 왕도와 함께 패도의 사회공학적 접근을 인정하는 진량과 같은 사공학파들을 이단의 무리로 규정하였다. 퇴계가 우선시한 것은 역사에서 도덕성을 회복하는 것이었다. 퇴계의 〈주자서절요〉에도 소개되고 있는 주자와 진량의 왕패王霸 논쟁은 의리지학을 내세운 주자와 공리주의적 사유를 지니고 있는 진량간의 피할 수 없는 싸움이었다. 진량은 주자의 '의리지학義理之學'이 현실문제의 해결에는 매우 취약하다는 사실을 지적하고 주자의 의리학 대신 '의리쌍행義利雙行'을, 그리고 '왕도정치' 대신 '왕패병용王霸竝用'을 내세웠다. 또한 그는 유학에서 추구하는 완성된 인간(成人)이란 '덕'을 완성한 사람일뿐만 아니라, 사공事功을 이룰 수 있는 재능과 지혜와 용기를 갖춘 사람이라고 주장하였다.[06] 진량은 이 세상을 너무 도학적인 잣대로만 바라보지 말고, 국

---

04 錢穆. 〈朱子學提綱〉. 『朱子新學案』 권1. 196면.

05 錢穆. 〈朱子之史學〉. 『朱子新學案』. 제5冊. 三民書局. 115면. "朱子平日主張 先經後史之意"

06 朱子와 陳亮간의 王霸論爭에 관해서는 이승환. 1998. 『유가사상의 사회철학적 재조명』 고대 출판부. 286-321 참조.

가전체의 이익이라면 때로는 패도적인 방법이나 이익을 추구하는 정책도 함께 강구할 것을 주문한다. 퇴계로서는 이렇게 공리적이고 현실적인 입장을 취하는 진량의 태도를 용인할 때 나타날 사회적 혼란을 우려한다. 퇴계는 여조겸처럼 다양한 사상적 맥락 속에서 현실을 포착하고자 하는 흐름까지도 못마땅하게 생각하였다. 퇴계는 주자가 여조겸에 대해 『논어』나 『맹자』와 같은 경전을 읽지 않고 『춘추좌씨전』이나 제현들의 상소문만을 읽히게 하는 것을 비판하였던 사실을 환기시킨다. 또한 주자가 "사서史書는 혼잡하여 번거롭고 귀찮고, 경서는 맑고 담백한 것"07이라고 하면서 경서 위주의 교육을 권유하였던 사실에 주의를 기울인다. 주자가 여씨 가학에 대해 "그들의 학문은 넓지만 불순하다."라고 한 대목도 퇴계에게는 의미심장한 발언으로 해석되었을 것이다.08

그는 한 발 더 나아가 선비들이 섣부르게 정치에 참여하거나 정책 결정과정에 참여하는 것은 세상의 환란을 자초하는 원인이 된다고 보았다.

> 대개 선비가 세상을 살면서 벼슬을 하기도 하고 물러나기도 하며, 혹은 때를 만나기도 하고 만나지 못하기도 하지만 그 귀결은 몸을 깨끗이 하고 의를 행하는 것뿐이요, 화禍와 복福은 논할 것이 못 됩니다. 그러나 나는 일찍이 우리나라의 선비 중에 어느 정도 도의道義를 사모하

---

07 『朱子書節要』. 卷 4. 〈呂劉問答〉

08 『朱文公文集』. 卷 43. 21쪽. "呂公家傳深有警悟之處, 前輩涵養深厚乃如此. 但其論學殊有病, 如云 '不主一門, 不私一說', 則博而雜矣"

는 뜻을 지닌 사람들 대부분이 세환世患에 걸린 것을 괴이하게 여겼습니다. 이것이 까닭이기는 하지만, 그들이 스스로 처신한 것이 미진한 바가 있어서 그런 것입니다. 그들이 미진했다는 것은 다름이 아니라 학문이 지극하지도 못하면서 스스로 처신하기를 너무 높게 하고, 시의時宜 헤아리지 못하고서 세상을 경륜하는 데 용감했다는 것입니다. 이것이 바로 실패한 원인이니, 큰 이름을 걸머지고 큰일을 담당하는 사람의 절실한 경계입니다[09]

퇴계는 당시의 잦은 사화는 선비들이 섣부른 정치 개입에도 그 원인이 있다고 보았다. 즉, "학문이 지극하지도 못하면서 스스로 처신하기를 너무 높게 하고, 시의時宜도 헤아리지 못하고서 세상을 경륜하는 데 용감한" 미성숙이 환란을 초래했다는 것이다. 우선 학문을 통해 진지한 성찰을 하고, 의리학에 대한 정밀한 이해가 필요하다는 것이다. 퇴계는 그 토대로서 독실한 경 공부가 필요하다는 사실을 환기한다. 그는 경의 자세는 동정動靜, 표리表裏의 어떤 경우에 있어서도 유지하여야 한다는 점에서 초인적인 수행과 인내가 필요하다는 점을 강조한다. 한 순간의 방심도 인간을 악의 구렁텅이로 내몰 수 있다. 인간의 욕망이 맞부딪히는 정치의 영역에서 인간은 더욱 불안한 존재가 된다. 덕을 충실히 쌓지 않고 현실에 선불리 개입하면 엄청난 사회적 혼란을 초래하게 된다는 것이다. 이에 퇴계는, "잠시라도 틈이 나면 만 가지 사욕이 불길 없이도 뜨거워지고 얼음 없이도

09 『退溪先生文集』. 卷16. 書. 〈答奇明彦〉

차가워지고, 털끝만큼이라도 틀림이 있으면 하늘과 땅이 뒤바뀌고 삼강이 무너지고 구법이 퇴폐하게"된다고 경고한다.[10]

퇴계의 사공학파에 대한 비판은 후대의 학자들에게는 매우 곤혹스런 과제였다. 유학은 기본적으로 수기와 치인의 양면을 함께 포함하고 있음으로 사공학이 지향하는 현실 참여의 정신이나 패도적 방법의 정책도 때에 따라서는 반드시 필요한 것이었다. 이에 그 논의의 초점에는 자연스레 사공학을 이끌었던 진량에 대한 재평가 작업이 놓이게 되었다. 우선 현실을 보는 방식을 도덕형이상학적인 왕도론을 지양하고 패도적인 방식을 승인할 필요성이 있었다. 그 첫 물꼬를 튼 인물 중의 한 사람이 남인 학자였던 백호 윤휴尹鑴(1617-1680)다. 그는 패도의 필요성을 사실상 승인하였다. 그는 말하기를, "병모兵謀와 사율師律은 성인이 마지못하여 쓰는 것이니, 지사志士나 인인仁人은 의당 그 원대한 것을 알아야 한다고 하였다. 아, 이것을 어찌 폐하고 강론하지 않을 수 있겠는가. 다만 공리功利만을 급히 꾀하여 경도經道를 어그러뜨리고 권도權道를 쓰지 않을 뿐인 것이다. 영웅의 마음을 갖고 백성의 뜻과 통하며, 뭇사람들과 이끗을 함께하고 형세를 인하여 권력을 쓰는 데에 있어서는 왕도와 패도가 의당 서로 달리 견지해야 할 것이 없을 것이다."라고 하여 백성들을 구제하기 위해서는 왕도만이 아닌 패도도 필요하다고 보았다.[11]

뒤를 이어 퇴계학의 적전을 이었던 성호 이익李瀷(1681- 1763)은 진량에 대해서 종래와는 다른 매우 중의적인 평가를 내리고 있다. 표면적으로는 퇴계의 언술을 그대로 따르는 것으로 보이나, 내용

10 『退溪先生文集』. 卷7. 〈敬齋箴〉.
11 『백호전서』. 제24권. 跋. 〈黃石公三略跋〉

상으로는 사실상 사공학에 대한 긍정적인 평가가 이루어지고 있다.

> 주자가 영강永康의 사공事功을 힘껏 배척하면서, "이렇게 하지 않으면 도道가 밝아질 수가 없다." 하였다. 내가 진동보陳同甫의 『龍川集』을 보건대, 유문儒門의 공력功力에 대한 것은 전연 없고 황란한 문자만 수록되어 있다. 대개 사공事功으로 골자를 삼았는데 사공이 무엇인가를 알지 못한 것이다. 만일 사공만 위주 한다면 비록 사공이 있더라도 바로 어지럽게 될 것이다. 그러므로 주자가 그렇게 말한 것이다. 또 만일 글만 읽고 도만 논하여 치국평천하 하는 방법에 어두워도 괜찮다면 《대학》에서 어찌 그렇게 말했겠는가? (중략) 지금의 선비들은 남을 속이고 자기를 속이면서 단정히 팔장을 끼고 눈을 내리감고는 누가 묻는 말에 다만 알지 못한다고 대답하는데, 알지 못한다고 대답하는 것을 겸손한 덕[謙德]이라 여긴다면, 이것이 허위로 꾸미고 과장하는 것과는 다소 차이가 있다고 하겠으나 지식이 전혀 없기는 마찬가지이다. 그것으로 명예를 취하고 그것으로 영화를 도모하니, 이는 속학俗學의 비루한 것이므로 주자가 더럽게 여긴 것이다. 대저 가난한 선비가 집에 있으면서 위로 부모를 섬기고 아래로 처자를 기르는 것이 모두 학문 가운데 있는 일인데, 섬김에 있어서는 몸을 굽혀 절하고 목소리를 낮추어 매사에 공손하고 조심스러우며, 기름에 있어서는

> 유락唯諾하는 것으로 가르치고 추창趍蹌하는 것으로 인도하여 행동이 부드럽고 얌전하지 않음이 없으나, 손으로는 갈고 심는[耕稼] 것을 알지 못하고 입으로는 자산貲産에 대해 말하지 않아 부모와 처자가 얼고 굶주리며 노비들이 흩어지고 떠나가게 되니 어찌 아무짝에도 쓸모없는 결과가 되지 않겠는가? 나라 다스리는 데 있어서인들 무엇이 이와 다르겠는가?[12]

성호는 선비들이 비록 예의와 법도를 지키더라도, "손으로는 갈고 심는 것을 알지 못하고 입으로는 자산貲産에 대해 말하지 않아 부모와 처자가 얼고 굶주리며 노비들이 흩어지고 떠나가게 되니 어찌 아무짝에도 쓸모없는 결과가 되지 않겠는가."라고 통박하고 있다. 그는 나라를 경영하는 것도 같은 맥락에서 이해한다. 선비들은 나라를 경영하는 현실적인 대안과 정책을 지녀야 한다는 것이다. 진량의 사공학파가 지향했던 현실 경영의 필요성을 사실상 승인한 것이다.

그러나 퇴계에게는 퇴계 당대의 시대적 요청이 있었음을 환기할 필요가 있다. 퇴계의 시기는 잦은 사화의 시대였다. 인간의 내성적인 성찰이 무엇보다도 요구되던 시기였다. 그는 조광조의 지치주의적 개혁이 실패로 귀결되었던 사실에 주목하였다. 16세기의 조선 사회는 주자 성리학을 재해석하여 이학과 심학에 대한 체계적인 이해가 필요한 시기였다. 함양공부와 성찰 공부를 강조하는 퇴계의 학문 방법은 실천성이 결여되어 있다는 비판이 당대의 학자들로부터도 나타

---

12 『성호사설』. 제13권. 人事門. 〈永康事功〉

나고 있었다. 남명의 퇴계에 대한 비판의 핵심이 이 점에 있었다. 또한 일각에서는 그의 잦은 사직과 은거를 빗대어 '산새'와 같은 처신이라고 비난하였다. 당대의 인물들도 퇴계가 이학자로서 혹은 도학자로서 높은 학문적 성취를 이룬 사실에는 모두 동의하였으나, 국가경영을 위한 경세학적 대안 제시에는 다소 미진한 점이 있음을 지적한 것이다.

그러나 비록 국가적 차원에서 경세학적 대안 제시에 미흡함이 있었다고 하더라도, 유가적 공동체를 실현하고자 하는 그의 의지 자체는 강렬하였다. 다만 그 이상을 실현하고자 하는 구체적 방법론에서 주리철학의 향내적 성격이 강하게 드러나고 있을 뿐이다. 그는 내성적 성찰을 통한 덕성의 회복이 이루어진 이후에야 비로소 공동체에 대한 디자인도 가능하다고 보았다. 공동체에 대한 섣부른 공학적 디자인이 오히려 사태를 악화시키고, 각 개인의 무한정한 욕망만 부추길 수 있다는 점을 우려 했다. 이런 점에서 우리는 그의 수양론이 어떻게 사회윤리나 공공윤리로 확산되고 있는지 검토해 볼 필요가 있다.

3. 퇴계의 수양론과 사회윤리

우리는 앞에서 퇴계의 철학이 근본적으로 내성적 성찰을 중시하는 향내적 성향이 강하다는 사실을 논의하였다. 그의 교육에 대한 담론도 교육의 제도나 법과 같은 국가 시스템적인 차원의 논의보다는 각 개인의 구원과 자기실현에 중점을 두고 있었다. 그의 경의 공부론이 그러한 경향성을 특징적으로 보여 준다. 그럼에도 불구하고 우리는 퇴계학에서 국가 경영(nation building)에 대한 관심이 결코 소거된 것이 아니라는 사실을 유념할 필요가 있다. 그에게 있어 수기와 치인은 결코 대립적이거나 배타적인 관계가 아니라 다만 선후와 체용의 관계일 뿐이었다. 그는

> 성인 문하의 학문은 마음에 구하지 않으면 어두워 얻는 것이 없다. 그러므로 생각해서 은미한 데 통하여야 한다. 그러나 일을 익히지 않으면 위태로워 불안하다. 그러므로 배워서 실천해야 한다. 생각과 학은 서로를 발하게 하고 서로 도움을 준다.[13]

그는 마음공부는 반드시 구체적인 행위와 실천으로 개화되어야 한다고 믿는다. 선비는 기본적으로 '천하를 잊지 못하는 마음'을 지녀야 할 것을 강조한다. 선비는 세상 밖으로 물러난 은자가 아니라, 항상 세상에 대한 책임의식을 지니고 있어야 함을 강조한다. 그는 말하기를, "공자가 경쇠를 친 것(擊磬)은 천하를 잊지 못하는 마음(有不忘天下之心)에서 친 것이다. 만약 경쇠 소리에 탓하고 원망하는 뜻(怨尤之心)이 들어 있었다고 한다면, 어떻게 공자를 공자라고 할

---

13 〈聖學十圖 序文〉. "聖門之學 不求諸心 則昏而無得 故必思而通其微. 不習其事. 則危而不安, 故必學而踐其實, 思與學交相發而互相益也."

수 있으랴."[14]라고 하여 선비는 세상을 걱정하는 우환憂患 의식을 지닌 자라고 보았다. 그런 점에서 퇴계의 경 철학이 관철하는 범위를 본체론과 수양론에 한정하지 않고, 격물치지의 궁리는 물론이고, 나아가서는 치국, 평천하하는 왕정론과 연결하여 설명하고자 하는 시도는 주목된다.[15] '위기지학'이란 것 자체가 이미 인간이 사회관계에서 실현하는 어떤 공공의 가치질서를 실현하는 것이다. 그런 점에서 이런 시도는 퇴계의 '덕성' 교육이 지닌 공공성의 의미를 천착하고자 한 의미 있는 작업이라고 할 수 있다.

또한 퇴계의 '경敬' 철학과 예의 상관관계를 주목하는 최근의 연구 경향도 주목할 만하다.[16] 원래 주자학에서 '예는 곧 이'[17]인 것이다. 즉 아무런 자취도 없고 형적도 없는 이가 형식과 질서의 형태로 구체성을 지닌 예로 드러난다. 즉 예는 이가 사회적 형식을 획득한 모습이다. 선비란 그가 궁리窮理를 통해 획득한 참된 이를 그가 몸담고 있는 사회에 예의 형식으로 뿌리내리게 해야 하는 의무를 띄고 있는 것이다. 퇴계는 양자의 관계를 이렇게 설명한다.

> 마음에 근본하지 않고 다만 외면적으로 의절儀節만을 강구하는 것은 진실로 분칠한 희극배우와 다름이 없으니, 홀로 듣지 못하였는가! 사람들의 떳떳한 윤리와 사물의 법칙이 모두 하늘에서 내려준 진실하고 지극한 이치가

14 『퇴계 언행록』. 권1. 유편

15 김태형. 「퇴계의 개별 인간자아론」. 『퇴계학보』 제109집.

16 한재훈. 2011. 「퇴계예학사상연구」. 고려대학교 박사학위 논문.

17 『朱熹集』. 권60. 〈答曾擇之祖道〉. "禮卽理也 但謂之理 則疑若未有形迹之可言 制而爲禮 則有品節文章之可見矣"

> 아님이 없다는 사실을? (중략) 마음이 경에 바탕을 두고 사물의 지극하고 진실한 이치를 궁구하면, 마음이 이의理義를 깨우치게 되어 눈을 가리게 되는 소牛가 사라지게 되어 내외가 환하게 트이게 되고 정조精粗가 일치를 이루게 된다. 이리하여 이로 인하여 성의, 정심, 수신을 이루고 가家와 국國으로 확대되며 천하에까지 도달한다고 하면 그 왕성한 기운을 누구도 막을 수 없다.[18]

마음의 진정성이 결여된 의례 행위는 희극배우의 어릿광대의 몸짓과 같다는 뜻이다. 예의 참된 실천은 하늘에서 내려준 지극한 이치를 마음속으로 깨우치는 것에서 출발한다는 것이다. 덕의 사회적 실현이기도 한 예는 수신에서 출발한다. 역으로 말하자면, 수신에는 이미 덕의 공공적인 실현이 함께 내장되어 있다는 것이다. 그런 점에서 퇴계가 수신의 차원인 '명명덕明明德'과 덕의 사회적 실현인 '신민新民'의 관계를 '학學'을 매개로 한 파장의 논리로 이해하고자 있었다는 지적[19]은 정확한 진단이다. 퇴계는 내면 속에 깃든 밝은 덕성의 세계를 깨우친다는 그 사실은 단지 개인적인 차원에 머물지 않고, 마침내 이 세상에 존재하는 타인의 밝은 덕까지 함께 깨우치는 동력이 된다고 보았다. 즉 '명명덕'이 곧 '신민'인 것이다.

또한 퇴계의 덕 철학이 사회적 공공성으로 확대되는 과정을 성리

---

18 『退溪先生文集』. 卷41. 雜著. 〈傳習錄論辯傳習錄〉. "不本諸心而但外講儀節者 誠無異於扮戲子 獨不聞民彝物則 莫非天衷眞至之理乎 亦不聞朱子所謂主敬以立其本 窮理以致其知乎 心主於敬 而究事物眞至之理 心喩於理義 目中無全牛 內外融徹 精粗一致 由是而誠意正心修身 推之家國 達之天下 沛乎不可禦 若是者亦可謂扮戲子乎"

19 한재훈. 상게논문. 116쪽.

철학의 근본적 모델 속에서 발견하려는 노력들도 주목된다. 예로 퇴계의 심성론이 왜 사회적 공동체론으로 전화되는지 설명하기는 것에 이일理一과 분수分殊의 성리담론을 활용한다. 김태영 교수에 따르면 고려 후기에 성리학이 수용된 이래로 퇴계의 시대 이전까지는 주로 그 왕정론의 측면이 활용되었다. 성리학은 고려 후기의 험난한 세태를 극복하기 위한 처세의 요전으로 수용되고 국가 교학화 하였으나, 퇴계에 이르러서 수양론과 본체론이 왕정을 실현하고자 하는 공동체론으로 귀일되었다는 것이다. 이러한 논의는 퇴계의 심성론을 사회과학적 명제인 공동체론과 유기적으로 연결하고자 하는 노력으로서 매우 주목된다.[20] 이러한 논의에 근거해 최근의 연구에서는 퇴계학과 다산 실학과의 접점을 찾아보려는 노력들도 왕성하게 일어나고 있다. 퇴계학에서 실학의 맹아를 확인하고자 하는 것이다. 물론 이러한 새로운 시도를 위해서는 우선 해결해야 할 몇 가지 문제점들이 있다. 예로 형이상학적 명제인 '이일理一'을 과도하게 해석하여 정치적 차원의 이일理一로 확대하여 왕과 민의 관계를 '각기의 태극을 이루고 살아가는 독자성을 지닌 주체'라고 하는 동일 차원으로 파악할 경우, 실재로서의 역사적 사실과 어긋나게 될 우려가 있다.

퇴계의 내성적 철학이 사회 조직적 담론으로 성장할 수 있는 가능성을 보여 주는 기재의 하나가 곧 서원이다. 퇴계가 향교를 대신해서 서원을 주목하였다는 것은 교육에서 제도와 시스템이 지니는 중요성을 자각하고 있었음을 뜻한다. 퇴계가 애초에 서원을 주목한 것은 서원교육을 통해 이 세계를 움직이는 가장 근원적인 질서, 이

20 김태형. 상게논문.

른바 리理를 체인하고자 한 것에 주된 이유가 있다. 서원은 그의 경 공부를 심화시킬 수 있는 최적의 공간이다. 초기의 도산서원은 심학적 공부론을 심화하는 최상의 공간이었다. 퇴계의 사후에도 서원은 그 운영과정에서 다양하고 경건한 의절儀節을 두어 서원이 성스럽고 존엄한 공간이라는 사실을 확인하였다. 서원은 단순한 물리적 공간이 아니라, 속俗의 세계로부터 성인의 세계로 진입하는 통로로 인식되었다.

그러나 서원의 또 다른 기능은 향촌 사회에 대한 체계적이고 조직적인 관리와 통합기능이었다. 퇴계가 심학교육의 터전으로 삼았던 서원은 차츰 조선 사회를 하나의 거대한 연망連網 구조로 묶어 두는 구심적 역할을 하였다. 그 구심력은 물리적 힘이나 권력이 아니라, 도학적 이념과 성학聖學을 학습한다는 상징체계에서 비롯된 것이다. 퇴계 교육이 사회적 통합력을 발휘했던 매우 독특한 특징 중의 하나다. 학교공간은 유학의 복잡한 의미체계를 통합하는 '특권적 기표(privileged signifier)'의 역할을 하게 된다. 유학의 교육공간은 모든 유학적 질서율이 이곳을 축으로 운동하도록 구상되었다. 가정과 촌락과 문중 전체가 교육공간과 이념적으로 연결되어 있었다. 서원은 사림들의 공동체적 일체감을 묶어 내는 결절점의 역할을 담당하였다. 퇴계는 성찰과 함양공부를 위한 장소로 서원을 주목하였으나, 서원은 스스로 거대한 연망 구조를 형성하면서 조선사회를 움직이는 가장 강력한 사회적 기재로 변화되었다. 다음의 인용문을 살펴보면, 어쩌면 퇴계의 철학 속에는 이미 이러한 불가해한 동거가 함께 자리한 것일 수 있다.

> 리理의 용用이 비록 인간의 심을 떠나 있는 것은 아니지만, 그것이 묘용이 되는 까닭은 리理가 발하여 드러나되 인간의 심이 이르는 바를 따라 이가 도달하지 않는 곳이 없으며 다하지 않는 곳이 없기 때문이다. 다만 나의 격물함이 다하지 못할까를 우려할 것이요, 이가 능히 자도自到하지 못할까를 근심할 것이 아니다.(중략) 정의情意도 없고 조작도 없다고 함은 이의 본연과 체를 두고서 이름이요, 그것인 만나는 곳을 따라 발하여 드러나지 않는 것이 없다고 함은 리의 지극히 신령스러운 묘용을 두고 이름이다. 전일에는 단지 그 본체의 무위함만을 보고 그 묘용의 현행함을 알지 못하여, 리를 거의 사물死物처럼 이해하고 있었다.[21]

우리는 퇴계철학이 지닌 '미발未發'의 힘에 대해 새롭게 주목해 볼 필요가 있다. 우리는 앞서 퇴계의 경 철학은 근본적으로 '변화'와 '운동'의 개념이 없다고 주장한 바 있다. 그러나 그 경은 단지 텅 빈 그 무엇이 아니라, 엄청난 기氣적 에너지를 내축內畜한 미발의 상태와 같다. 잠자는 듯 하던 퇴계의 철학이 한말의 위기 상황이 도래하자 가장 무서운 폭발력을 갖고 시대정신을 선도한 것이 그러한 잠재태의 발현으로 볼 수 있다. '숨는 것보다 더 두드러지는 것은 없다(莫見乎隱)'는 중용의 정신이 곧 퇴계철학의 사회과학적 담론이라 하겠다.

21 『퇴계전서』. <답기명언 별지>

4. 퇴계 덕 윤리의 딜레마

지금 한국의 교실에서는 철학이 사라진지 오래 되었다. 교사들은 아예 오늘의 한국교육은 학교 붕괴의 수준을 넘어 '교육 불가능의 시대'[22]라고 단정한다. 이런 상황에서 퇴계의 경 공부론이 과연 어떤 힘을 행사할 수 있을지 의문이다. 물론 오늘날의 교육에서도 덕성의 함양은 강조되고 있으나, 그것의 성취할 어떠한 형태의 사회철학적 전망도 발견할 수 없는 실정이다. '존덕성尊德性'의 영역은 이미 오래 전에 한국의 학교교육에서 사라졌다. 이런 점에서 만약 우리가 오늘 퇴계의 철학을 새로운 사회과학적 상상력의 모태로 삼고자 한다면, 전인적인 인격성을 요구하는 그의 덕의 윤리(Virtue Morality) 체계가 과연 근세 이후의 우리사회를 지배하고 있는 규칙 윤리 혹은 의무 윤리(Duty Morality)를 대체할 수 있는 적절한 대안이 될 수 있는지 심각하게 논의되어야 할 것이다. 오늘날 같은 다원적 사회에서는 각 시민에게 최소한의 윤리 혹은 합리적 규칙 윤리만을 요구할 수밖에 없는 실정인데, 과연 퇴계가 요구하는 구도적 차원의 덕성 교육을 제대로 착근시킬 수 있겠는가?

퇴계의 교육에 대한 이상은 너무나 높고, 현실의 교실은 덕을 논의하기에는 너무 참담하다. 퇴계는 "학자는 모름지기 체험을 통하여 그 맞고 옳은 것을 바로 잡을 일이지 그 공을 헤아리지 않으니, 만

22 오늘의 교육 편집위원회편. 2011. 『교육불가능의 시대』. 교육공동체 벗.

약 한 털끝만큼의 조금이라도 무엇을 위해서 한다는 마음이 있으면 학문이 아니다."[23]라고 충고한다. 퇴계 공부론의 요체는 리와 기의 차별성을 명확하게 인식하는 것에 있다. 퇴계에 따르면 우리의 일상은 천지의 질서와 선험적 가치를 존중하고자 하는 순선純善의 이理적 요구와, 개인의 이해와 욕망 속에서 번뇌하는 기氣적 욕구사이에서 갈등하는 세계이다. 이때 이의 독존을 드러내는 공부가 곧 경敬 공부이다. 그러나 지금 현실의 교실은 이러한 경 공부를 용납할 수 있는 곳이 아니다. 황경식 교수는 이러한 딜레마를 간결하게 다음과 같이 요약하고 있다.

> 전통사회를 규율하던 덕의 윤리(Virtue Morality)가 근세 이후 의무 윤리(Duty Morality) 혹은 규칙 윤리로 전환하게 될 경우 우리는 그런 전환을 추동하게 된 사회적 기제를 탐색할 필요가 있다. 인간 삶의 모든 측면을 포괄하는 덕의 윤리가 최소한의 윤리인 의무 윤리로 전환될 경우 이는 그런 윤리를 요청하는 사회가 구조적으로 더 이상 덕의 윤리를 수용하기 어려운 사회형태로 변화되었음을 의미한다. 달리 표현하면 최소 윤리인 의무 윤리만이 도덕적으로 구속력을 갖는 유형으로 사회가 변화되었음을 의미하는 것이다. 이와 더불어 덕의 윤리가 갖는 도덕적 미결정성(indeterminacy)이 더 이상 성원들의 사회적 행위결정의 유효한 방도가 될 수 없어 규범의

23 「계산기문록」. "學者須當體驗 正其誼不謀其利 明其道不計其功 則與花鷺無異矣 若小有一毫爲之之心 則非學也"

정식화(formalize) 내지 규칙화를 통해 공적 의사결정 절차가 보다 확정적이고 명시화 될 것이 요구되고 있음을 함축한다.[24]

퇴계의 교육철학이 매우 높은 인문정신과 인간에 대한 통찰력을 가지고 있다는 사실은 명백하다. 그러나 그 철학이 현실에서의 실현 가능성(viability)이 매우 낮다는 것이 사실상 자명함에도 불구하고, 퇴계의 충고처럼 성패에 연연하지 않고 엄격한 규제의 틀로 짜여진 덕성 교육의 한 길을 갈 수 있을까? 우리는 그 절충점으로 두 가지 가능성을 제시할 수 있으리라 본다. 첫째는 덕을 현실화하는 기재로서 예를 적극적으로 재해석하는 작업이 가능하리라 본다. 덕이 표출되는 구체적 형식으로서 예의 체계는 바로 유교적 덕윤리가 도덕적 미결정성을 최대한 배제할 수 있는 관행적 장치가 될 수 있다는 주장은 일리가 있다. 즉 예는 주관적 해석행위가 아니라, 상호 그 의미를 교환하고 조정할 수 있는 공통의 규칙성을 지니고 있다는 말이다. 즉 예는 유교적 덕윤리가 단순한 덕의 윤리만이 아니라 규칙의 윤리를 포함하고 있는 덕의 윤리로 해석될 수 있는 까닭이다. 다만 새로운 예禮 체계는 전통시대의 사례 중심이 아니라 시민사회의 덕목에 일치하는 전혀 다른 층위의 예학이 되어야 할 것이다. 다음으로 논의되어야 할 사안은, 퇴계의 교육철학이 매키(J Mackie) 등이 주장하는 일종의 최소도덕(minimum morality)으로 새롭게 재탄생할 필요가 있다. 퇴계의 교육철학은 현대의 우리들이 짊어지기에는 지

---

24 황경식. 2009.「도덕체계와 사회구조의 상관성」.『철학사상』,

나치게 호대하고 심오하다. 따라서 그의 철학에서 가장 중요한 도덕적 원칙 혹은 핵심부분만을 진지하게 사회적 차원으로 변환시키고자 하는 지적 노력이 요청된다.

5. 결어

퇴계는 상대적으로 경세학적 관심이 약하다는 평가를 받고 있다. 그의 주리철학은 각 개인의 내성적 성찰과 존재론적 물음에는 깊이 있는 대답을 주었으나, 국가 경영을 위한 현실적인 대안제시에는 비교적 소홀했다는 지적을 받아 왔다. 물론 퇴계는 유학 내부에 존재하였던 공리적 흐름에 대하여 명백하게 부정적인 견해를 피력하였다. 그는 패도의 효용성을 주장하면서 국가경영에 대한 사회공학적 접근을 시도하는 사공학파를 이단으로 규정하였다. 퇴계는 각자의 도덕적인 각성을 이룬 후에야 비로소 공동체에 대한 공학적 디자인도 의미를 지니게 된다고 보았다. 공동체에 대한 섣부른 정치적 설계나 공학적 디자인은 오히려 사태를 악화시키고, 각 개인의 무한정한 욕망만 부추길 수 있다고 보았다. 그런 점 때문에 오늘날의 다수 학자들은 퇴계철학이 경세론적 관심이나 공공철학적 이해가 부족한 것으로 비판한다.

그럼에도 불구하고 우리는 퇴계학에서 국가 경영(nation building)에 대한 관심이 결코 소거된 것이 아니라는 사실을 유념할 필요가 있다. 그의 공부론이 향내적인 경향성이 강한 이유는, 고통스런 성찰과 함양의 공부를 통해서 비로소 사욕을 억제하고 공동체에 헌신할 수 있는 덕성이 길러진다고 보았기 때문이다. 퇴계는 극기의 과정을 통해서 비로소 유가적 덕 철학이 사회적 공공선으로 확대될 수 있다고 보았다. 그런 점에서 우리는 퇴계의 덕 철학이 어떻게 사회적 공공선으로 확대해 가는지를 논의하고 있는 최근의 몇몇 연구 동향을 주목할 필요가 있다. 퇴계의 '경敬' 철학과 예의 상관관계를 주목하는 최근의 연구 경향이 그 한 예가 될 것이다. '경敬'의 철학이 단순히 내성적 성찰에만 머물지 않고 예학과 연결되어 사회통합의 동력으로 작동되는 과정을 퇴계의 철학에서 발견할 수 있다. 또한 퇴계의 내성적 철학이 사회 조직적 담론으로 성장할 수 있는 가능성을 보여주는 기재의 하나가 곧 서원이다. 퇴계가 애초에 서원을 주목한 것은 서원교육을 통해 이 세계를 움직이는 가장 근원적인 질서, 이른바 리理를 체인하고자 한 것에 주된 이유가 있다. 서원은 현실 속에서 리와 리를 연결해주는 매개체의 역할을 담당하는 것이다. 이와 함께 퇴계의 심성론이 어떻게 사회적 공공선으로 확대해 가는지를 성리 철학의 근본적 모델 속에서 발견하려는 노력들도 주목된다. 말하자면 퇴계가 획득한 철학적 통찰에는 이미 사회적 통합력과 공공선에 대한 강한 지향성이 선재적으로 자리하고 있다는 주장이다. 우리는 이러한 노력을 통해 퇴계학 내부에서 후기 실학의 맹아적 요소를 발견할 수 있으리라 본다.

그러나 퇴계의 철학이 오늘 우리의 사회 철학으로 전환되기 위해서는 매키(J Mackie) 등이 주장하는 일종의 최소도덕(minimum morality)의 프레임으로 재해석 할 필요성도 있다. 요컨대 그의 교육철학을 좀 더 시민사회에 합당한 체계로 변환할 필요가 있다는 것이다. 그의 철학 속에서 가장 중요한 도덕적 원칙 혹은 핵심부분만을 추려서 이를 사회적 윤리로 변환시키는 노력이 필요하다. 우리는 이러한 자업을 통해 무겁고 둔중한 유교적 덕윤리가 오늘날의 시민사회에 적용 가능한 규칙의 윤리 차원으로 재탄생하는 과정을 볼 수 있을 것이다. 퇴계 철학의 지층은 두텁고 윤택하기에 오늘의 시민사회를 통합하고 재조직할 수 있는 공공적 가치를 충분히 우려낼 수 있으리라 본다.

한국유학과 사회과학의 대화

율곡 인권사상의 현대적 의의

| 이 동 인

율곡 인권사상의 현대적 의의

—

이 동 인

1. 동·서양의 인권사상

이 논문은 율곡栗谷 이이李珥의 인권사상을 검토하고 그 현대적 의의를 밝히기 위한 것이다. 조선 왕조의 가장 뛰어난 학자의 한 사람이며, 정치가요 사회개혁가였던 율곡의 사상을 인권의 측면에서는 어떻게 평가할 수 있을까? 이 문제에 접근하기 위해서는 우선 '인권'(human rights) 개념에 주목할 필요가 있다.

인권이라는 개념은 유럽 정치사상의 맥락 안에서 발전했다. 널리 받아들여지는 인권에 대한 정의 가운데의 하나는, 인권은 "인간이 인간이라는 종種에 속한다는 이유만으로 가지는 권리"라는 것이다. 그것은 "성性, 인종, 국적, 경제적 배경을 가리지 않고 누구나가 평등하게 가지는 권리"이며 내용의 측면에서 보편적이다(이사이, 2005: 36). 서양 사상사에서 자주 등장하는 인권의 근거는 천부인권설天賦人權說이다. 즉 사람은 하늘(또는 신神)으로부터 일정한 권리를 부여받았다는 것이다. 그리고 흔히 인용되는 인권 텍스트는 프랑스 대혁명 때 프랑스 국민회의가 발표한 '인간과 시민의 권리 선언'과 UN의 인

권선언이다. 이제 그 내용을 간략히 살펴보자:

인간과 시민의 권리 선언 (프랑스 국민회의, 1789) [발췌]

제1조 인간은 자유롭고 평등하게 태어나 존재할 권리를 가진다.

제2조 모든 정치 결사의 목적은 인간의 소멸할 수 없는 자연적 권리를 보전하는데 있다. 이 권리란 자유, 재산, 안전, 압제에 대한 저항이다.

제6조 법은 모든 사람에게 동일하게 적용되어야 한다. 모든 시민은 법 앞에 평등함으로 능력과 덕성에 따른 차별 외에는 평등하게 공적인 위계, 지위, 직무에 취임할 수 있다.

제7조 법이 정한 규정과 절차에 따르지 않고는 누구도 소추, 체포, 구금될 수 없다.

제10조 어느 누구도 자신의 의견을 표명할 때 법으로 설정된 공공질서를 문란하게 하지 않는 한 방해를 받지 아니한다.

제11조 사상과 의견의 자유로운 소통은 인간의 가장 귀중한 권리의 하나이다. 따라서 모든 시민은 자유롭게 말하고 쓰고 출판할 수 있다. 다만 법에 규정된 경우대로 이 자유의 남용에 대해서는 책임을 져야 한다.

제17조 소유는 불가침의 신성한 권리임으로, 적법하게 확인된 공공필요선이 명백히 요구되는 경우나 정당한

사전 보상이 제시된 조건이 아니면 어느 누구도 이 권리를 침해당하지 않는다(최현. 2008: 20-21).

세계 인권 선언 (U. N., 1948) 〔발췌〕

1) 신체보존권: 생명권, 부당한 차별로부터 보호받을 권리, 노예제도 및 매매금지, 법적 인격체로서의 인정, 고문으로부터 보호받을 권리, 국적보호 및 국적 변경에 대한 권리 등.

2) 법집행에 관한 권리: 법 앞의 평등권, 인신보호권, 자의적 체포와 구금으로부터 보호받을 권리, 유죄판결까지 무죄로 추정 받을 권리, 법의 소급적용으로부터 보호받을 권리 등.

3) 시민적 자유권: 의견(사상)의 자유, 언론의 자유, 출판의 자유, 집회의 자유, 결사結社의 자유 등.

4) 정치적 권리: 시민적 자유권에 속하는 언론의 자유, 결사結社 및 집회의 자유에 대한 권리와 여러 정치적 결정과 업무에 직· 간접으로 참여할 권리 등.

5) 최소필요충족권: 기본적 의식주에 대한 권리와 건강보호에 대한 권리

6) 경제적 권리: 노동에 대한 권리, 여가와 휴식에 대한 권리, 사회보장권 등.

7) 사회적 권리: 동등한 대우에 관한 권리, 사생활보호권, 가족형성권, 교육을 받을 권리 등.

8) 문화적 권리: 각종 문화공동체에 참여할 권리와 문화 활동과 그 결과를 보호받을 권리 등(이봉철. 2001: 64-65).

동양사상, 특히 유가사상儒家思想 속의 인권 개념은 물론 위와는 다른 사상사적 맥락에서 성장해 왔다. 우선 유가사상에는 천부인권설天賦人權說 같은 주장은 없다. 그러나 유가儒家는 인간에게 하늘의 속성이 내재한 것으로 본다. 곧 인간의 본성에는 하늘의 속성이 들어 있는 것이다. 맹자孟子는 "만물이 나에게 다 갖추어져 있다"고 말하고, "자신의 마음을 다하면 자신의 본성本性을 알게 되고, 본성을 알면 하늘을 안다"고 하여 '인성'과 '하늘'이 맞닿아 있음을 강조했다.[01] 이로 미루어 보면 인간은 존귀한 존재이며, 인간의 권리를 존중되어야한다는 추론이 가능하다. 곧 유가의 인권론은 인간존중 사상을 기초로 하고 있음을 알 수 있다. 공자孔子는 인간에 대한 기대와 신뢰를 끝내 버리지 않았다. 공자에 의하면 "사람이 도道를 넓히는 것이지, 도道가 사람을 넓히지 않는다."[02] 사람은 지금 여기에서 인仁을 행할 수 있는, 그러한 존재이다.[03] 공자 제자 자로子路가 은자隱者 장저長沮·걸닉桀溺으로부터 비웃음을 사고 돌아왔을 때, 공자가 "조수鳥獸와 함께 무리 지을 수는 없다! 내가 이 사람들 무리하고 함께 하지 않으면 누구와 함께 하겠는가. 천하에 도道가 있었다면, 내가 세상을

01 『孟子』. 「盡心上」. "盡其心者 知其性也 知其性則知天矣." 性惡說을 주장한 荀子조차도 "인간의 本性이란 하늘로부터 타고나는 것으로, 배울 수도 일삼을 수도 없다"고 하였다. (『荀子』. 「性惡」. "凡性者天之就也, 不可學, 不可事.").

02 『論語』. 「衛靈公」. "人能弘道, 非道弘人."

03 『論語』. 「述而」. "仁遠乎哉? 予欲仁, 斯仁至矣." 그럼으로, "道는 사람을 멀리 떠나서 있은 것이 아니다. 사람이 道를 행함에 사람을 멀리 한다면, 道를 행할 수 없다."(道不遠人. 人之爲道而遠人, 不可以爲道. 『中庸』. 第13章)

바꾸고자 하였겠는가!"라고 탄식한 것은 유명한 이야기이다.[04]

유가儒家의 중요한 가치인 인仁과 예禮는 타인의 권리존중과 깊은 관련성이 있다. 인仁과 예禮의 관계는 공자와 그의 뛰어난 제자 안연顔淵(회回)과의 대화에서 명백히 드러난다.

> 안연顔淵이 인仁을 물었다. 선생님孔子께서 말씀하시기를: "자신自身을 이기고 예禮로 돌아가는 것克己復禮이 인仁을 행하는 것이니라." … 안연顔淵이 말하기를, "실천해야할 항목은요?"하니 선생님께서 말씀하시기를, "예禮가 아니면 보지 말고, 예禮가 아니면 듣지 말고, 예禮가 아니면 말하지 말고, 예禮가 아니면 행하지 않을 것이니라."(非禮勿視, 非禮勿聽, 非禮勿言, 非禮勿動)[05]

이기심利己心은 남보다 나를 위하는 마음이다. 이기심을 추구하다 보면 자연히 타인의 권리, 곧 인권이 무시된다. 인仁은 과연 사람들 사이의 윤리이다. 인仁을 행함에 가장 중요한 것은 이기심을 극복하고〔克己〕 타인의 인권을 지켜주는 것이다. 그것은 예禮의 본질이기도 하다. 공자는 제자 중궁仲弓에게 인仁을 설명하면서, "자신이 원하지 않는 바를 남에게 행하지 않는 것"(己所不欲, 勿施於人)이라고 하였고,[06] 어진 이(仁者)는 "자신이 서기를 바라면 남을 서게 해 주고,

---

04 『論語』. 「微子」. "… 夫子憮然曰:'鳥獸不可與同羣! 吾非斯人之道與而誰與? 天下有道, 丘不與易也.'"

05 『論語』. 「顔淵」.

06 『論語』. 「顔淵」.

자신이 달達하기를 바라면 남을 달達하게 해 준다"(己欲立而立人, 己欲達而達仁)고 했는데,[07] 이 모든 것이 타인의 인격과 권리를 존중하는 태도며 행동이다.[08]

필자는 특히 『맹자孟子』의 다음 대목에 주목한다: "단 한 가지 불의를 행하고 단 한 명의 무고無辜한 사람을 죽여서 천하를 얻을 수 있더라도 이를 하지 않는다."[09] 여기에서 유가사상은 공리주의나 결

---

07 『論語』. 「雍也」. "儒家倫理의 기본정신은 自身과 他人에 대한 尊敬과 사랑이다. 그것을 孔子는 仁이라 하였다. 仁의 實現에 필수적인 요소는 다른 사람의 행복을 자신의 행복과 똑같이 존중하는 互惠性의 原則, 즉 恕이다. 恕는 소극적으로는 '자신이 바라지 않는 것을 남에게 베풀지 않는 것'이며, 적극적으로는 '자기가 세우고자 하는 것을 남에게 세워 주며, 자기가 달성코자 하는 것을 남이 달성하도록 돕는 것'이다." (이동인. 1986: 127).

08 인권개념은 유가사상 및 그 원류를 이루는 중국 고대 사상에서 민본사상의 형태로 상당히 활성화되어 있었다는 것이 필자의 생각이다. 『書經』에는 "하늘이 듣고 보시는 것은 우리 백성들이 듣고 보는 것에서 말미암으며, 하늘이 착한 사람을 드러내고 악한 사람을 벌주는 것은 우리 백성들이 착한 사람을 드러내고 악한 사람을 벌주는 것에서 말미암는다."(天聰明, 自我民聰明; 天明畏, 自我民明威)(「皐陶謨」)라는 말이 전하거니와, 맹자는 『書經』을 인용하여 "하늘이 보는 바는 백성들이 보는 바로부터 말미암고, 하늘이 듣는 바는 백성들이 듣는 바로부터 말미암는다."(天視自我民視; 天聽自我民聽)(「泰誓」. 逸文)(『孟子』. 「萬章上」)라 하였고 또 『春秋左傳』에는 『書經』에 실렸었다는 "백성이 바라는 바를 하늘이 반드시 따른다."(民之所欲, 天必從之.)(「泰誓」. 逸文)라는 문장이 전한다. 諸子百家 중에서 중국 古來의 民本(民權)사상을 획기적으로 계승·발전시킨 것은 儒家다. 孟子는 "백성이 귀하고 사직은 그 다음이며 임금은 [오히려] 가볍다."(民爲貴, 社稷次之, 君爲輕)(『孟子』. 「盡心下」)이라 하여 민본사상을 간명하게 표현한 바 있거니와, 孔子는, 백성을 誅求하여 제후(季氏)를 살찌우는 제자(冉求)를 가리켜 "[저 사람은] 나의 門徒가 아니다. 제자들은 북을 치며 공격함이 옳다."(非吾徒也, 小子鳴鼓而攻之可也)(『論語』. 「先進」)라고 하였으니, 백성의 권리를 중시하는 그의 사상이 잘 드러나는 대목이다. 孔子에 따르면 백성으로부터 지나치게 많은 것을 수탈하는 군주나 제후는 곧 도둑이다. 그는 季康子에 대해서 "그대가 [도둑질하기를] 바라지 않을진대 [남들은] 상을 준대도 훔치지 않을 것이오"(苟子之不欲, 雖賞之不竊.)(『論語』. 「顔淵」)라고 직언하지 않았던가. 孟子는 정치를 함에 민생 곧 백성의 권리와 복지를 최우선시해야 한다는 생각을 곳곳에서 피력했다. 곧, 통치자의 창고에 기름진 고기가 있고 마구간에 살찐 말이 있는데 백성들에게는 굶주린 기색이 있고 들에는 굶어 죽은 주검이 있다면 이는 짐승을 몰아 사람을 먹게 함과 다르지 않고(率獸而食人)(『孟子』. 「梁惠王上」). 백성으로부터 가혹하게 誅求하여 통치자의 창고를 채우는 관리는, 백성에 대해 도적질 하는 자(民賊)이며(『孟子』. 「告子下」), 仁政을 베풀어 민심을 얻지 못하는 자는 천하를 얻을 자격이 없다는 것이다.

09 『孟子』. 「公孫丑上」. "行一不義 殺一不辜 而得天下 皆不爲也." 孟子는 孔子, 伯夷, 伊尹 그 누구도 단 한 가지 不義를 행하고 단 한 명 無辜한 사람을 죽여서 천하를 얻을 수 있더라도

과주의와 확연히 구분된다. 만약 어떤 독재자가 나타나 4,000명을 학살하고 4,000만명을 먹고 살게 해 주었다면, 그는 나름대로 훌륭한 사람이라는 평가는 유가사상에 합치되지 않는다. 유가사상은 그늘지고 소외된 마지막 한 사람의 인권까지 배려해 주는 것이다. "백성을 다친 사람처럼 가엽게 여긴다(視民如傷)"라는 유가적 사유思惟에도 백성 하나하나의 권익에 대한 배려가 표현되어 있다.[10]

2. 율곡의 인간관

율곡의 인권사상은 성인聖人과 중인衆人이 그 본질은 하나라는 그의 성리학적 인간관에 기초하고 있다. 인간에게는 기질氣質의 차이가 엄연히 존재함에도 불구하고, 모든 인간은 스스로 성인을 기약할 수 있는 고귀한 존재인 것이다. 성인聖人과 중인衆人을 비교해 보면, 성인聖人은 지극히 바르고 맑고 순수한 기氣를 얻은 자이고, 중인衆人은 그렇지 못하여 다소간에 흐리고 막히고 잡박한 기氣를 가진 자이지만, 그럼에도 불구하고 성인과 중인의 본성이 서로 다른 것이 아니다.[11]

이를 하지 않았을 것이라고 말 한 것이다. 당연히 단 한사람의 죄없는 사람을 죽여도 그것은 仁일 수 없다. 『孟子』. 「盡心上」. "殺一無罪, 非仁也."

10 『孟子』. 「離婁下」. "文王視民如傷."

11 『栗谷全書』 2. 「擊蒙要訣」. 82. "蓋衆人與聖人 其本性則一也." 성균관대학교 대동문화연구소.(영인본) 1971.

인간의 심성心性은 허령통철虛靈洞徹하고 만 가지 이치가 구비되어 있으니, 인간의 노력에 의해 탁하고 잡박한 기氣를 없애고 성인聖人과 같이 맑고 순수한 기氣를 가질 수 있다. 인간의 용모容貌, 여력膂力(체력, 완력이란 뜻), 신장身長 등은 이정지분已定之分이라 바꿀 수 없지만, 심지心志는 우愚를 지智로, 불초不肖를 현賢으로 바꿀 수 있는데, 이는 인간의 마음이 허령虛靈하여 품수稟受의 속박을 받지 않기 때문이다.[12] 율곡이 강조한 것은 인간은 누구나 성인聖人이 될 수 있으므로 반드시 스스로 성인聖人이 될 것을 기약해야 한다는 것이다.[13] 성인은 신묘불측神妙不測여 보통 사람이 도저히 미치지 못할 것 같지만 진실로 공부를 쌓아 가면 이르지 못할 바가 없다. "사람들이 하려고 들지 않는 것이 병病이지, 능력이 없는 것이 아니다."[14]

인간은 기氣의 바르고 통通한 것을 받았는데 다만 그 맑고 탁濁함, 순수純粹하고 잡박雜駁함이 서로 다르다. 그렇지만 만물 가운데 오직 인간만이 그 기氣를 변화시켜, 탁하고 잡박한 기氣를 맑고 순수한 기氣로 바꾸어 본연本然의 기氣를 회복할 수 있다. 율곡에 의하면, 리理(道)는 무위無爲이며 이理와 기氣를 겸兼한 인간은 유위有爲이기때문에 공자가 말한 대로, "사람이 능히 도道를 넓히는 것이지, 도道가 사람을 넓히는 것이 아니다."[15] 때와 기회도 인간, 특히 재상자在上者가 만드는 것이요,[16] 가장 커다란 재앙은 천재지변이 아니라 인간의 지혜

12 『栗谷全書』 2. 「擊蒙要訣」: 82.

13 『栗谷全書』 2. 「擊蒙要訣」: 82. "衆人豈可不以聖人自期乎."

14 『栗谷全書』 1. 「聖學輯要」(4): 498-499. "聖人之德 與天爲一 神妙不測 雖似不可企及 誠能積累工夫 則未有不至者也 人患不爲 不患不能."

15 『栗谷全書』 1. 「答成浩原」: 209. "若非氣發理乘一途 而理亦別有作用 則不可謂理無爲也 孔子何以曰 人能弘道 非道弘人."

16 『栗谷全書』 1. 「東湖問答」: 320. "治亂在人 不係於時 時也者在上位者之所爲也."; 『栗谷全書』

가 밝지 못하여 스스로 초래하는 재앙이다.[17] 나아가 율곡은 "인간은 천지의 마음이니, 사람의 마음이 바르면 천지의 마음 또한 바르고, 사람의 기氣가 순順하면 천지의 기氣도 또한 순한 것이니, 리理의 상존常存과 변이變異를 천도天道에만 맡길 수 있겠는가?"라고 하여 역사발전에서 인간이 담당하는 능동적 역할을 강조했다.[18]

3. 율곡의 인권사상(1): 사회적 약자에 대한 배려

율곡은 일관되게 사회적 약자의 권익신장에 관심을 갖고 그것을 주장했다. 민民(대체로 농민)은 관리官吏 또는 사士에 대해서, 서얼庶孼은 적자嫡子에 대해서, 천민은 양민에 대해서, 사졸士卒은 군관에 대해서 열등하면서도, 그 권익을 침해당하기 쉬운 위치에 있다. 율곡이 지키고 신장伸張하려 했던 것은 이들 사회적 약자의 권익이었다.

---

1. 「靜菴趙先生墓誌銘」. 389-390: "時者在上者所造也 只是無人 豈云無時."

17 『栗谷全書』 1. 「陳弭災五策箚」: 64. "災莫大於人謀不臧 而天變次之."

18 『栗谷全書』 1. 「天道策」. 308. "人者天地之心也 人之心正 則天地之心亦正 人之氣順 則天地之氣亦順矣 然則理之常 理之變者 其可一委於天道乎."

1) 민民의 권익

율곡은 정치는 왕도정치王道政治의 실현을 지향해야 한다고 주장했다. 왕도정치는 물론 덕德으로써 인仁을 행하는 것이라는 맹자孟子의 설명대로 덕치德治를 가리키는 말이지만[19] 궁극적으로는 민생을 편안하게 해 주는 것, 곧 민民(百姓)의 인권을 보호해 주는 것을 뜻한다.[20] 그가 제시한 대표적인 민생향상 방안은 진상進上의 감축과 공물貢物의 간소화였다. 진상에 관해서, 율곡은 옛 성왕聖王은 천하로써 한 사람을 봉양하게 하지 않았음을 상기想起시키면서, 진상물 가운데에서 진상에 합당하지 않은 것은 모두 폐지하고 합당한 것일지라도 그 양量을 줄여서 백성에게 혜택이 미치게 하여야 한다고 주장했다. "진상은 꼭 필요해서 없어서는 아니 될 것만을 남기고 나머지는 모두 면제免除(율곡의 용어로는 견제蠲除)해야 하고, 비록 진상에 적합한 물건이라 할지라도 그 수량이 너무 많은 것은 헤아려서 줄여야 한다"(『栗谷全書』 1. 「東湖問答」: 324). 공물에 관해서, 율곡은 국초國初에 정한 공안貢案이 연산조燕山朝에 와서 늘어났을 뿐 농사의 흉풍凶豊과 민호民戶의 증감이 반영되지 않았음을 비판하고, 연산군 때 가정加定한 것을 없애서 조종祖宗의 옛 법을 회복하고, 각 지역의 물산의 유무와 전결田結의 다소多少와 민호民戶의 잔성殘盛을 고려하여 백성의 부담이 평준화되도록 공안貢案을 조정할 것을 건의했으며(『栗谷全書』 1. 「萬言封事」: 106), 공납품貢納品은 오직 해당 지역 산물로 한정하고 공

---

19 『孟子』. 公孫丑上. "以力假仁者覇 …以德行仁者王."

20 王道政治는, 孟子의 표현으로는 "산 사람을 먹이고 죽은 사람을 장사지내는 데 遺憾이 없게 하는 것"이다. 『孟子』. 「梁惠王上」. "養生喪死無憾 王道之始也."

납처를 두세 개의 관청으로 한정할 것을 제안했다(『栗谷全書』 1. 「東湖問答」: 325).

2) 천민賤民(노비奴婢)의 인권

율곡은 노비奴婢도 보호받아야 할 백성의 일원一員이라고 생각했다.[21] 그는 노비〔婢僕〕는 나의 수고로움을 대신해 주는 자이니, 먼저 은혜를 베풀고 뒤에 위엄을 보여야 한다고 했으며, 임금이 백성을 가엽게 여겨야 하는 것처럼, 주인도 노비〔비복〕을 가엽게 여겨야 한다고 주장했다. 주인은 노비에게 의식주衣食住의 기본권을 누리도록 해 주어야 한다.[22]

율곡이 노비의 인권(이 경우는 특히 '생명권')에 대해서 어떠한 생각을 가지고 있었는지를 말해주는 기사가 있다. 함경남도 절도사節度使 소흡蘇潝이 사적私的인 노여움으로 북도北道의 관노官奴 두 명을 죽였는데 조정은 이를 살인죄로 다스리지 않고 남형죄濫刑罪를 적용해서 다스렸다. 율곡은 이에 살인죄를 적용하여, 남을 죽인 자는 죽는다(殺人者死)는 원칙을 살리는 것이 마땅함을 주장했다.

> 살인자는 죽어야 한다는 것은 법에 있는 것임으로 용서를 을 수 없다. 고수瞽叟가 살인을 했다면 고도皐陶가 그

21 『栗谷全書』 1. 「萬言封事」: 106. "公賤亦民也 豈能獨完輾轉流亡不能生殖."

22 『栗谷全書』 ? 「擊蒙要訣」: 88. "公賤亦民也 ."婢僕代我之勞. 當先恩而後威. 乃得其心. …君不恤民則民散. 民散則國亡; 主不恤僕則僕散. 僕散則家敗. …其於婢僕. 必須軫念飢寒, 資給衣食. 使得其所…."

를 붙잡았을 것이고 순舜임금의 힘으로도 이를 저지하지 못했을 터인데 소흡蘇潝이 어떤 자이기에 함부로 사람을 죽이고도 사형을 면한단 말인가…. 이제 남형濫刑의 률律을 적용하려 하니 이는 국법을 크게 어지럽히는 일이다(『栗谷全書』 2. 「經筵日記」(3): 198).

이상의 기사로 미루어 보아 율곡은, 노비의 신분이 비록 천하지만, 그들의 생명과 인권은 마땅히 존중되어야 한다고 생각했음이 명백하다. 채무송蔡茂松은 율곡은 만민萬民을 다 적자赤子로 보았기에 공천公賤도 역시 민民이요 적자赤子로 본 것이라고 논한바 있고,[23] 묵명철은 "공천公賤, 즉 국가의 노예를 '사람(人)'으로 간주한 것은 율곡의 민본사상이 반영된 것"이라고 지적한 바 있다(묵명철, 1990: 635).

3) 서얼庶孼의 인권

율곡은 서얼의 인권향상을 위해서 적극 노력했다. 그는 서얼을 활용해야 할 인적 자원이라고 인식했으며, 서얼에 대한 차별대우를 사회의 잘못된 관행으로 간주했다. 그는 인재를 버려서는 안 된다고 하면서 매양 서얼의 허통許通을 주장했으며(「行狀」),[24] 서모庶母를 대

---

23 賤民을 포함한 모든 백성의 권익을 존중해야 한다는 栗谷의 사상을 蔡茂松은 "全民觀"이라고 일컫는다: "栗谷은 …萬民을 다 赤子로 보았다. 비록 公賤 같은 사람도 역시 民이요, 民이면 赤子로 보아야 한다…. 이러한 栗谷의 全民觀은 萬民平等主義일 뿐 아니라…" (蔡茂松, 1983: 289-290).

24 『栗谷全書』 2. 「行狀」: 360. "先生獨以爲王者立賢無方 不可廢棄人才 每欲通庶孼仕路."

하기를 자신의 친모親母와 다름없이 하였고,[25] 그의 장인(盧慶麟)이 세상을 떠난 뒤 재산을 나눌 때, 적서嫡庶를 차별하는 관습을 따르지 말고 똑같이 나누도록 하자는 의견을 내놓아 그대로 따르게 했다(『栗谷全書』 2. 「年譜」(上): 285-286). 그는 서얼에 대한 어떠한 차별도 인정하지 않은 것으로 보인다.

4) 사졸士卒의 인권

율곡은 국방에 지대한 관심을 갖고 당시의 방위능력에 대한 우려와 방위력 증강을 위한 방안을 곳곳에서 서술하였으며, 선조 14년(47세 때)에는 병조판서 직임職任을 맡아 국가방위의 실무를 계획하고 집행했다. 그는 특히 사졸들의 복지와 인권에 관심을 가졌으며, 사졸을 잘 싸우게 하려면 우선 그들이 살 수 있게 해주어야 한다는 평범한 사실을 강조하고, 이를 실현하기 위한 몇 가지 방안을 제시했다.

(1)수령守令・진장鎭將의 염직廉直

수령과 진장, 그리고 이들을 감독하는 관찰사觀察使 및 절도사節度使가 엄정嚴正하지 않으면 백성이 살기 어렵다. 게다가 아전이 뇌물을 받고 힘없는 백성의 부담만 늘리면, 이러한 형편에서 백성들이 흩어지고, 사졸이 도망가지 않을 것을 기대하기란 매우 어렵다(『栗谷全

25 『栗谷全書』 2. 「年譜」(下): 308. "先生對庶母奉養起居 無異親母 要爲得其懽心而後已."

書』 2. 「軍政策」: 545). 그러므로 염직하고 능력 있고 아량 있는 사람을 택해서 수령을 맡게 하고, 진수鎭帥과 보장堡將을 쓸 때에도 또한 공도公道에 따라서 재략才略 있고 행실이 바른 사람을 써야 한다(『栗谷全書』 1. 「諫院陳時事疏」: 54).

(2)군관軍官에 대한 급여

율곡은 당시의 잘못된 제도의 하나로 병사兵使·수사水使·첨사僉使·만호萬戶·권관權官 등 국관軍官들에게 봉급이 없다는 것을 들었다. 이러한 구조에서는 병사들에 대한 착취가 없을 수 없다는 것이다. 율곡은 군관의 착취를 줄이기 위한 첫 번째 방안으로 그들에게 봉급을 주어야 한다고 주장했고, 그 재원財源으로 부외지곡簿外之穀(고을 장부 이외의 가외 곡식)을 활용할 것을 제안했다.[26]

(3)원수지고遠戍之苦에 대한 배려

수륙水陸의 병졸들의 고통을 더하게 하는 하나의 중요한 요인은 이들이 자신들의 향리에서 군역을 지지 아니하고 멀리 다른 지역에 가서 국토방위에 임한다는 것이다. 모든 것이 낯설어 정신적으로도 시달리고, 수토水土도 맞지 않아 병 걸리기 쉬운데다가, 장수로부터 침탈당하고, 그 지역 병사로부터 천대 받으면 비참하기가 이를 데

---

26 『栗谷全書』 1. 「萬言封事」: 108. "무릇 兵營과 水營과 鎭과 堡가 있는 곳에서는 반드시 그 고을 帳簿에 적혀 있지 않는 가외 곡식으로 邊將의 양식을 적당히 계산하여 잘 급여하고, 그 고을의 양곡이 부족하면 이웃 고을의 곡식을 거두어서 지급함으로써, 반드시 邊將이 스스로 생계를 유지하고, 필요한 것이 결핍되지 않게 하고, 법제를 嚴明하게 하여 군졸로부터는 베 한 필, 쌀 한 말도 거두지 못하게 한다."

없다. 이러한 폐단을 줄이기 위해서 율곡이 제안한 것은, ①가급적 병사들로 하여금 자신들의 거주지 및 그 가까운 곳을 지키도록 할 것(『栗谷全書』 1. 「萬言封事」: 107-108), ②방위할 곳이 한번 정해지면 그것을 바꾸지 말고 한 곳에 오래 있게 할 것, ③부득이해서 멀리 가서 변방을 지켜야 하는 경우〔遠戍〕, 이를 교대로 하게 하되 각 호戶에서 면포綿布를 거두었다가 원수遠戍하는 군졸에게 여비를 주어서 안정된 마음으로 현지에 적응할 수 있게 할 것 등이다(『栗谷全書』 1. 「陳海西民弊疏」: 110).

4. 율곡의 인권사상(2): 제도적 측면

우리는 율곡의 언론관과 법치주의 통치이념에서 그의 근대적인 인권사상을 읽을 수 있다.

1) 언론의 자유

율곡은 언론을 활성화하기 위한 언론정책으로 임금에게 진언하기를, 언로言路를 활짝 열어놓아 관리에서 서민까지, 서울 사는 사람에서 지방 거주자까지 누구라도 폐단을 말하고 진정眞情을 털어놓게 하되, 혹 그 말이 주제넘고 하찮아서 볼 만한 것이 없고, 법에 저촉되는 듯하더라도 그대로 두고 불문에 부쳐야(置而不問) 온 나라 사람이 보고 들은 것을 임금의 것으로 활용할 길이 열린다고 하였다(『栗谷全書』 1. 「諫院陳時事疏」: 53). 그는 임금이 대간臺諫의 발언의 근원을 캐고 책임 지워서 언론을 위축시켜서는 아니 된다—불문어근不問言根, 또는 불힐어근不詰語根—는, 성종조成宗朝 이래 사림士林들이 당연시해 온 원칙을 다시 강조하였다.[27]

선조 7년(1574) 3월, 율곡이 사간원司諫院 대사간大司諫으로 있을 때, 왕이 의영고義盈庫에 명하여 황납黃臘 오백 근을 궁중에 들여보내라는 령令을 내렸다. 곧 이에 대해 반대 논의가 왕성하게 일어났다. 율곡이 아뢰기를 "근자近者에 바깥에서 떠들썩하게 전파되는 말이 장차 불상을 만들려고 한다는 것이어서 사람들이 마침 의심을 품고 있는 터에 수은과 황납을 내라는 명령이 내려오니 사람들의 의심이 더욱 커집니다. 그러므로 이에 감히 앙문仰問하여 성명聖明의 무혹無惑하심을 밝히려는 것입니다."라 하니(『栗谷全書』 2. 「年譜」(上): 298), 왕이 그 말을 누구에게 들었는지를 묻고 이를 숨기는 것은 왕에게 숨기지 않는 도리(無隱之道)에 위배된다고 경고하였다. 율곡은 설사 사실과 다른 비방을 했다손 치더라도 그를 잡아다 국문鞫問하는 것은 현주賢主의 도리가 아님을 말하고, 말의 원천을 끝까지 묻고(窮詰言根) 간관諫官을 조언造言의 죄로 벌준다면 언로가 막히어 임금이 총명을 잃게 된다고 주장했다.

27 "言司가 大臣과 갈등을 일으키는 경우, 臺諫 발언의 근원인 言根을 캐물음으로서 言司가 위축되기 쉬웠는데, '不問言根'이라는 관행을 확보함으로써 言論의 토대를 확대하는 성과를 거두었다." (최이돈. 1976. 193).

대간臺諫이 들은 바를 감히 아니 아뢰지 못하는 것이 임금을 섬기는 무은지도無隱之道이니, 임금이 [그러한] 말을 들었을 때 [잘못이] 있으면 고치고 없으면 더욱 면려할 뿐, 말의 원천을 묻지 않는 것은 그렇게 함으로써 언관言官을 예로 대하고 충간忠諫의 길을 널리 열어 놓기 때문이다. 만약에 말의 원천을 끝까지 묻고 갑자기 조언造言의 죄를 간관諫官에게 가한다면 신하들이 감히 발언을 할 수 없게 되고 총명이 나날이 가려질 것이니, 이것이 말 한 마디로 나라를 잃는 것에 가깝지 아니 하겠는가(『栗谷全書』 2. 「年譜」(上): 298-299).[28]

율곡은 언론의 활성화를 위해서는 설령 잘못된 의견이라도 정당한 절차를 밟아 발표된 것이면 그것을 이유로 해서 벌주는 것은 바람직하지 않다고 생각했다. 그는 이 생각을 바로 자신을 모함한 사람들에 대해서 적용하고자 했다. 선조 16년(1583), 그가 병조판서로 재직하면서 국방을 위해서 진충갈력하던 중 송응개宋應漑, 허봉許篈, 박근원朴謹元 등의 모함을 받아 그 직을 사辭한 일이 있다. 이들은 거짓말을 꾸며서 정당한 사람을 해친 죄〔飾誣害正之罪〕로 벌을 받아 먼 시골로 귀양 가게 되었다. 율곡은 이에 대해, 이들이 죄가 없지는 않지만 말로써 죄를 얻어〔以言獲罪〕, 머나먼 시골로 귀양 보내진 것은 후세 사람들에게 보여줄 만한 것이 못된다고 해서 누차 이들을

28 栗谷이 옳은 일을 위해서는 人君의 威嚴에도 굽히지 아니 하였음을 行狀은 다음과 같이 傳한다: 『栗谷全書』 2. 「行狀」: 365. "或君擧失當 則必正色直言冀回 天聽雖迫之以雷霆之威 而守正不屈."

사면해 줄 것을 왕에게 간청했다(『栗谷全書』 2. 「行狀」: 362). 여기서 보듯이 율곡은 언론의 활성화와 취재원取材源 보호에 대해서 남다른 관심을 가지고 있었다.

2) 법치주의

율곡은 법치주의를 주장했다. 그는 행정이 법률의 테두리 안에서 이루어져야 하며 법에 따라 인권이 보호되어야 한다고 생각했다. 율곡은 법에 따라 일을 처리하고 사정私情에 따라 움직이지 않는 것을 '기강紀綱'이라는 말로 표현했다. 기강이 정숙整肅함은 수법守法에 달려 있고, 기강이 서지 않으면 법이 행해지지 않는다.

> 나라를 유지할 수 있는 것은 기강이 있기 때문이며, 기강이 정숙整肅해지는 것은 수법守法에 달려 있으니, 법은 있되 그것이 행해 지지 않으면 기강은 반드시 문란해진다(『栗谷全書』 1. 「陳弭災五策箚」: 63).

> 오늘날 법이 행해 지지 아니하고, 치적治績이 이루어 지지 아니함은 모두가 기강이 서지 않았기 때문이다(『栗谷全書』 2. 「聖學輯要」(7): 41).

다음은 율곡이 법치주의를 실현할 것을 주장한 몇 가지 구체적인 사례다.

* 선조 8년 7월, 율곡은 잘못을 저지르고서 왕자우사王子寓舍로 달아난 궁노宮奴를 쫓아가서 잡아들인 헌리憲吏를 치죄한 것이 잘못된 일임을 차자箚子를 올려 논했다. 왕의 부당한 조치에 대해, 율곡은 이러한 일로 인해서 법을 지키려는 신하의 다수가 왕의 뜻을 거스르게 됨을 지적하고, 왕은 이들과 같이 정도正道를 지키고 흔들림이 없는 신하(守正不撓者)야말로 후일 충성을 다할 신하임을 알아야 할 것이라고 말했다. 요컨대 율곡은 왕실의 권위를 빌어 법의 집행을 회피하려는 기도企圖에 반대한 것이다(『栗谷全書』 2. 「年譜」 上).

* 선조 13년 4월, 수문장守門將 조경趙璥이 함부로 궐문闕門을 넘은 헌부憲府의 서리書吏를 체포하여 치죄하려 하니 헌부에서는 오히려 수문장이 헌부의 관리를 함부로 체포했다하여 이를 치죄하려 하였다(왕은 허락하지 않았다). 율곡은 직책을 다한 수문장을 오히려 벌하려 하는 사헌부와 사간원 관리들의 부당함을 명쾌히 지적했다. 수문장의 직책은 단지 사람들이 함부로 들어가는 것을 금하는 일이다. 헌부의 서리書吏가 소속 관사官司의 권위만 믿고 수문장을 경시하였으니 그 죄가 다스릴 만 한 것인데, 헌부는 오히려 수문장을 죄주려 하니 어찌 그렇게 거꾸로 되었단 말인가. 옛날 한문제漢文帝 때 육백석六百石 공거령公車令이 오히려 능히 태자의 수레를 저지할 수 있었는데.[29] 오늘날에는 수문장이 헌리憲吏의 출입을 금할 수 없음은 어찌된 일

29 漢文帝 3年에 公車令 張釋之가, 수레를 타고 入朝하면서 司馬門에서 수레를 내리지 않는 太子와 梁王을 停止시키고 그 不敬함을 彈劾한 일을 가리킴.(『史記』. 卷 102).

인가. 헌부의 관리들이 그 잘못을 모르고 간원諫院 또한 이에 따라서 옳다고 하니, 모두 다 배우지 못한 탓이다(『栗谷全書』 2. 「經筵日記」(3): 201).

율곡은 형법의 집행을 엄격하게 할 것을 주장했다. 일례로 선조 8년 8월 재녕군載寧郡에서 종〔奴〕이 주인을 죽인 일이 있었는데, 왕은 명백한 증거가 없다고 해서 그 종을 풀어주라고 하였다. 이에 대해서 율곡은 이 일은 강상綱常을 어지럽히는 큰 변變이니, 끝까지 다스려서 죄 없음이 분명해진 후에야 석방함이 가하다고 주장했다(『栗谷全書』 2. 「年譜」(上): 302). 또한 우리가 앞서 보았듯이, 율곡은 사적私的인 노여움으로 인해 함경북도의 관노官奴 두 명을 죽인 함경남도 절도사 소흡蘇滃에 대해서 남형죄濫刑罪를 적용하지 말고 살인죄를 적용하여, 남을 죽인 자는 죽는다〔殺人者死〕는 원칙을 살리는 것이 마땅함을 밝혔다(『栗谷全書』 2. 「經筵日記」(3): 198). 우리는 이러한 사실로부터 공평하고 엄격한 법 집행에 대한 그의 의지를 확인할 수 있다.

5. 율곡 인권사상의 현대적 의의

앞에서 살펴보았듯이 율곡은 매우 근대적인 인권관人權觀을 가졌다. 그는 인권의 사각지대死角地帶에 놓이기 쉬운 사회적 약자의 인권을 보장하고자 하였으며, 법치주의를 강화하고 언론의 자유를 지키고자 하였다. 그 내용을 정리하면 다음과 같다.

1) 사회적 약자의 인권보호

민民은 사대부士大夫에 대해서, 천민賤民은 양인良人에 대해서, 서얼庶孼은 적자嫡子에 대해서, 사졸士卒은 군관軍官에 대해서 사회적 약자이며, 인권을 침해 받을 가능성이 큰 집단이다. 율곡의 인권논의는 이들 약자 집단에 집중되어 있다.

(1)율곡이 강조한 왕도정치의 요체는 백성(民)의 권익을 보호하고 증진시키는 정치이다. 율곡은 특히 진상의 감축과 공물의 간소화를 통해 민생향상을 도모했다.

(2)율곡은 서얼庶孼에 대한 차별대우를 사회의 잘못된 관행으로 간주하고, 인재 활용 차원에서라도 서얼의 허통許通을 주장했으며, 스스로 서모庶母를 대하기를 자신의 친모親母와 다름없이 하고, 그의 장인(盧慶麟)의 사거 후 재산을 나눌 때, 적서嫡庶를 차별하지 않는 등, 서얼을 차별하지 않는 것을 스스로 실천했다.

(3)율곡은 병사〔士卒〕들의 고통을 덜어 줄 방안을 모색했다. 특히 멀리 타향에 가서 나라를 지키느라고(遠戍) 고생이 자심滋甚한데 군관軍官들에게 착취까지 당하면 비참하기 이를 데 없다. 율곡은 군관들에게 녹봉을 주어 사졸에 대한 침탈의 소지를 줄이고, 원수遠戍의 고

통을 줄여줄 것을 제안했다.

(4)약자에 대한 권익보호는 천민(노비)의 권익보호에서 절정에 이른다. 조선의 노비, 특히 율곡이 생각한 노비는 희랍이나 로마의 노예와 전혀 다르다. 희랍, 로마의 노예는 가축이나 재물과 같은 것으로 인권 같은 것은 생각할 수 없었다. 그러나 율곡은 노비를 보호받아야 할 백성의 일원一員으로 간주하였기에("公賤亦民也"), 노비를 죽인 자도 살인자사殺人者死의 원칙을 살려 살인죄로 다스려야 한다고 주장했다.

2) 법치주의와 언론의 자유: 제도적 측면

율곡은 법치주의와 언론의 자유 등 제도적 측면에서 인권을 보장할 것을 주장했다.

(1)그는 행정이 법률의 테두리 안에서 이루어져야 하며 법에 따라 인권이 보호되어야 한다고 생각했다. 율곡은 법에 따라 일을 처리하고 사정私情에 따라 움직이지 않는 것을 '기강紀綱'이라고 일컫고, 법은 있되 그것이 행해 지지 않는 것을 경계했다. 그는 법으로써만 인권을 제한할 수 있고, 법을 통해 인권이 보호되어야 한다는 법치주의 원칙을 강력하게 주장한 것이다.

(2)그는 특히 사상의 자유와 함께 언론의 자유를 강조했는데 이는, 설령 잘못된 의견이라도 정당한 절차를 밟아 발표된 것이면 그것을 이유로 해서 벌주는 것은 바람직하지 않다고 한 그의 주장과,

임금이 말의 원천을 끝까지 묻고(窮詰言根) 간관諫官을 조언造言의 죄로 벌준다면 언로가 막히어 임금이 총명을 잃게 된다고 한 글에서도 드러난다.

3) 현대적 인권개념과 율곡의 인권사상

그의 인권사상을 앞에서 언급한 프랑스 국민회의가 발표한 '인간과 시민의 권리 선언'과 UN의 인권선언을 참조해서 정리하면 다음과 같다.

(1)율곡은 '민생民生'이라는 용어를 사용해서 백성의 생존권 보장을 강조했다. 율곡이 왕도정치를 강조한 것은 백성의 생존권을 보장하기 위한 간절한 노력이었다고 볼 수 있다. 특히 열악한 사회적 신분으로 인해 삶의 안정적인 기반을 위협받던 천예賤隷와 사졸士卒의 복지를 개선해야 한다는 율곡의 주장은 그들의 신체보존권과 최소 필요충족권을 보장하기 위한 노력으로 해석될 수 있다. 율곡이 관노 두 명을 죽인 함경남도 절도사 소흡蘇潝을 남형죄濫刑罪로 다스리지 말고 살인죄로 다스려야 한다고 주장한 것은 그가 노비처럼 천한 신분의 사람도 신체보존권을 존중 받아야 한다고 믿고 있었음을 보여준다.

(2)율곡이 시민적 자유권을 다양한 방식으로 보장하려 했다고 볼 수는 없으나 몇 가지 측면에 걸친 노력은 인정된다. 그는 의견(사상)의 자유, 양심의 자유, 언론의 자유에 관심을 가졌던 것으로 보인다. 앞서 살펴 본대로 그는 언론의 활성화를 위해서는 설령 잘못된 의견이라도 정당한 절차를 밟아 발표된 것이면 그것을 이유로 해서

벌주는 것은 바람직하지 않다고 주장했으며, 임금이 말의 원천을 끝까지 묻고(窮詰言根) 간관諫官을 조언造言의 죄로 벌준다면 언로가 막히어 임금이 총명을 잃게 된다고 경계했다.

(3)율곡이 민생을 개선하기 위한 여러 가지 제안을 한 것은 백성의 최소한의 생활수준을 보장받을 권리, 곧 경제적 권리를 보장하기 위한 노력이었다고 해석할 수 있다. 살펴 본대로 그가 제시한 민생향상 방안 가운데에서 대표적인 것은 진상의 감축과 공물의 간소화였다.

(4)율곡이 법으로써만 인권을 제한할 수 있고, 법을 통해 인권이 보호되어야 한다는 법치주의 원칙을 강력하게 주장한 것은 법 앞의 평등권을 내세우는 '법집행에 관한 권리'를 주장한 것으로 해석할 수 있다.

(5)율곡의 사회개혁론에서 백성의 정치적 권리, 즉 사회의 기본규칙(법과 질서)과 구조(정치조직과 구성)를 선택하고 변경할 수 있는 자유는 거의 다루어지지 않았다. 이는 율곡의 시대가 전제왕조의 시대라는 점을 감안하면 당연한 일이다. 단, 이봉철이 논급한대로 자유권에 속하는 언론의 자유가 정치적 권리에 포함된다면, 이 점은 율곡이 매우 강조하였다는 것을 우리는 앞에서 살펴보았다.

율곡이 처했던 사회문화적 상황은 오늘날의 그것과 사뭇 달랐음에도 불구하고 그는 오늘날 문제되고 있는 인권의 구성요소의 상당부분을 인지하고 그것을 확충하기 위해서 다양한 노력을 기울였다.

한국유학과 사회과학의 대화

하곡학의 생태철학적 가능성 | 이상호

하곡학의 생태철학적 가능성

—

이상호

1. 들어가는 말

이 글은 '하곡학'[01]이 생태철학으로서의 기능할 수 있을지에 대한 가능성을 타진해 보기 위한 것이다. 이를 통해 하곡학을 포함한 성리학[02]이 생태담론[03]에서 어떠한 유의미한 구조를 가질 수 있을지에

---

01 논자는 '하곡학'이라는 용어를 사용할 때 단순하게 하곡 정제두에 의해서 이루어진 학문 체계라는 개념보다는 주자학과 양명학을 회통시켜 새로운 철학 체계를 만들어냈다는 개념으로 사용한다. 이 개념은 주자학이나 양명학, 나아가 퇴계학 및 율곡학과의 차별적 구조를 가진 학적 체계로서 하곡학을 의미한다. 여기에 대해 자세한 내용은 이상호, 『양명우파와 정제두의 양명학』(서울: 혜안, 2008)을 참조할 것. 다만 이 논문은 순수한 '하곡학'만이 가진 생태철학적 특징을 논하기 위한 것이 아니므로, 개념적으로 '성리학'이라는 큰 범주에 속하는 학문체계로서의 하곡학이라는 의미와도 같은 개념으로 사용할 것이다.

02 성리학에 대한 개념 규정에 있어서는 학계에서도 여전히 의견이 분분하다. 주자학만을 성리학으로 인정하는 경우도 있으며, 성명의리지학이라는 개념에서 송대 형성된 신유학 사상만을 대상으로 하는 경우도 있다. 그러나 이 논문에서 말하는 성리학은 다음과 같은 박경환의 규정에 따른 것이다. 그는 자신의 박사학위 논문에서 송명성리학의 일반적인 사유체계를 일곱 가지로 정리하고 있다. 첫째는 '현실 속에서의 도덕적 실천을 통한 자아의 완성'이라는 '人道'문제에 대한 강조이며, 둘째는 天道論과 人道論 결합의 사유체계이고, 셋째는 보편이 특수 속에 遍在한다는 사유에 근거한 性善的 人性論의 확정으로 본다. 넷째는 악의 문제를 해결하기 위한 기질지성의 설정이며, 다섯째는 성선론에 근거한 본래의 선한 性의 '회복'이라는 修養論의 공유이고, 여섯째는 수양의 구체적인 방법에 있어서 이른바 존덕성과 도문학과 같은 내외의 방법을 병행한다는 점을 든다. 그러나 이것은 心學의 존재 여부로 인해 송명성리학 전반에 일관된 것은 아니지만, 심학 역시 여기에 대한 비판에서 시작하기 때문에 일정한 영향을 인정해야 한다고 말한다. 그리고 마지막으로 일곱 번째는 이상적 인격인 성인에 대한 새로운 이해이다. 물론 이 새로운 이해가 '도덕 개념'을 벗어난 것은 아니고, 우주

대한 가능성을 함께 찾아보려고 한다.

모두가 잘 알고 있는 것처럼, 생태담론은 현대 사회가 안고 있는 생태문제에 대한 대안 제시를 목적으로 등장했다. 특히 현재 생태문제가 자연과학적 접근과 공학적 해결책만으로는 근본적인 대안을 마련할 수 없다는 인식 아래, 사유체계의 전환을 통해 이 문제를 해결하려는 시도에서 형성되었다. 이렇게 되면서 생태담론은 다양한 철학적 사유방식들 속에서 생태문제를 해결할 수 있는 대안들을 마련하고 이를 기반으로 다양한 측면에서 사유체계의 전환을 시도했다. 이 과정에서 필요하면 기존 철학에 기대기도 하고, 부족하면 새로운 이론을 만들기도 했다.

그런데 사실 조금만 깊이 생각해 보면 생태담론이 특정 학문에 기대는 것 자체가 의미없는 시도일 수 있다. '흰 고양이건 검은 고양이건 쥐만 잘 잡으면 되는 것'처럼 기존 이론이나 새로운 이론이나 현재의 생태담론을 해결할 수만 있으면 되기 때문이다. 반드시 하곡학일 필요가 없으며, 동시에 서양의 유수한 철학들이 그 대안이 되는 것도 결코 아니다. 중요한 것은 현대의 생태문제를 해결할 수 있는 실질적 대안으로 기능할 수 있어야 한다는 사실이다. 그런데 지금까지 동양철학과 관계된 많은 생태담론들이 실질적인 생태문제 해결보다는 '동양철학에도 서양철학처럼 생태관련 대안적 담론의 가능성이 있다'라는 사실을 밝혀 내는 데 더 치중했다. 이것은 급속하게

질서 속에서 설명되는 성인에 대한 것이다. 여기에 대해 자세한 것은 朴璟煥. 「張載의 氣論的 天人合一思想 硏究 - 天道論과 人道論을 중심으로」(박사학위논문. 고려대학교. 1997). 2~3쪽을 참조.

03 생태철학은 주로 생태문제에 대한 철학적 담론을 의미하며, 이러한 이유에서 이 논문은 생태철학과 생태담론을 혼용해서 같은 의미로 사용한다.

밀려왔던 서구담론 아래에서 제대로 숨쉬지 못했던 동양철학이 내부 검서를 통해 '우리도 서구담론과 같은 가능성이 있다'라고 말하려는 목적에서 나온 것이기 때문이다. 이 때문에 어떠한 측면에서 동양의 생태담론은 담론자체를 현실성 없게 만들었을 뿐만 아니라, 대안창출을 방해하는 요소로 작용하기도 했던 것이다.

이러한 현실 앞에서 필자는 다시 '하곡학'의 생태담론 가능성을 찾고 있다. 그러나 여기에서 필자는 '하곡학에 서양생태담론과 같은 내용이 있다'는 사실을 증명하기 위한 논의는 가능한 배제시키면서, 하곡학과 같은 전통 유학에서 생태담론을 추출할 수 있는 방법론을 찾고 그 구체적인 내용을 확인하려 한다. 물론 이 자체도 일종의 시론에 머물 수 있고, 여전히 기존의 생태담론이 가진 한계를 뛰어 넘지 못할 수도 있다. 그러나 하곡학 본래의 학문 목적을 중심으로 생태철학이 가능성을 추출함으로써, 전통철학이 가진 본래 목적 속에서 목적하고자 하는 생태담론의 가능성을 타진해 보는 것은 그 자체로 의미 있을 수 있다.

이를 위해 이 글은 성리학 분과학문으로서 하곡학이 가진 철학적 담론 구조를 분석하고, 이것이 어떠한 생태철학적 함의를 가질 수 있는지를 분석하려 한다. 이것은 좀 더 확대하여, 하곡학이라는 구체적인 사례를 중심으로 생태담론에서 성리학이 어떤 유의미한 대안을 제시할 수 있을지를 살펴보는 것이 될 수도 있다. 이를 위해 2장에서는 지금까지 진행된 성리학을 중심으로 한 생태담론의 한계를 살펴보고, 이를 기반으로 성리학이 생태담론에 참여할 수 있는 새로운 가능성을 '올바른 관계 맺기'라는 개념으로 설정하려 한다. 3장에서는 이러한 관계 맺기의 근거인 심心과 이를 바탕으로 한 성인됨이 어떠한 생태적 함의를 가지는지 살펴보고, 4장에서는 이러한 심을 이웃과 만물에까지 확충해 가는 단계를 확인할 것이다. 이를 통해 우리는 하곡학이 생태담론에서 어떤 유의미한 대안을 제시할 수 있을지 알게 될 것이다.

2. 성리학 생태담론의 한계와 새로운 가능성

1) 성리학 생태 담론과 그 한계

20세기 말 동양철학은 경전이나 인물, 사상사 연구 등에서 벗어나, 현실문제에 직접 개입할 수 있는 자신감으로 충만했다. 특히 이 시기 한국을 비롯한 대만, 홍콩, 싱가폴과 같은 이른바 동아시아 사소룡四小龍(일본과 비교 개념으로서 小龍)의 비약적인 경제 발전의 배경에 유학이 있었다는 분석들이 나왔고, 이것은 '유교자본주의 담론'[04]을 낳았다. 이를 기반으로 동양철학은 현실과에 대화에 대해 자신감을 갖게 되었고, 이후 현실문제에 대한 답을 제시하기 위한 담론들이 쏟아져 나왔다. 유교자본주의 담론을 필두로, '근대성 담론'과 '공동체주의 담론', '생태담론' 등이 일어났으며, 이 과정에서 동양철학도 서양철학처럼 현실 문제에 개입할 수 있다는 희망에 사로잡혔다.

---

04 유교자본주의 담론에 대한 자세한 내용은 김석근. 2006. 「유교자본주의? 짧은 유행과 긴 여운 그리고 과제」. 『오늘의 동양사상』 제14호. 예문동양사상연구원을 참조.

이 같은 담론들은 해석의 대상에 불과했던 동양철학이 현대 사회가 가진 문제를 해결할 수 있는 철학으로 기능하기 위한 활로를 찾기 위해 노력했다는 점에서 긍정적 의미가 있다. 특히 현대화 혹은 서구화로 인해 발생한 문제의 해답을 동양에서 찾으려고 함으로써 담론의 다양화에 기여하고, 동양철학이 세계 정신사의 한축으로 들어갈 수 있는 가능성도 찾을 수 있었다. 하지만 그럼에도 불구하고 동시에 이 같은 담론들은 서구의 담론에 기대어 일어난 '기생담론'이라는 가혹한 평가에 내몰리기도 한다. 다시 말해 이러한 논의가 동양철학 본래의 목적이나 이론 구조 속에서 이루어진 것이 아니라, 서양의 다양한 담론들을 바라보면서 '그러한 내용들이 우리 동양에도 있다'라는 수준에서 이루어진 논의라는 평가이다.

이러한 경향성은 '생태담론'에서도 마찬가지이다. 생태담론의 과정에서 동양철학에 관심을 가졌던 것은 이른바 '심층 생태학(Deep Ecology)'으로 분류되는 일군의 학자들이었다. 서양의 생태담론은 크게 인간중심주의(Anthropocentrism) 생태론과 심층 생태론,[05] 그리고 근래에 M. 북친과 같은 사람들에 의해 제안된 사회 생태론[06] 등으로 나눈다. 인간중심주의 생태론은 G. 하딘과 같은 사람들로 대표

05 이것은 현재 생태담론의 두 축을 의미한다. 하나는 인간 중심주의에 서 있는 것이며, 또 다른 하나는 그에 대한 비판적 담론으로 제기된 탈인간중심주의 논의이다. 여기에 대해 자세한 내용은 김명식. 2004. 「영미권 환경철학의 역사」. 『환경철학』 제3집 한국환경철학회를 참조할 것.

06 사회생태론은 근본생태학에 대한 비판에서 제기된 것으로, M. 북친과 같은 경우는 근본생태주의자들이 생태담론을 인간중심주의 대 자연중심주의로만 끌고갔다고 비판한다. 이러한 관점에 서서 그는 자연생태 해결을 위해 사회제도나 체제의 변화를 제기하고 있다. 사회생태론은 단순한 인식의 전환에만 머무는 것이 아니라, 그것이 포괄적 개념의 제도적 변화를 동반해야 한다는 입장으로 이해할 수 있다. 여기에 대해 자세한 내용은 김명식. 2002. 『환경, 생명, 심의민주주의』. 서울: 범양사출판부. 135쪽 이하를 참조할 것.

되는데, 이들은 인간의 지속적인 삶을 위해 다른 종의 희생을 고려하지 않는다. '지속가능한 개발'은 이 같은 인간중심주의 생태에 영향을 받은 것으로[07], 근세 이후 자연을 바라보는 인간의 기본 입장을 유지하고 있는 것이다.

심층 생태학은 인간중심주의 생태학에 대한 비판으로부터 출발했다. 현대 사회의 생태문제는 인간중심주의가 불러온 결말이라는 인식 아래 자연과 인간의 관계를 대등하고 등가적인 관계로 볼 것을 요구하면서, 여기에 부합되는 새로운 철학체계를 찾아 나섰던 것이다. 심층생태학을 정초했던 아스네스는 당시의 생태문제를 해결하기 위해 "인간을 포함한 모든 생물체를 생물권의 그물망 또는 내재적 관계의 장에 속한 하나의 매듭으로 이해"[08]할 것을 주문했다. 이러한 입장은 인간이 모든 관계의 주체가 되는 것이 아니라, '자연 존재가 주체이면서 자연의 자연성을 중시하는 철학'을 만들었다.[09]

서양의 생태학자들이 동양철학에 주목하기 시작했던 것은 이 시점이다. 심층 생태학은 '생명평등의 원리'와 '큰 자아 실현'이라는 양대 축으로 형성된다.[10] 이 같은 입장은 "세계가 나의 몸이다"라거나 "모든 생명은 근본적으로 하나이다"[11]라는 근본생태주의의 표어를 만들어 내는데, 이것은 불성을 통해 우주적 인간으로 해탈해 가는 불교의 인간관과 유사하고, 물아일체物我一體나 범아일여梵我一如와 같은 사상

---

07 홍원식·이상호. 2008. 「경부대운하 프로젝트와 낙동강 개발에 대한 '인문생태' 적인 접근」. 『한국학논집』 제36집. 계명대 한국학연구원. 51쪽.

08 구승회. 2001. 『생태철학과 환경윤리』. 서울: 동국대학교 출판부. 105쪽에서 재인용.

09 이효걸. 1997. 「생태론의 빛과 그림자」. 『현대의 위치 동양철학의 모색』. 서울: 예문서원. 287쪽 참조.

10 김명식. 2002. 『환경, 생명, 심의민주주의』. 73쪽 참조.

11 김명식. 2004. 「영미권 환경철학의 역사」. 37쪽에서 재인용.

들과 연결되었다. 이 때문에 '생명의 등가치성'을 인정하고 있는 도교나, 탈인간중심주의의 경향을 강하게 가진 불교가 특히 주목을 받았다. 이렇게 되면서 초기에는 도교와 불교를 중심으로 동양철학이 생태담론에 적극적으로 참여하기 시작했다.

이에 비해 도교나 불교에 비해 '인간중심주의'라고 인식된 유학[12], 특히 그 가운데에서도 성리학은 생태담론에 비교적 늦게 뛰어 든다. '유기체적 세계관'을 찾아가는 동양의 생태담론이 봇물처럼 터지면서, 유학도 자신 속에 있는 '탈인간중심주의'나 '유기체적 세계관'을 찾아가기 시작했던 것이다. 이 과정에서 가장 먼저 눈에 띈 것은 '음양陰陽 대대待對적 세계관'과 '생생불식生生不息하는 유기체적 우주'를 말하고 있는 『주역周易』이었다. 특히 음양의 조화로운 관계방식은 인간과 자연의 대립적 관점에 의해 생겨난 생태문제를 해결할 수 있는 것처럼 여겨졌다.[13] 이러한 기반 위에서 성리학은 기氣 철학에 바탕한 '유기체적 세계관'을 중심으로 생태담론에 참여하였고, 주자학에 비해 탈인간중심주의라고 평가되었던 양명학 역시 만물일체론을 중심으로 생태담론에 참여한다.

기 철학은 주로 '유기체적 세계관'을 찾는 데 초점을 맞춘다. 이들은 '태허의 기가 인간과 만물의 본성을 이루고 있다'는 장재의 기

12 전병술은 유가 철학이 인간중심적이라는 사실을 인정하면서도, 서양의 인간중심주의와는 다르게 인간과 자연을 적대적 관계로 설정하지 않는다는 점을 강조한다. 이러한 과정에서 비로소 인간중심주의와 생명중심주의의 양립 가능성이 생겼다고 말하면서, 유학의 생태담론 가능성을 제시한 바 있다. 자세한 것은 전병술. 2003. 「동양철학의 인간중심적 환경윤리」. 『중국학보』 47집. 한국중국학회. 참조.

13 이 같은 입장을 가진 대표적 논문들로는 최영진. 2000. 「『주역』에서 보는 인간과 자연의 관계」. 『동양철학』 13집. 한국동양철학회. 곽신환. 2000 「『주역』의 생생불식 사상」. 『생명과 더불어 철학하기』. 서울: 철학과 현실사. 등이 있다.

철학에 주목하면서 오늘날 환경윤리의 원형을 여기에서 찾으려고 했다.[14] 이에 비해 양명학에서는 '만물일체론'이나 '양지 및 치양지', 그리고 '친민설親民說'이나 '일기유통설一氣流通說'을 중심으로 생태담론에 뛰어든다. '만물일체를 실현하는 대인'은 생태와 환경친화적 사고의 소유자라는 사실을 강조하기도 했으며,[15] '천지만물과 사람은 원래부터 일체'[16]였다는 『전습록傳習錄』의 구절을 기반으로 양명학의 탈인간중심주의적 요소를 찾기도 했던 것이다.[17] 또한 양명학을 '적극적인 인간중심주의'라고 말하면서도 이러한 인간중심주의는 치양지를 통해 관계지향적 사고를 하는 사람이므로 생태적 가치가 있다는 입장도 제기되었다.[18] 물론 이와 같은 생태담론이 '기생담론'인지에 대해서는 재론의 여지가 있다. 하지만 필자가 보기에 이러한 논의는 성리학이 추구했던 본래 목적과 상관없이 '유기체적 세계관이 있다'라는 사실을 증명하고, 이것을 중심으로 '생태적'이라고 말하려 했다는 점에서 기생담론의 혐의는 있다. 양명학을 포함한 유학은 학문의 목적이 '생태문제'에 있지 않기 때문이다. 물론 해석을 통해 생태문제를 해결할 수 있는 의미있는 단초를 찾을 수는 있겠지만, 근본적으로 생태문제에 관심을 가지고 출발한 학문은 아니라는 말이다.

성리학의 학문목적은 '성인됨'에 있으며, 모든 이론 구조는 그것

---

14 김미림. 2005. 「생태철학으로서의 장재의 기철학에 대한 연구」. 『중국철학』 제13집. 중국철학회. 47~48쪽.

15 여기에 대해 자세한 내용은 최재목. 1997. 「양명학과 생명사상」. 『동아시아 문화와 사상』 1호 동아시아 문화포럼. 을 참조할 것.

16 王守仁. 2001. 『王陽明全書』. 卷3. 「傳習錄下」. "蓋天地萬物與人原是一體."

17 자세한 것은 한예원. 2001. 「양명학의 萬物一體觀에서 본 '생명윤리'」. 『양명학』 6집. 한국양명학회. 참조.

18 김교빈. 2000. 「양명학과 생명사상」. 『동양철학』 13집. 한국동양철학회. 참조.

에 맞추어져 있다. 따라서 성리학의 세계관이나 자연에 대한 이해 역시 '세계 그 자체'를 목적으로 하지 않는다. 성리학에서 말하는 세계는 우주의 질서라는 형이상학적 세계관을 통해 사람이 성인이 되어야 할 목적을 강제하기 위해 '요청'된 개념이라고 말하는 이유이다.[19] 성리학에 말하는 세계와 자연은 '자연 그 자체'가 아니라 인간에 의해 '도덕적으로 해석된 자연'이다. 심층 생태학자들이 말하는 '유기체적 세계'는 세계의 관점에서 인간과 세계를 동일하게 놓기 위한 것이라면, 성리학에서 말하는 '유기체적 세계'는 인간의 관점에서 인간과 세계를 '도덕이라는 같은 틀'로 묶기 위해 해석된 세계인 것이다. 물론 정도의 차이는 있겠지만, 성리학이 생태담론에 참여하기 위해 성리학이 가진 본래 목적을 점검하지 못한 채 나온 해석들로 볼 수밖에 없는 이유이다.

2) 성리학 생태담론의 새로운 가능성

앞에서 살펴본 것처럼 성리학은 생태문제를 위해 형성된 이론체계가 아니므로, 성리학의 논의구조 내에서 생태문제에 대한 직접적인 언급들은 없다. 다만 성리학이 가진 이론 구조 속에서 생태문제와 관련하여 의미 있는 내용들을 해석하여 적용시켜야 한다. 그러나 이러한 해석과 적용도 기생담론에서 벗어나기 위해서는 성리학의 본질적 측면이 현대 생태문제 해결에 중요한 시사점을 던져 줄 수 있

19 여기에 대해 지세한 논의는 이상호. 2007.「성리학과 생태담론」.『오늘의 동양사상』 제17호. 예문동양사상연구원을 참조할 것.

어야 하고, 이것이 단순한 이론 영역에서 머무는 것이 아니라 실천적 의미를 담보할 수 있어야 한다. 이러한 이유에서 우선 성리학 본래 목적에 좀 더 충실하게 접근해 볼 필요가 있다.

유학의 범주에 드는 모든 학문이 그렇듯 성리학 역시 학문목적을 '성인됨'에 둔다. '내가 성인되기 위한 학문'이며, 이론체계는 이를 설명하기 위한 것이다. 이 때문에 논자는 성리학의 이론 체계를 '1)왜 모든 사람은 반드시 성인이 되어야 하는가?' '2)성인이 되어야 한다면, 성인이 될 수 있는 가능성은 있는가?' '3)성인이 되어야 하고 또 될 수도 있다면, 오늘부터 나는 무엇을 해야 하는가?'라는 질문에 답하는 형식으로 정리하기도 했다.[20] 성리학은 첫 번째 물음에 대해 '우주의 질서 속에 들어 있는 인간'에 대해 이기론을 가지고 설명하면서 모든 사람이 성인이 되어야 할 이유를 강제하고, 두 번째 물음에 대해 우주의 보편적 질서가 모든 사람에게 본성으로 주어져 있다는 심성론을 통해 성인됨의 실현 가능성을 설명한다. 그리고 세 번째 물음에 대해서는 독서공부와 마음공부 등으로 대표되는 수양론을 제시한다. 성리학은 이처럼 사람들이 성인됨을 결단하게 하고, 그것을 실천할 수 있는 이론 구조로 설정되어 있다.

이렇게 보면 유학에서 목표하는 이상적 인격인 '성인'이 어떠한 내용을 갖는지 살펴볼 필요가 있다. 그것이 '생태적 인간형'을 지향하고 있다면[21], 성리학은 이를 통해 생태담론에도 의미 있는 대안을 제시할 수 있기 때문이다. 그렇다면 성인은 어떠한 사람인가? 단순

---

20 이렇게 정리된 관점으로는 이상호. 2007. 「'성인됨'을 위한 유학의 기획과 그 철학적 전개」. 『동양사회사상』. 제16집. 동양사회사상학회. 가 있다.

21 최재목. 1998. 「양명학과 생명사상」. 『동아시아 문화와 사상』 1호. 동아시아 문화포럼. 을 참조.

화의 위험성은 있지만, 유학의 '성인'은 '공심公心'으로 사는 사람이다. 유학은 사람이 가진 욕망과 정감을 인정하는 이론이다.[22] 이 점에 있어서는 성인도 마찬가지이다. 다만 성인은 이러한 욕망이나 정감이 사적인 영역에 머무는 것이 아니라 공적 욕망과 공적 정감으로 승화된 사람을 의미한다. 타인과 관계가 전제된 상태에서 타인의 입장에서 생각하고 타인의 이익을 함께 기뻐하는 이타적 인간형인 것이다. 이렇게 보면 성인은 타자와 도덕성을 바탕으로 '올바른 관계 맺기'를 실현하는 사람으로 규정할 수 있다.

"군자는 의로움에 따르고, 소인은 개인적 이익에 따른다"[23]는 말이나, 성인으로 대변되는 인仁한 사람은 "자신이 서고자 하면 남도 서게 하고, 자신이 이루고자 한다면 남도 이룰 수 있게 하는 사람"[24]으로 설정되는 이유이다. 특히 '극기복례克己復禮'[25]를 통해 우리는 사적 욕망을 이겨내고 타인과의 올바른 관계방식, 즉 예禮를 회복시키는 사람이 성인임을 알 수 있다. '타인의 고통에 대해 안타까워하고, 자신의 옳지 못한 행동에 대해 타인 앞에서 부끄러워하는 마음'[26]은 성인됨으로 가는 기본 조건이다. '나'가 아닌 타인과의 관계를 전제하고, 그들과의 '올바른 관계맺음의 방식'을 행동으로 옮길 수 있는 사람이 바로 성인이다. 성리학은 이 같은 성인의 본성을 우주의 질서

22 여기에 대해 자세한 내용은 이상호. 2001. 『사단칠정 자세히 읽기』. 파주: 글항아리. 46쪽 이하를 참조할 것.

23 『論語』. 卷4. 「里仁」. "君子喩於義, 小人喩於利."

24 『論語』. 卷6. 「雍也」. "夫仁者, 己欲立而立人, 己欲達而達人."

25 『論語』. 卷12. 「顏淵」. "子曰, 克己復禮爲仁, 一日克己復禮, 天下歸仁焉, 爲仁由己而由人乎哉."

26 『孟子』. 「告子上」. "惻隱之心, 人皆有之, 羞惡之心, 人皆有之. 恭敬之心, 人皆有之, 是非之心, 人皆有之. 惻隱之心仁也, 羞惡之心義也, 恭敬之心禮也, 是非之心智也. 仁義禮智, 非由外鑠我也, 我固有之也, 弗思耳矣." 참조.

와 연결시킴으로써 성인됨을 사람이 우주 질서를 이루어 가는 과정으로 강제한다.

이렇게 보면 성리학은 타자를 전제한 상태에서 그와 어떻게 '도덕적으로 관계 맺기'할 것인지에 초점이 맞추어진 학문이라고 말할 수 있다. '예禮'가 '올바른 관계 맺기'의 실현이라면, 유학은 이러한 관계 맺기가 형식적인 행동에 그치는 것이 아니라 마음으로부터 시작되어야 한다는 입장을 강제한다. 공자이래로 성인은 예禮라는 형식에 인仁이라는 진정성을 담는 인간형으로 설정되고 있으며, 이러한 인의 실현을 통해 자발적 의사로서 예를 실현할 수 있게 하려 했던 것이다. 유학은 '올바른 관계 맺기'를 마음으로 기뻐하면서 행할 수 있는 사람으로 만들려 했으며, 이러한 사람이 바로 '성인'이다.

이러한 논의 위에서 우리는 다시 생태담론으로 돌아가보자. 생태담론은 자연과 환경에 대한 분석과 관찰을 주목적으로 하는 '자연과학'이 아니라, '올바른 행동'을 요구하는 윤리적 담론이다. 인류라는 종의 생존을 가능케 하는 자연환경을 우리 이후의 세대들까지 함께 공유할 수 있도록 배려하기 위한 실천적 담론이며, 이를 위해 지금 현재 인간과 자연의 '관계 맺기' 방식에 대한 수정을 요구하고 있는 담론이라는 말이다. 심층 생태론 역시 인간중심주의에 근거해서 자연과 관계 맺기 하는 것이 옳지 않다는 비판에서 비롯된 것으로, 자연과 인간을 등가치로 인정하여야 비로소 '올바른 관계 맺기'가 이루어진다고 생각했던 것이다. 이와 같은 측면에서 보면 인간중심주의 생태론이나 사회 생태론 역시 '관계 맺기'의 방법에 관한 논의라고 말할 수 있다. '관계 맺기'라는 관점에서 성리학 역시 생태담론에 참여할 수 있는 가능성이 열리는 지점이다.

물론 성리학의 '관계 맺기'가 사람과 사람 사이의 문제에 한정된 것이라고 지적한다면, 그 역시 타당하다. 하지만 동시에 이 지점에서 우리는 '관계 맺기'에 대한 생태담론이 반드시 자연과 사람간의 관계에만 한정되어야 하는지를 묻게 된다. 물론 생태담론의 출발 자체가 자연과 인간이 지금처럼 관계맺음 할 경우 '인류의 붕괴'로 이어질 수 있다는 급박함에서 출발했다. 이에 비해 성리학은 사람과 사람 사이의 '올바른 관계 맺기'에 초점에 맞춘다. 성리학의 출발이 '나'를 둘러싼 '사회환경'을 그 대상으로 하기 때문이다.

여기에서 우리는 사람을 둘러싸고 있는 환경이 자연환경에만 국한되지 않다는 사실을 상기할 필요가 있다. 대부분의 사람들이 부딪치면서 살아가는 환경은 내 주위에 있는 사람들로 이루어진 '사회적 환경'이나 '문화적 환경'이다. '올바른 관계 맺기'의 대상이 자연환경에만 국한되는 것이 아니라, 내 앞에 있는 사람과 사람의 관계나 문화집단과 문화집단의 관계까지도 포괄될 수 있다는 말이다. 이들과의 '올바른 관계 맺기' 역시 모두 '나를 둘러싼 환경의 관계문제'이며 따라서 모두 내가 살아가는 생태환경을 건강하게 만들기 위한 '생태담론'이라고 말할 수 있다. 어떻게 보면 사람에게 있어서는 나를 둘러싸고 있는 사람들과의 '올바른 관계 맺기'가 더 일차적이며, '나를 포함한 우리'의 생존을 보장하는 자연과의 '올바른 관계 맺기'는 그것을 바탕으로 해서 이루어질 필요가 있다. 이러한 이유에서 논자는 우선 생태담론의 범위를 자연과 인간의 관계 이전에, 사람과 사람의 관계로부터 시작할 필요가 있다고 생각한다. 이를 통해 '관계 맺기'의 영역에서 사람과 사람의 관계를 다루어 왔던 성리학은 중요한 생태담론으로서의 의미를 가지며, 이 논리를 그대로 사람과 자연의 관계로 확장할 수도 있기 때문이다.

특히 우리는 서양의 생태담론이 인간중심주의에 국한되어 있거나, 그에 대한 비판으로 인간의 적극적인 행동을 강제할 수 있는 주체성까지 '등가치'라는 이념아래 무시되었다는 사실에 주목할 필요가 있다. 인간중심주의 생태론이 전자였다면, 심층 생태론은 후자의 입장이다. 그러나 우리가 '인간'인 이상 인간을 중심에 놓지 않고 사유할 수 없으며, 그렇다고 인간의 주체성에만 매몰되어 인간 중심으로만 생각할 경우 생길 수 있는 문제는 너무나 자명하다. 성리학이 생태담론에서 중요한 의미를 갖는 것은 바로 이 시점이다. 올바른 관계맺음의 주체인 나를 중심에 놓되, 결코 내 안에 한정되지 않도록 하는 논리적 과정이 성리학 속에 있기 때문이다. 가족관계에서 타인에 대한 사랑의 당위를 갖도록 하되, 그것이 가족 안에만 한정되지 않도록 하는 확충擴充의 윤리가 현재 서양 생태담론의 한계를 넘어 좀 더 실천 가능성이 높은 생태담론이 되게 할 수도 있다는 의미이다.[27]

27 이와 같은 입장은 '맹자의 인간관계방식'을 모델로 한다. 가족에 대한 사랑을 가장 중심에 놓고, 이러한 사랑의 형태를 이웃과 사회, 국가로 확장해 갈 것을 강조하는 것이 맹자를 비롯한 유학의 기본입장이다. 이것은 도덕률의 기준으로서 가족과 그 실천으로서의 사회 및 국가라는 구조를 갖는데, 여기에서 실천 가능한 '이상적 관계맺기'의 가능성을 찾는 것이 유학이다. 맹자를 이 같은 입장에서 해석한 입장에 대해서는 이상호. 2007. 「맹자의 인간관계론에 드러난 생태적 함의」. 『동양철학연구』 제51집. 동양철학연구회. 참조.

3. 올바른 관계 맺기를 위한 주체로서의 마음

'하곡학의 생태철학적 가능성'이라는 주제는 사실 두 가지 물음 앞에 동시에 선다. 하나는 '성리학'으로서의 '하곡학'이 어떠한 생태철학적 가능성을 가졌는지에 대한 것이며, 또 다른 하나는 '주자학이나 양명학과는 다른 학문체계로서의 하곡학'만이 가진 생태철학적 가능성을 찾는 것이다. 전자는 성리학의 대표적 예로서 하곡학이 생태담론에 어떠한 의미를 줄 수 있을지에 살펴보는 것이라면, 후자는 같은 주자학이나 양명학과는 다른 하곡학만의 특징이 생태담론에 어떠한 의미를 줄 수 있을지를 살피는 것이다. 이 두 가지 문제를 이 논문에서 모두 다룬다는 것은 현실적으로 어려운 문제이다. 따라서 이 논문은 앞장에서 말한 것처럼 성리학으로서의 하곡학이 가진 특징에 주목함으로써, 성리학의 생태담론 참여 가능성을 하곡학에서 찾아보는데 초점을 맞추려고 한다. 개인의 수양으로부터 확충을 통해 올바른 관계맺음을 실현하려는 노력은 성리학으로서의 하곡학에도 동일하게 드러나는 것이며, 이러한 관점에 초점을 맞추어 성리학으로서의 하곡학이 생태담론에 어떠한 의미를 줄 수 있을지 확인해 보겠다는 의미이다.

하곡학 역시 모든 성리학이 그러한 것처럼 성인됨을 목적으로 한다. 이러한 성인됨은 철저한 개인의 수양과 이를 바탕으로 한 실천의 중시로 드러난다. 여기에서 중요한 것은 도덕적 주체로서의 '나'이다. '나'의 수양으로부터 가정과 사회로 확장되어 가는 방식을 띠고 있기 때문이다. 이와 같은 입장은 사람과 자연의 관계에 있어서도 '사람'을 중심에 둘 수밖에 없다. 자연과 사람의 올바른 관계맺음을 위해서는 '사람'이 주체가 되어야 하며, 이것은 자연과 인간을 동일한 가치에서 파악하는 것을 거부하게 된다. 이러한 이유에서 정제두는 다음과 같이 말한다.

> 대체로 사람과 만물이 비록 본래부터 생명은 같다고 하지만, 실제로 그 리理는 다르다. 또 혈기는 비록 같다고 해도 그 성정性情은 결코 같지 않다. 이것은 비단 사람과 만물에서의 리만 그러한 것이 아니라 개와 소 역시 같지 않으니, 어떻게 하나의 혈기가 감당할 바이겠는가? 그러므로 인성에 있어서 인함과 의로움이 순수하고 착한 것을 (다른 존재와)더불어 말할 수는 없다. 생리生理의 체體는 비록 본래 하나의 근원이라고 해도, 각각 그 형기形氣에 따라서 품부 받은 것이 같지 않으니, 이것은 사람과 만물이 달라서 부여받은 성의 리理가 같지 않기 때문이다.[28]

생명이나 본체의 차원에서 같다고 해도, 각각의 형기形氣에 따라 사람과 만물이 같을 수 없다는 말이다. 동물을 포함한 모든 생태환경은 근원적으로 사람과 다르며, 이것은 사람과 다른 본성을 부여받

---

28 鄭齊斗. 『霞谷集』. 卷8. 「存言上·理一說」. "大抵人物雖本同生, 實則異理. 其血氣雖同, 性情絶異. 此非特人與物爲理, 犬與牛亦不同, 是豈一箇血氣之所當哉. 非所以與論於人性之仁義粹善者也. 生理之體, 雖本一原, 各隨其形氣而所稟有不同, 此所以爲人物之異, 而賦性之理有不同者也."

았기 때문이다. 정제두는 이와 같은 입장에서 '그 리가 다르다'는 입장을 밝히고 있다. 이는 정제두의 리 삼분설三分說에 따른 것으로, '전체 리의 측면'에서는 같은 리(생리의 체)이지만 형기에 따라 드러난 생리의 차원은 다를 수밖에 없다. 사람과 사람 아닌 다른 존재가 현실적으로 드러난 '생명의 측면'에서까지 같다고 말할 수는 없다고 의미이다. 인간과 자연 역시 원론적으로 차이가 있을 수밖에 없으며, 이러한 관점에서 보면 '동일한 가치의 부여'는 이루어질 수 없다.

정제두가 이렇게 생각했던 이유는 무엇일까? 그는 위의 인용문 아래 작은 글씨로 주석을 달아 "그 본래의 체體는 하나이지만, 그 성정에는 치우치거나 바름, 통하거나 막힘의 차이가 있어서 귀하고 천한 것이 같지 않기 때문이다. 그래서 인의예지仁義禮知와 같은 순수한 도덕성은 만물이 갖지 못한다"[29]라고 말한다. 만물과 사람의 근본적 차이는 인의예지와 같은 순수한 도덕성을 갖는지 그렇지 않은지에 따른다. 이것은 올바른 도덕성을 바탕으로 도덕적으로 사고하고 행동할 수 있는 주체는 '사람'일 수밖에 없다는 사실을 분명히 하려는 것으로, 이 같은 관점에서 사람은 자연보다 더 중요한 가치를 가진다. 우주가 파생된 근원이 같다고 해서, 사람과 모든 자연이 동일한 가치 위에 놓일 수는 없다는 의미이다.

하곡학은 이처럼 도덕이라는 기준을 통해 사람과 만물을 구분하고 있으며, 이를 통해 만물을 대상으로 한 도덕의 구체적 실현자는 사람일 수밖에 없음을 분명히 한다. 사람이 다른 만물과 다른 이유는 인의예지라는 순수한 도덕성을 가졌기 때문이며, 동시에 이것을

29 위의 책. 같은 곳. "其本然之體一矣, 而其性情有偏正通塞而貴賤者不侔. 故其仁義禮智之粹, 物不得有."

'이루어 가야 하는 존재'이기 때문이기도 하다. 즉 성인됨을 추구해야 하고, 추구할 수 있는 존재로서 사람이 설정되고 있는 것이다. 그렇다면 정제두는 이 같은 성인에 대해 어떠한 입장을 가지고 있을까? 그 역시 성인에 대해 '올바른 관계 맺기'를 목적으로 '공심'을 실현해 가는 사람이라고 말한다.

> 대개 종을 치면서 농산을 노니는 즐거움이나, 용감함을 좋아하고 재물을 원하는 마음은 천리天理와 인정人情이 원래부터 가지고 있는 것이니, 성인이나 어리석은 사람이나 함께 가지고 있는 것이다. 그러나 비록 같이 그것을 가졌다고 해서 그 마음이 펼쳐지는 것은 같지 않고, 비록 같은 마음이라고 해도 그것이 행해지는 것은 각각 다르니, 그 실제는 천리를 따르는 것과 욕망을 따르는 것, 그리고 공적인 것과 사적인 것 사이에서 나누어질 따름이다. 리理를 따라서 천하 사람들의 마음과 같게 행하는 것은 천리가 공적으로 행해지는 것이고, 욕망을 따라 오로지 자기 자신만을 위하는 것은 인욕에 따른 사사로움이다. 이 둘 사이에 성인과 어리석은 사람이 나누어지는 바가 있다. [30]

사람이 만물과 다른 이유는 '인의예지'라는 도덕본성을 가졌기 때

30 鄭齊斗. 앞의 책. 卷15. 「孟子說下·鍾鼓苑囿好勇好貨解」, "夫鍾鼓苑囿游觀之樂, 好勇好貨之事, 凡天理人情之所固有者, 是乃聖愚之所同有之者也. 雖是同有, 其事則不同, 雖是一事, 其行則各異, 實以理與欲公與私二者之間耳. 其循理而同於天下者, 天理之公是也, 徇欲而專於一己者, 人欲之私是也. 是二者之間, 聖愚之所由分."

문이고, 사람과 사람이 다른 것은 그러한 본성을 실현하는지 그렇지 않은지에 달려 있다는 말이다. 성인과 어리석은 사람의 차이는 같은 욕망을 가진 존재라고 해도 그것을 공적 욕망으로 승화시키는지 아니면 개인의 욕망에 한정되는지에 따라 다르다. 성인은 타인을 전제한 상태에서 모든 사람이 가지고 있는 공적인 정감과 마음으로 판단하고 행동하는 사람이다. '성인됨'의 실현이 곧 '올바른 관계 맺기'로 나아갈 수 있다고 본 이유이다. 이러한 사람은 사람과 사람을 비롯하여 문화집단과 문화집단의 관계까지도 이타적 정감을 바탕으로 '올바르게 관계맺음' 할 수 있는 사람이다. 이에 비해 소인은 사욕을 가진 사람으로 성인의 공적 마음이 실현되어야 할 대상에 불과할 뿐, 그 스스로가 도덕의 실현주체는 될 수 없다. 자연과 사람과의 관계에서도 사람이 주체가 될 수밖에 없는 이유는 바로 여기에 있다.

이와 같은 이유에서 정제두는 공적公的인 정감을 가지고 있는 '마음'을 중시하면서, 특히 맹자가 말한 공적 정감인 사단四端에 초점을 맞춘다. 모두 알고 있듯이 사단은 사람과 사람 사이의 올바른 관계맺음을 위한 '선한 정감' 또는 '공적 정감'[31]이다. 타인을 전제한 상태에서 이루어지는 이타적 정감으로, 자신도 모르게 '타인의 불행에 대해 측은하게 여기는 마음(惻隱之心)'이나 '자신의 잘못에 대해 다른 사람 앞에서 부끄러워하는 마음(羞惡之心)', '다른 사람의 호의나 친철에 대해 사양하는 마음(辭讓之心)', '자신의 행동과 생각이 옳고 그른지를 아는 마음(是非之心)'이 바로 사단이다. 이러한 이유에서 정

31 타인을 대상으로 한 대표적인 공적 정감은 바로 맹자가 말한 '사단'과 같은 것이다. 이것을 타인을 먼저 배려하고 생각하는 이타적 정감이며, 양명학은 바로 사람이 가진 이 같은 이타적 정감에 따라 행동하는 것을 강조했다고 말할 수 있다. '공적 정감'에 대해서는 이상호, 『사단칠정 자세히 읽기』 참조.

제두는 "무릇 사단으로서 나에게 주어져 있는 양지는 사람이라면 누구나 가지고 있지만, 많은 사람들이 이것을 살피지 못한다. 그러다가 이것을 알게 되면 크게 확장하여 이것으로 마음을 채워간다"[32]라고 말한다. 누구나 이타적 정감을 가지고 있으므로 이것을 마음에 채우기만 하면, 공적인 관계망 속에서 생각하고 공적인 이익을 실현할 수 있는 주체가 될 수 있다는 의미이다. 이와 같은 이유에서 정제두는 이 마음을 자각하여 알 수 있게 하는 공부를 '성인'의 공부로 규정한다.

> 성인의 학문은 심학心學이니, 심心이란 사람마다 모두 가지고 있는 것이다. 어떻게 하면 성인이 될 수 있을까? 대답해 보면, 성인의 학문은 성학性學이니, 성이란 마음의 본체이며 이른바 천리라고 말하는 것이다. 성인의 학문은 그 마음 속에 주어져 있는 천리를 간직하는 것이다. 이러한 본체는 천리이니 사람마다 모두 가지고 있는 것이다.[33]

성인의 학문이 마음에 침잠하는 이유는 분명하다. 마음은 하늘의 이치가 사람에게 도덕적 본성으로 주어져 있는 곳이다. 성인의 공부는 그 마음 속에 주어져 있는 하늘의 이치를 간직하는 것이다. 다시

---

32 鄭齊斗. 앞의 책. 卷8. 「存言下·聖人之道」, "凡有四端於我者良知也, 人皆有之, 多不能察. 及其知之也, 則悉皆張大而充之."

33 위의 책. 卷8. 「存言下·聖人之學心學」. "聖人之學, 心學也, 心者人皆有之. 何爲則爲聖人, 曰聖人之學, 性學也, 性者心之本體也, 所謂天理也. 聖人之學, 存其心之天理者也, 本體天理, 人皆有之."

말해 어린아이가 우물에 빠질 때 그것을 안타까워하는 마음을 잘 보존하면,[34] 그 어린아이를 구하는 도덕적 행동으로 이행된다. 또한 불의에 항거하지 못한 나 자신을 부끄러워하는 마음을 보존하면, 이후 불의에 항거하면서 스스로에게 부끄럽지 않으려고 노력하게 된다. 이러한 마음은 타인과의 공적 관계를 올바르게 하는 도덕적 마음으로, 이를 통해 타자를 위한 행동이 가능해 진다. 정제두가 "측은지심惻隱之心과 수오지심羞惡之心, 사양시심辭讓之心, 시비지심是非之心은 마음의 성性이다. 그런데 이것이 지나치게 드러나거나 올바로 미치지 못하는 것은 개인의 사적私的 정감이 가렸기 때문이다"[35]라고 말했던 것은 이러한 이유에서이다.

이와 같은 입장을 통해 우리는 정제두가 왜 인간중심주의의 사유에 바탕하는지를 알 수 있다. 성인은 타자의 고통에 대해 안타까워하고 타인 앞에서 부끄럽지 않게 행동하는 '공적 관계 맺기'의 주체이자 실현자이다. 사람은 이러한 공적 관계 맺기의 가능성을 본성으로 가지고 있으며, 따라서 사람은 자기 본성의 실현을 통해 '올바른 관계 맺기'를 이룰 수 있다. 성인은 타인의 입장에서 생각하고 타인을 배려하는 이타적 삶을 사는 사람이라고 말할 수 있으며, 이것이야말로 이상적인 '올바른 관계 맺기'이다. 그런데 그것을 실현하는 주체는 사람, 좀 더 엄밀하게 말해 사람의 마음이다. 따라서 타자와의 올바른 관계 맺기의 주체인 사람(의 마음)을 중시하고, 이로부터 합

---

34 맹자의 孺子入井은 이와 같은 입장에서 제기된 것이다. 『孟子』. 「公孫丑上」. "孟子曰, 人皆有不忍人之心. 先王有不忍人之心, 斯有不忍人之政矣. 以不忍人之心, 行不忍人之政, 治天下, 可運之掌上. 所以謂人皆有不忍人之心者, 今人乍見孺子將入於井, 皆有怵惕惻隱之心, 非所以內交於孺子之父母也. 非所以要譽於鄕黨朋友也, 非惡其聲而然也."

35 위의 책. 같은 곳. "惻隱羞惡辭讓是非之心性也, 有過不及者, 私蔽之也."

리적인 관계를 도출시킬 수 있도록 해야 했다.

이상의 논의를 중심으로 살펴보면, 하곡학 역시 '올바른 관계 맺기'를 실현하는 공적 정감의 소유자가 되는 데 학문의 목적이 있음을 알 수 있다. 이러한 '관계 맺기'는 그것을 실현하는 주체와 대상이 나누어 질 수밖에 없으며, 여기에서 성인과 소인은 구분된다. 이것을 확장하면 사람과 자연 역시 나누어질 수밖에 없으며, 도덕의 주체라는 측면에서 인간은 자연보다 더 높게 평가된다. 이 같은 인간에 대한 평가 속에는 도덕성을 본성으로 가지고 있는 마음에 대한 중시가 들어 있으며, 동시에 마음을 대상으로 하는 수양론의 강조도 들어 있다. 원론적으로 하곡학이 인간중심주의에 서 있다고 말할 수 있는 이유이다.

그러나 이 같은 인간중심주의는 '인간종의 영속적인 보존을 위해 자연생태에 대한 희생을 강조'하는 인간중심주의와는 다르다. 비록 인간의 마음을 중심에 두었다고 해도, 그러한 마음은 관계맺음을 하는 주체로서의 마음일 뿐이다. 다시 말해 타자를 배려하고 올바른 관계맺음을 실현할 수 있다는 측면에서 주체일 뿐, 그 관계맺음의 대상은 철저하게 타자로 향해야 하는 주체이다. 그 대상은 소인일 수도 있고 자연생태계일 수도 있다. 중요한 것은 그것을 실현하는 주체로서 사람 자신(의 마음)을 설정한다는 사실이다. 이것은 사람에게 '올바른 관계 맺기'를 해야 한다는 의무의 부과이며, 이 같은 의무를 실행하는 주체로서 사람의 가치를 높게 평가했던 것이다. 이것은 자연과 인간의 등가치성만을 강조하면서 자연과 사람의 올바른 관계 맺기를 이루어 가는 실현자로서 인간을 적극적으로 설정하지 못했던 심층생태학의 입장을 보완하는 것이며, 동시에 '인간의 영속적 보존'만을 생각하는 인간중심주의 생태담론과도 차이가 있다.

4. 마음의 확충과 '올바른 관계 맺기'의 생태철학

앞 장에서 우리는 정제두의 입장이 사람을 만물과 등가치로 인정하지 않고 있음을 확인했다. 그러나 이러한 입장은 도덕을 행할 수 있는 주체로서의 사람을 강조하는 과정에서 나온 것이며, 그 구체적 가능성을 '사람의 마음'에서 찾는다는 사실도 알 수 있었다. '올바른 관계 맺기'에 있어서 정제두가 강조했던 것은 '마음'이며, 이것은 사람과 사람, 사람과 자연이 올바른 관계 맺기를 하는 데 있어서 출발점이자 실천의 담지자이기 때문이다. 그렇다면 정제두는 마음의 어떠한 기능에 초점을 두고 있는 것일까?

사실 '올바른 관계 맺기'라는 관점에서 보면 주자학과 양명학은 각기 다른 뚜렷한 특징을 보여준다. 주자학은 '올바른 관계 맺기'의 구체적 양상을 예禮에서 찾는다. 예는 사람과 사람 사이의 올바른 관계맺음에 대한 형식인데, 주자학은 우선 이것을 몸으로 익혀야 한다고 말한다. 『소학小學』은 예를 습관화하는 과정으로서의 공부[36]를 강

36 『小學』의 첫 출발점은 灑掃應對와 進退의 절목에서 예를 습관화하고, 이를 통해 예의 원리

조한 것으로, 이를 기반으로 도덕적 이치에 대한 깨달음을 향해 나아갈 수 있다.[37] 이와 같은 입장에서 보면 주자학은 예라는 행위양식을 통해 마음공부로 나아가는 길을 선택한다. 이것은 구체적인 사례들을 몸으로 익히고 성현들이 말과 행동을 경전을 통해 공부함으로써 이루어지는데, 이 과정에서 특히 '독서공부'가 강조된다.

이에 비해 양명학은 올바른 관계맺음에 '진정성'을 담는 것이 더 중요하다고 생각했다. 이를 위해 모든 행동과 실천의 실질적 주체인 '마음'을 강조하는 형태를 띤다. 규정화 된 예의 조목이나 구체적인 행동 양식은 '진정성을 담보한 마음의 표현'에 불과하며, 따라서 공부의 시작은 '마음'이어야 한다고 생각했다. 특히 이러한 마음은 이미 사람에게 본성으로 주어져 있으므로 그것을 잘 발현시킬 수만 있다면 각각의 상황 속에서 '올바른 관계 맺기'를 위한 구체적인 사안을 배우고 익힐 필요가 없다. 이와 같은 입장에서 보면 양명학은 '마음에 대한 신뢰를 바탕으로, 그것에 대한 수양을 통해 저절로 행동양식인 예를 드러내는 것'을 강조했다고 말할 수 있다.

하곡학은 이와 같은 주자학과 양명학의 유산을 동시에 받는다. 올바른 예에 대한 기준을 분명히 하면서도, 여기에 마음의 진정성을

를 깨우치도록 하려는 것이다. 朱熹. 『大學集註』. 「大學章句序」. "人生八歲, 則自王公以下, 至於庶人之子弟, 皆入小學, 而敎之以灑掃應對進退之節, 禮樂射御書數之文. 及其十有五年, 則自天子之元子衆子, 以至公卿大夫元士之適子, 與凡民之俊秀, 皆入大學, 而敎之以窮理正心修己治人之道, 此又學校之敎, 大小之節, 所以分也." 참조.

37 주자학에서 말하는 格物致知공부는 바로 이러한 단계를 의미한다. 각각의 도덕적 상황과 관계에 적절한 예의 내용들을 익혀 가다보면, 어느 순간 마음에서 예에 대한 이치를 깨닫게 되는 단계가 온다. 格物의 단계를 통한 豁然貫通은 이 같은 입장에서 나온다. 여기에 대해 자세한 것은 朱熹. 『大學章句』. "是以大學始敎, 必使學者卽凡天下之物, 莫不因其已知之理而益窮之, 以求至乎其極. 至於用力之久, 而一旦豁然貫通焉, 則衆物之表裏精粗無不到, 而吾心之全體大用無不明矣. 此謂物格, 此謂知之至也."를 참조할 것.

담으려고 시도했던 것이다. 이것은 이론 구조에 있어서 주자학을 선택하면서도, 그 내용은 양명학을 통해 담보하는 형태로 드러난다.[38] 이러한 입장은 특히 '올바른 관계맺음'에 있어서 원론적으로 '마음'으로부터 진정성을 담보해야 한다는 내용으로 표면화 된다. 모든 것이 '마음'에 달려 있으며, 따라서 성리학의 기본 입장은 이 같은 마음 공부에 있다는 정제두의 말은 여기에서 나온다.

> 각각의 일에 따라서 하나하나 결정하고, 각각의 때를 따라 사물들에게 명하는 것은 오직 나의 한 마음에 달려 있는 것입니다. 어떻게 마음을 벗어나 달리 구할 리理란 게 있겠습니까? 만약 밭을 갈 수 있고 달릴 수 있는 것이 소와 말에 있는 것만 보고 거기에서 리를 구하려고 하면 실로 망망하여 돌아갈 곳이 없어지니, 이것이 바로 마음 밖에 있는 사물들을 따라 다니는 병통입니다. 제 생각에 성현들이 성리의 학문을 했던 이유는 이와 같은 데 있지는 않을 것입니다.[39]

여기에서 말하는 '사물'이나 '일'은 실제 우리가 알고 있는 일반적 사물이나 해야 할 일을 의미하지는 않는다. 이것은 예컨대 엘리베이

---

38 이와 같은 입장에서 논자는 하곡학의 특징을 '주자학적 틀을 바탕으로 양명학적 개념을 사용하여 주자학과 양명학을 회통시킨 철학'으로 규정하였다. 다만 이러한 입장이 이 논문에서는 중요한 테제가 되지는 않는다. 여기에 대해 자세한 내용은 이상호, 『양명우파와 정제두의 양명학』, 237쪽 이하를 참조.

39 鄭齊斗, 앞의 책 卷1 「書與閔彦暉論辨言正術書」, "其逐件條制, 隨時命物, 實惟在於吾之一心. 豈有外於心而他求之理哉? 若徒見可耕可馳之在牛在馬, 就而求之, 則貫亦汒蕩無歸, 正涉逐物之病. 某恐聖賢所爲性理之學, 不在是也."

터 앞에서 선생님을 만났을 때의 상황이나 앞에 짐을 들고 가는 할머니를 만났을 때의 상황 등과 같이 이치에 맞는 행동을 해야 할 '상황'들을 의미한다. 이러한 상황에서 올바른 행동의 기준과 실천은 '내 마음'에 달려 있다는 의미이다.

그렇다면 정제두가 이해한 마음은 어떠한 존재일까? 정제두는 마음이 가지고 있는 습합과 확장의 가능성에 초점을 맞춘다. 그는 『맹자』 「진심장」을 인용하여 "만물은 모두 나에게 갖추어져 있으므로, 내 몸을 돌이켜 정성스럽게 한다면 즐거움이 이보다 클 수 없다"[40]라고 말하면서, 마음의 습합 능력에 초점을 맞춘다. 이 말은 맹자 이후 심을 특히 강조했던 상산학과 양명학에서 가장 중요하게 여기는 경구이다. 마음은 모든 만물의 이치를 갖추고 있으므로, '올바른 관계 맺기'의 주체가 될 수 있다는 의미로 이해할 수 있다. 정제두는 이러한 점을 정확하게 파악한 양명학에 대해 다음과 같이 말한다.

> 왕양명이 말하는 물物이란 나의 마음에서 벗어난 것이 아니다. 그러므로 내 마음이 일상적으로 볼 수 있는 곳이고 나의 앎이 미치는 곳이다. 이와 같은 조리가 있다는 것은 모두 마음에서 나온 것이므로 그것은 모두 나의 성性이다. 그러므로 물物이나 리理가 마음, 또는 마음 속 아닌 것이 없는 것이다.[41]

40 위의 책. 卷8. 「學辯」. "萬物皆備於我矣, 反身以誠, 樂莫大焉, 强恕而行, 求仁莫近焉."

41 위의 책. 같은 곳. "王氏所謂物者非外於吾心也. 乃吾心之日用可見之地, 而吾知之所在者也. 其有條理, 皆出於心, 而皆吾之性. 是物也理也, 無非心也內也."

세상의 모든 만사 만물은 결국 마음에서 벗어나지 않는다는 말이다. 물론 이 말은 원론적으로 내 마음이 관계하게 될 대상이나 상황들을 물物로 보는 데에서 나온 것으로, 도덕적 행동의 기준과 원칙이 마음 속에 들어 있음을 의미한다. 도덕적인 행동의 모든 이치가 이미 마음에 습합되어 있다는 사실을 강조한 것이다. 정제두는 이렇게 말한 근거에 대해 "대저 내 마음과 천명天命은 원래 하나이니, 무릇 물리物理가 유행하여 그 사이에 흩어지고 있는데, 정녕 피차가 있다고 해도 내 마음의 밖에 있는 것이겠습니까? (그 피차가 있어서 안과 밖이 된다는 견해는 자신의 성을 일컫는 것도 아니고, 밝은 성의 전체도 아니지만, 지극히 순수하다는 것이다.)"[42]라고 말한다. 내 마음에 모든 이치가 들어와 있는 것은 내 마음이 천명과 원래부터 하나였기 때문이다. 따라서 만물의 이치나 도덕적 행동에 대한 모든 기준은 마음 안에 모두 습합될 수 있다.

하지만 이러한 마음의 습합 능력이 단순하게 모든 것을 마음으로 돌려, 마음에만 침잠하게 하는 것은 결코 아니다. 사람의 마음에 주어진 선한 정감의 단서인 사단을 확충하여 선한 마음을 만들어 가려 했던 맹자의 생각[43]을 바탕으로, 모든 이치를 습합하고 있는 마음이

42 위의 책, 卷2. 「答朴大叔(鐔)論天命圖書」 "大抵吾心天命, 元是一物, 則凡物理之流行而散殊於其間者, 寧有彼此而在吾心方寸之外乎?(其有彼此而爲內外之見者, 卽非己性之謂也, 卽非明命之全體, 於穆之至純者也.)"

43 『孟子』. 「公孫丑上」. "由是觀之, 無惻隱之心, 非人也, 無羞惡之心, 非人也. 無辭讓之心, 非人也, 無是非之心, 非人也. 惻隱之心, 仁之端也, 羞惡之心, 義之端也, 辭讓之心, 禮之端也, 是非之心, 智之端也. 人之有是四端也, 猶其有四體也, 有是四端而自謂不能者, 自賊者也. 謂其君不能者, 賊其君者也. 凡有四端於我者, 知皆擴而充之矣, 若火之始然, 泉之始達. 苟能充之, 足以保四海, 苟不充之, 不足以事父母." 논자는 이와 같은 입장을 바탕으로, 맹자가 말한 擴充 논리야말로 인간의 '올바른 관계맺음'을 위한 중요한 생태적 함의가 있음을 밝힌 적 있다. 이에 대해서는 이상호, 「맹자의 인간관계론에 드러난 생태적 함의」를 참조.

야말로 개인과 개인의 관계로부터 사회와 국가로까지 확장하는 주체일 수 있음을 말하려 했던 것이다. 이 같은 확충의 관계맺음에 대해 정제두는 다음과 같이 말한다.

> 확擴은 터서 넓힌다는 말이다. 사단의 본체가 이와 같으므로, 무릇 나에게 있는 이 사단을 모두 넓게 채우고 온전하게 함으로써 멀리까지 뻗어가지 않음이 없도록 해야 한다는 말이다. 이것은 반드시 이러한 마음四端을 가지고 그 마음에 따른 정치를 하는 것이 된다. 이것은 이른바 '다른 사람을 해치지 않으려는 마음을 확충하는 것', 또는 '나의 집에 있는 어른이나 어린이를 대하는 마음을 미루어 남의 집 어른이나 어린이를 대하는 것'과 같은 종류들이다. …(중략)…진실로 이렇게만 되면 이 마음 전체가 온전하게 천지와 하나가 될 것이니, 사해가 비록 멀다고 해도 모두 내 마음 속의 들어오는 것이므로 보존하지 못할 것이 없다. 그러나 이렇게 하지 못하게 되면 아비와 아들 사이의 관계마저도 제대로 되지 않을 것이다.[44]

정제두의 이 말은 맹자가 말한 '확충'을 설명하는 과정에서 나온다. 여기에서 우리는 확충의 중층적 의미를 확인할 수 있다. 하나는

44 鄭齊斗. 앞의 책. 卷15. 「孟子說下·四端章解」. "擴拓而廣之也. 言四者之體如是, 則凡四者之在於我者, 當知其皆可廣充周盡而無有不達矣. 是必以是心而有是政者也. 如所謂充無欲害人之心, 推老幼以及人者之類也. …(中略)…苟能如是則此心全體得盡而與天地一矣, 四海雖遠, 皆吾度內, 無不可保者. 苟不能然則雖父子之間, 亦不能事矣."

마음의 단서로 주어진 것을 마음 전체로 넓혀 가는 것이다. 즉 사욕이 침범하지 못하도록 마음 자체를 사단으로 가득 채우는 작업이라고 말할 수 있다. 또 다른 하나는 이렇게 가득 채운 마음이 미치는 대상을 확충하라는 것이다. 다른 사람을 해치지 않는 마음을 모든 사람에게까지 확충하고, 내가 아버지를 사랑하는 마음을 옆집 아저씨에게까지 확충하라는 것이다. 즉 내가 아버지와 진정성을 담아서 맺는 '관계맺기'를 이웃 아저씨에게로 확대하여 맺으라는 말이며, 내 아들을 사랑하는 마음으로 맺는 '관계 맺기'를 백성들과도 맺으라는 말이다. 이렇게 되면 내 마음은 천하와 하나 되는 단계까지 확장되며, 이를 통해 사해四海와도 '올바른 관계 맺기'를 할 수 있게 된다. 이와 같은 입장을 좀 더 구체화시켜, 정제두는 다음과 같이 말한다.

> 나의 집 어른을 어른으로 대하는 그 마음을 다른 집 어른에게까지 미치게 하고, 나의 집 아이를 아이로 사랑하는 그 마음을 아이에게까지 미치게 한다면, 천하는 손바닥 안에서도 운영할 수 있으니, 이 마음을 들어 저것에 더할 따름이다.[45]

이처럼 이웃에 대한 확충은 결국 내가 아버지를 대하듯 이웃 어른을 대하고, 임금을 대하듯 하는 것을 말한다. 그런데 유학의 이와 같은 확충 논리는 상당한 설득력을 갖는다. 사실 아버지가 자식을 사랑하고, 자식이 아버지에게 효도하는 것은 별다른 논리적 설명을

45 위의 책, 卷8, 「學辯」. "老吾老以及人之老, 幼吾幼以及人之幼, 天下可運於掌, 擧斯心加諸彼而已."

필요로 하지 않는다. 이것은 자연스럽게 형성되는 정감으로, 나 아닌 타인을 사랑하는 가장 기초적인 정감이다. 유학은 이러한 이유에서 사회윤리의 기초로서 가家를 중시하기도 했다. 하지만 타인에 대한 사랑이 가족에게만 한정되는 것은 옳지 않다. 자기 아버지에 대한 사랑을 확충하여 이웃의 아버지를 사랑하고, 그 사랑을 좀 더 확충하여 나라와 자연에 대한 사랑으로 이어져야 한다. 가족을 통해 학습된 이타성을 이웃과 만물에까지 확충해 가는 방식인 것이다. "우리가 능히 측은하고 수오하며 능히 백성을 사랑하고 만물을 사랑하며 능히 중화中和를 이루어 천지를 자리 잡게 하고 만물을 길러 내게 하는 것까지도 모두 우리의 양지·양능이 아닌 것이 없습니다"[46]라는 정제두의 말은 이와 같은 입장에서 나온다. 배우지 않아도 아버지를 사랑할 줄 알고 그것을 행동으로 옮길 수 있는 도덕적 관계 맺기가 그대로 백성과 만물에까지 미칠 수 있다는 말이다.

여기에 성리학으로서 하곡학이 가진 생태철학으로서의 가능성이 있다. 사람은 이웃과 만물을 사랑할 수 있는 마음을 본성으로 가지고 있다. 그리고 이러한 마음에 따라 아버지를 사랑하고 이웃을 사랑하는 '관계 맺기'을 진행하고, 이것을 그대로 자연과 만물에까지 이어가야하는 것이다. 성리학은 바로 이 같은 '올바른 관계 맺기'의 근거를 마음 내부에서부터 본성의 확충을 통해 확보하고, 이를 바탕으로 마음 밖에 있는 타자까지 확충해 갈 것을 강제하고 있다. 이와 같은 입장에서 보면 성리학은 비록 사람을 자연보다 우위에 두지만, 이것은 어떠한 면에서 마음을 넓혀 올바른 관계 맺기를 실현해야 하

46 위의 책. 卷1. 「書答閔誠齋書」. "吾人之能惻隱羞惡, 能仁民愛物, 以至能中和位育也, 無非其良知良能."

는 주체로서의 의무를 지우는 것이기도 하다. 타인과의 관계에 있어서 내가 올바른 관계 맺기를 실현함으로써 성인됨을 이루어 가듯, 자연과의 관계에 있어서도 인간의 적극적인 실천을 강조한 것으로 이해할 수도 있다.

5. 나오는 말

지금까지의 논의를 통해 논자는 생태문제를 '올바른 관계 맺기'라는 관점에서 접근할 것을 요청했다. 생태담론이 사람과 자연의 올바른 관계 맺기에 대한 인간의 결단을 요구하는 것이라고 말할 수 있다면, 생태담론은 그 자체로 '관계 맺기'에 대한 의견차에서 발생한다고 말할 수 있기 때문이다. 그런데 이렇게 보면 생태담론은 인간의 주위를 둘러싸고 있는 환경과의 올바른 관계 맺기인데, 실제 사람을 둘러싸고 있는 환경은 자연환경을 한 사회 및 문화적 환경도 있다. 이 논문에서는 성리학적 생태담론이 의미를 갖기 위해서는 이 같은 사실들이 전제되어야 한다는 사실을 전제했다. 이러한 전제 위에서 하곡학을 '올바른 관계 맺기'라는 관점에서 접근하여 생태철학적 가능성을 살펴보았다. 그 특징들을 간단하게 정리해 보면 다음과 같다.

첫째, 하곡학은 생태담론에 있어서 주체, 좀 더 엄밀하게 말해 사람이 가진 마음을 중심으로 한 주체의 설정을 강조한다. 이러한 입장은 자연과 인간의 등가치성을 인정하려 했던 심층생태론과는 달리, 인간의 우위를 인정하는 기반 위에 서 있다. 도덕적 마음과 행위를 통해 올바른 관계맺음을 실현할 수 있는 주체로서 성인을 설정하고, 사람과 자연의 관계에서는 사람을 주체로 인정하게 하는 것이다. 이러한 가능성은 사람이 가진 본성에서 나오는 것으로, 그 구체적인 내용은 타인을 먼저 생각하는 이타적이고 공적인 정감이다. 사람만이 이러한 정감을 온전하게 갖추고 있으므로, 생태적인 관계는 사람으로부터 출발할 수밖에 없다.

둘째, 자연에 대한 사람의 존재적 우월성은 자연에 대한 도덕적 확충을 통해 실현될 때 의미를 갖는다는 사실이다. 앞에서 말했던 것처럼 사람의 우월성은 '올바른 관계맺음'을 하기 위한 도덕적 존재이기 때문이다. 그런데 이러한 단서로서의 도덕성은 마음 전체로 확충될 때 의미를 가지며, 도덕성을 가진 사람 역시 타자와 올바른 관계 맺기 방식으로 확충해 나갈 때 의미를 가진다. 특히 이러한 확충 개념은 좀 더 넓은 의미로 확장된다. 이타적 정감이 배우지 않고도 실현되는 가家를 바탕으로, 그러한 정감이 이웃과 나라, 그리고 만물에 이르기까지 확장될 것을 권하기 때문이다. 따라서 인간의 영속적 보존을 위해 자연을 대상으로 바라보는 인간중심주의 생태론과는 달리, 아버지를 사랑하는 마음을 그대로 자연과 만물에까지 확충함으로써, 아버지를 사랑하는 마음으로 자연과 만물을 대할 수 있게 한다.

이와 같은 특징들은 하곡학이 전체 성태담론에서 어느 영역에 있는지를 확인할 수 있게 한다. 즉 인간중심주의 생태학과 심층 생태론의 중간에서 분명한 이론적 영역을 형성하고 있는 것이다. 이와 같은 특징들을 중심으로 하곡학이 생태담론에 제시할 수 있는 유의미한 내용들을 찾아보면 다음과 같다. 먼저 하곡학은 실천의 주체를 명시화 한다는 사실이다. 이것은 사람과 사람 사이의 관계나 사람과 자연 사이의 관계나 모두 실천의 주체인 '나'로부터 올바른 관계맺음이 시작된다는 사실을 밝히고 있는 것이다. 사실 심층생태학이라고 해도, 결국은 자연과 인간을 동일한 가치에서 보기 위해서는 사람의 생각이 바뀌어야 한다. 하곡학은 바로 이러한 점을 좀 더 명시화 하여 실천의 주체인 '나'로부터 모든 것이 출발한다는 사실을 강조함으로써, '나'의 결단이 가진 중요성을 분명히 한다.

둘째, 확충을 통한 단계를 명시화함으로써, 실천 가능한 이론으로 기능할 수 있게 한다. 사실 모든 사람을 똑같이 사랑한다는 논리는 머리 속으로만 이해되지, 실질적 행동을 유발시키는 정감까지 동의하는 것은 결코 아니다. 자기 아버지를 다른 사람보다 더 사랑하는 것이 일반적인 정리情理이기 때문이다.[47] 하지만 그렇다고 자기 아버지만 사랑하고 다른 사람들을 멀리하게 되면,[48] 가족만 중시하는 이기적 사회로 변모한다. 그런데 하곡학은 맹자의 입장에 다른 확충의 관계 맺음을 권유한다. 가정에서 아버지를 사랑하는 마음을 경험하고, 그 마음을 그대로 이웃과 사회로, 만물로 넓혀 가라는 것이다.

---

47 이러한 이유에서 맹자는 모든 사람을 동일하게 사랑하라고 말했던 묵적에 대해서 이단이라고 말한다. 다시 말해 이론적인 이야기일 뿐, 그것을 실현하는 것은 쉽지 않다는 의미이다. 『孟子』. 「滕文公下」. "墨氏, 兼愛, 是無父也, 無父無君, 是禽獸也."

48 이러한 이유에서 맹자는 자기 자신만을 사랑했던 양주를 이단이라고 말한다. 즉 임금도 없다는 말은 아버지에 대한 사랑을 임금까지 확충하지 않았다는 사실을 의미한다. 위의 책, 같은 곳. "楊氏, 爲我, 是無君也."

이러한 단계는 가족을 우선에 두는 사람의 일상적 정리를 인정하면서도 그러한 정감을 기반으로 사회와 국가를 도덕 정감이 넘치는 사회로 만들기에 용이하다. 더불어 자연과 만물 역시 이러한 정감으로 바라볼 때 비로소 자연과 '올바른 관계 맺기'가 가능하다.

따라서 하곡학의 입장에서 보면 자연보다 사람이 더 중요하고, 사람과의 관계에 더 치중할 수 있다. 하지만 그러면서도 성인됨의 실현을 통해 만물까지 그 사랑을 미루어 가는 단계를 분명히 함으로써, 사람의 일상적 정리에 바탕 한 실천 가능성이 높은 생태담론을 만든 것으로 평가할 수 있다. 이 지점에서 하곡학의 생태철학적 가능성은 인간중심주의 생태론이나 심층 생태론과는 차별적 구조를 가진다.

한국유학과 사회과학의 대화

정다산 법사상의 현대적 의의
-『흠흠신서欽欽新書』를 중심으로

진 희 권

정다산 법사상의 현대적 의의
—
『흠흠신서欽欽新書』를 중심으로
—
진희권

1. 들어가는 글

우리나라의 전통법제연구는 고조선의 팔조금법八條禁法까지 거슬러 올라간다. 삼국시대에 역사적 기록으로만 남아있기는하지만 율령반포의 기록이 있으며, 고려시대에는 당률의 영향을 받아 고려율을 제정하였다고 기록하고 있다. 중국을 중심으로 한 전통유교 법은 고려시대에 당唐의 3성6부제를 받아들여서 국가제도를 완비하고 500여개의 조문으로 만들어진 당률의 영향을 받아서 60여개 조문의 고려율을 제정하면서 직접적인 영향을 끼친다. 특히 조선의 개국과 더불어 일반인의 생활규범으로 유교를 받아들였으며, 형전刑典의 기본법전으로 대명률을 의용하면서 유교법제도는 국가의 조직뿐 아니라 일반인의 규범으로서 자리매김을 하게 된다.

하지만 일제강점기에 일제는 통치의 필요성 때문에 기존의 전통법제와는 뿌리가 다른 - 유럽의 대륙법을 수용한 - 일본의 법제도를 강제로 수용하였다. 해방 이후에 우리는 민주주의와 더불어 서구의 법제도를 능동적으로 받아들였으며 그 결과 일본 및 독일의 법학 연구를 적극적으로 수용하게 되었다. 결국 우리의 법학은 일제강점기를 기준으로 하여 전통법과 서구법으로 단절된 모습을 보여주고 있다.

이러한 법제도의 단절 속에서 (현재의 법제도의 탐구를 주된 학문분야로 삼는) 법학에서는 독일 또는 미국 등에서 활발히 연구되어지는 분야를 중심으로 나가고 있다. 유교법의 연구는 몇몇의 법학자들에 의해서 명맥을 유지하고 있으며, 사학이나 철학분야에서 제도사 내지는 사상사의 연구가 행해지고 있다. 따라서 유교법의 연구는 전통법제의 연구를 위하여 필요할 뿐이지 오늘 현존하는 법의 연구에 대하여는 더 이상 불필요한 것이 되었다고 할 수 있다.

대륙법을 계수하여 적용시켜 온지 100여년이란 시간이 흐른 이 시점에서 전통법제 특히 유교법제를 살펴본다는 것은 단순한 법제사적인 측면에서의 의미만을 찾을 수 있을 것이라 판단할 수 있다. 사실 현대적인 형벌제도의 관점에서 바라본다면 전통법에서의 형벌제도는 전근대적이라는 평가를 받는 것도 사실이다.

하지만 그러한 평가를 내리고 그냥 덮어두기에는 전통법은 우리의 역사에서 너무나 많은 시간을 같이하였다. 법학을 문화과학의 일종이라고 한다면 우리의 역사 속에서 개인 간의 갈등을 해결하고 나아가 국가의 제도를 구성하였던 유교적 법제도는 소홀히 할 수는 없는 일이다. 또한 현대의 우리의 법제도가 완성된 제도라기보다는 바람직한 방향으로 끊임없이 개선되고 사회의 변화에 맞추어 나가야한다면 기존에 존재하고 있고 또는 존재했던 모든 제도들이 바로 출발점이 되어야 한다는 것이다. 법 및 제도의 분야에서 유교는 고려시대에 국가조직 또는 형률에 직접적인 영향을 끼쳤으며, 조선에 와서는 일반인의 삶의 방식에도 유교적 규범이 자리를 하면서 오늘날까지 법생활 및 법감정의 근간을 이루고 있다고 할 수 있다.

1. 오늘날 현존하는 법제도와 일반인의 법감정의 갈등을 해결하기 위한 출발점이 바로 우리의 삶속에 존재하는 유교적 규범의 실체를 찾는 작업이기도 하다. 따라서 미래에 우리의 삶이 융화가 되어 우리에게 걸맞는 법제도를 제정하기 위하여 법학의 측면에서 한국유학의 연구는 반드시 선행되어야 할 것이라 생각한다.
2. 이글은 정다산(1762-1836)의 법사상을 통하여 (한국)유학이 가지는 현대적 의미를 재조명하는데 있어서 법학의 분야에서 간략하게 언급하고자 한다. 한국유학을 통해 서구 법학 이론의 보완 내지 대안으로서 토착적 사회과학이론을 정립할 수 있는 가능성은 무한하다고 생각된다.
3. 한 예를 들어서 형벌 제도에 있어서 서구에서는 근대에 많은 변화가 있었나. 형벌의 관점도 범죄자의 행위에 대한 응보에서 행위자에 대한 교화·개선으로 바뀌었으며, 주된 형벌도 사형이나 부정기형에서 자유형 또는 벌금으로 변화하고 있다. 그리고 그간 형사제도에서 단지 범죄의 증거로만 존재하던 피해자에 대한 관심의 증가로 피해자학이 생긴 것도 그러한 변

화의 모습이라 할 수 있을 것이다.

4. 이러한 변화 속에서 전통 유교의 형벌제도를 살펴본다는 것은 또한 다른 의미를 줄 수 있다고 하겠다. 이미 유교에서 바라본 형벌의 목적은 교화였으며, 자유형을 뛰어넘어 사회 내 처우를 통하여 오늘날 우려하는 수용소증후군도 해결하고 있다. 더구나 피해자와 가해자와의 화해를 통한 회복적 정의를 실현하고자 하는 모습이 보이기 때문이다.

근대 서구의 법이 보호하고자 하는 것이 개인이 가지는 인간가치라고 한다면 유교법에서 보호되는 법익은 가족이며 인간관계이라고 할 수 있다. 서구의 법이 개인의 권익을 보호하는데 커다란 영향을 주었다면 유교법은 인간관계의 회복에 관심을 두고 있다고 할 수 있다. 따라서 서구의 법제가 가지고 있는 흠결을 치유하는데 있어서, 즉 미래의 법학이 추구해야할 방향에 유교적 전통법제가 가지는 의미는 클 것이다.

2. 유교 (형)법의 기초적 이해[01]

1) 유교질서의 기반

(1) 질서의 기초로서 가족윤리

한 가정은 그 관계에 따라서 종적인 인간관계와 횡적인 인간관계가 형성된다.

종적인 관계는 부모와 자식 간의 관계이다. 한 인간은 부모에 의하여 태어났기에 부모와 자식 간의 관계는 인위적으로 부정할 수 있는 관계가 아니다. 이러한 관계는 천륜이라고 한다.

부모와 자식 간의 관계는 자연적인 관계이다. 이러한 관계는 이성이나 제도, 관습 등의 규제로 양자 간의 관계가 규정되는 것이 아니라, 직접적인 정감으로 교류되는 관계인 것이다. 이러한 관계 속에는 어떠한 이해관계도 존재하지 않는다. 부모가 자식을 양육하는 그 자체에 부모는 오히려 기쁨을 찾고 있다. 이것은 바로 생명전달의 자연적 사명에 기하는 것이다.[02] 이와 같은 부모와 자식 간의 관계는 가장 자연적인 관계이기에 (유교에서는) 그 사이에 객관적인 사회규범은 반드시 보충적으로만 투입되어야 한다고 보고 있다.[03] 부모와

---

01 이 장은 졸고인 「조선시대의 형벌사상」(2000. 『안암법학』 제11호)에 기술한 내용 중 일부를 축약한 것이다.

02 효의 의미는 단지 자식이 부모에 대한 보은으로 해석하는데 그치지 말고 미래생명에 대한 보육으로 확대하여 이해하여야 한다. 즉 효를 생명에 대한 경건과 자신이 현재에 생명을 지니게 된 내원 - 가깝게는 부모로부터 멀게는 자신의 조상까지 - 에 대한 감사와 미래를 이어나갈 자손에 대한 희생으로 파악하여야 한다. 이러한 의미에서 조상에게서 생명을 받은 인간은 자신의 후손을 낳아 기름으로써 후대에게 생명을 이어줄 자연적인 의무가 당연히 부여되고 있다 할 수 있겠다(김충열. 1994. 『유가윤리강의』. 예문서원. 44-47쪽)

03 공자에게 어느 관리는 자신이 맡은 지방에서는 아버지의 범죄를 아들이 증인으로 나서는 예를 들어서 그 고을 사람의 정직을 자랑하였으나, 공자는 오히려 부모는 자식을 위하여 자식의 범죄를 숨기고 자식을 부모를 위하여 부모의 범죄를 숨기는 데에 오히려 정직이 있다고

자식 간의 관계는 그 성질상 밖으로는 죄를 감추면서 안으로 잘잘못을 시정하는 그러한 관계라는 것이다. 부모와 자식 간의 관계는 법 이전의 순수한 정의情誼를 개발하고 확충하는 데서 나온 도덕적 자각으로 이루어진다. 그러므로 아무리 법치국가라 하더라도 인간의 내면을 인정하고 가정의 존재를 인정한다면 부모와 자식 간의 인간기본관계까지 법이 들어가서 틈이 생기게 해서는 안 된다는 것이다. 법보다는 윤리적인 것이 오히려 가정의 평온을 가져다 줄 수 있는 것이다.

횡적인 관계로는 부부의 관계와 형제자매간의 관계를 들 수 있을 것이다.

부부관계는 한 남자와 한 여자의 결합이 선행되고 각자의 역할에 맞추어 가정생활을 영위하면서 생명의 지속을 가능하게 하여야 하는 것이다. 이 둘은 이러한 임무를 다하기 위하여 쌍무적이고 횡적인 관계로 맺어진 존재인 것이다.

형제자매간의 관계는 횡적인 관계를 가지고 있다고 하지만 단순한 횡적인 관계만을 가지고 있지 아니하다고 하겠다. 왜냐하면 형제자매는 동일한 부모의 자식으로서, 같은 세대로서 횡적인 관계를 가지고 있다고 할 수 있으나 그 태어남의 선후에 따라서 형제자매간의 종적인 상하관계도 또한 존재하고 있기 때문이다.

형제자매간의 관계는 연령을 통해서 자연스럽게 서열이 생기게 된다. 먼저 태어난 자는 성장 중에 아무래도 능력에 있어서 동생보

하였다. 『논어』. 「子路」: 葉公 語孔子曰 吾黨 有直躬者 其父攘羊 而子證之 孔子曰 吾黨之直者 異於是 父爲子隱 子爲父隱 直在其中矣. 공자의 생각으로는 비록 국가의 법이라고 하여도 인간의 기본적인 혈연관계를 무너뜨려서는 안 되며, 오히려 인간질서회복을 위해서는 그러한 관계를 법은 보호해주어야 한다고 본 것이다.

다는 뛰어나게 마련이어서 나이에 따른 종적인 관계가 생기게 될 것이다. 그러나 형제간에는 부모를 같이하기 때문에 타인간과는 다른 의무가 따르게 될 것이다. 즉 형은 먼저 태어나서 부모로부터 양육되었기에 아우에 대해서도 보호해야 할 의무를 지게 되는 것이다. 이러한 종적인 관계는 부모와 자식 간의 관계보다는 엄격하지는 않을 것이다.

이러한 의미에서 형제의 관계는 바로 사회생활의 원리를 익히는 실습장이 되는 것이다. 또한 형제자매의 관계에서는 남녀유별의 문제가 처음 등장하게 된다. 유가에서는 남녀는 천지天地와 마찬가지의 역할을 지니고 있다고 보고 있다. 그러므로 한 가정에서 남매를 키우는데, 사회에 나아가 천지와 같은 역할을 실현할 수 있는 인간으로 성장할 수 있기 위해서는, 어느 정도의 나이가 되서부터는 역할에 따른 교육이 필요하게 된다(男女七世不同席).

이렇게 가정은 혈연관계를 중심으로 정의情誼로 맺어진 사회를 이루는 최소의 단위이다. 이렇게 사랑과 화합이 중심을 이루는 가정윤리는 단순히 한 가정의 평화만을 가져오는 것이 아니다. 가정은 사회의 최소한의 단위로써 또한 인간이 태어나서 사회생활을 하는 가장 기본적인 배움터인 것이다. 인간이 세상에 태어나 최초로 인간관계를 맺는 곳이 바로 가정이기 때문에 가정윤리는 곧 사회 및 국가질서와 직결된다고 할 수 있다.04

04 김충열. 앞의 책. 82쪽.

(2) 가족윤리의 확장으로서의 사회질서

부모와 자식 간의 종적인 윤리와 형제간의 종적·횡적인 윤리는 사회에 확장되어 어른과 아이의 관계와 친구간의 관계에서의 질서의 내용을 이룬다. 사회는 공동생활을 하는 장소로 가정은 그 집단의 최소단위이며, 한 개인은 가정의 구성원이자 사회의 구성원이 되는 것이다. 결국 가정과 사회는 둘로 분리 할 수는 없는 것이다. 그러므로 가정 내의 윤리는 사회로 확장되어서 사회윤리(질서)가 형성되는 것이다.

사회는 단순히 혈연으로 맺어진 가정과는 달리 복잡다단한 구조를 갖고 있다.

그러므로 사회윤리는 보다 요구적이고 규제적인 성격을 띤다고 한다.[05] 그러나 이러한 요구적 성격은 가정 내의 윤리가 사회윤리로 확장하여 펼 수 있기 위한 방편으로서의 도구적인 성격을 간과해서는 안 될 것이다. 즉 사회라고 하여 가정과는 동떨어진 새로운 윤리질서를 만들어나가는 것이 아니다. 가정 내의 윤리를 사회에 확장시켜서 사회윤리의 내용을 이루게 하는 것이 바로 요구적 성격이 갖는 의미라 할 것이기 때문이다. 가정 내 부부간의 부부유별의 관계는 사회에로 확장되어 남녀유별의 요구가 생기는 것이며 가정 내의 부모와 자식 간의 관계는 사회 내의 어른과 아이 그리고 직분의 고하, 항렬 등에 의한 계층관계의 질서가 요구되는 것이다. 그리고 형제간의 관계에서 동료 간의 관계에서 요구되는 질서가 생기는 것이다.

『대학』에서는 이러한 사회에서 통용되는 도리를 혈구지도絜矩之道라

---

05 앞의 책, 87쪽.

고 표현하고 있다. 그 의미는 윗사람이 내게 무례하게 대하는 것을 원하지 않으면 아랫사람을 무례하게 대하지 말 것이며 아랫사람이 내게 잘못대하는 것을 원하지 않는다면 내가 윗사람을 바르게 대하여야 한다는 것이다. 이러한 자기중심의 인간관계를 주위의 사람에게 미치는 것을 말한다. 이러한 혈구지도는 소극적으로는 자신이 받기를 원하지 않는 것은 남에게도 하지 않는 것이며, 적극적으로는 자신이 바라는 것이 있으며 그러한 것으로 남을 대하라는 것으로 사회와 국가에서의 동류나 상하관계의 기본이 되는 도의가 되는 것이다.

이러한 사회는 한 가정이 그 대에 끝나지 않고 후대를 기르고 교육함으로써 가정(가문)의 영속성을 유지하는 것과 마찬가지로 사회에도 그러한 생명의 영속성을 가져야 하는 집단이다. 그러므로 사회는 또한 영속성을 유지하기 위하여 적절한 안배가 필요한 것이다. 사회는 가정의 존재를 인정하고 가정 내의 윤리가 제대로 힘을 발휘할 수 있도록 보호해주어야 하며 또한 가정을 갖지 못한 사람들에게도 생활을 영위할 수 있는 도움을 주어야 할 것이다. 그리고 새 세대에 대한 교육 등도 바로 이러한 영속성을 위한 중요한 기능이라 아니할 수 없다. 이는 바로 국가권력의 의무이기도 한 것이다.

2) 유교의 예와 (형)법

유교의 기본적인 질서는 앞에서 보았듯이 가족윤리에서 출발을 한다. 이러한 가족윤리가 확장되어 사회질서의 근간이 되고, 나아가 국가질서가 형성되는 것이다. 이것이 바로 유교에서 말하는 예의 내용이다. 그리고 유교형법의 목적은 일차적으로 이러한 윤리를 보호하는데 있으므로 법은 항상 예에 의하여 정당화되고, 예에 반할 때에는 법은 그 효력을 상실하게 되는 것이다. 이러한 이유로 유교에 있어서 법은 인간이 가지고 있는 가족 내의 정리情理를 먼저 보호해 주는 데 그 목적이 있는 것이라 할 수 있다.[06]

예는 또한 단순한 형식이 아니라 실질이기도 하다. 예의 목적은 인간관계를 면밀히 관찰하여 각자에게 최적의 대우와 의무를 부과하고자 하는 것이다. 그러므로 예는 인간의 본성을 조절하는 것이지 억제하는 것이 아니다. 그래서 예를 기른다는 표현을 쓰는 것이다. 인간의 본성인 생래적인 욕망을 조절하기 위해서 유교에서는 누구에게나 동일하게 분배되는 것을 부정한다. 신분의 귀천, 연령의 장유, 경제의 빈부 등에 따라 구별하여 분배의 양을 정하고 있다.[07] 이러한 분배는 단지 경제적인 물자에 한하는 것이 아니라, 사회 전반적인 질서의 내용을 이루는 것이다. 이것이 또한 예의 내용인 것이다.

유교국가에 있어서 형벌은 (법가에서처럼) 단순히 금지규정을 어겼다고 하여 가해지는 제재가 아니라, 국가의 근본질서인 예를 해치는 행위에 대하여 가해지는 국가강제인 것이다. 따라서 유교국가에서의 형법은 예의 최소한이라 할 수 있다. 이러한 이유로 유교국가

---

06 유교법이 가족의 질서와 윤리를 적극 보호하고 있기 때문에 한 가족과 가까운 친척 간에는 형법상의 특례규정이 많다. 한 예로 『당률소의』에 법인은닉에 대한 특례가 있는데 범죄자의 가족은 그를 숨기거나 정보를 제공하여도 모반 등의 범죄가 아니 경우에는 죄를 묻지 않는다. 그리고 복친服親이라고 할지라도 먼 친척에게는 법인을 은닉한 것이 발각되면 처벌하는데 3등급을 감경하고 있다. 이러한 규정을 보면 국가에 대한 도전이 아닌 한, 가족 간의 정리를 보호하는데 이바지하고 있다고 할 수 있을 것이다.

07 이러한 분배의 이면에는 배당받는 자의 사회적 책임을 항상 요구하고 있다. 즉, 권리는 항상 의무를 수반하고 있는 것이다. 그래서 분배의 양의 차이는 사회적 공헌도에 따라 정해지도록 하고 있다.

의 형법을 구체적인 사실에 적용하기 위하여 데 있어서 예에 포섭되지 않을 수 없었다.

3) 유교형법(벌)의 성격

(1) 형법의 보충적 성격

공자는 백성을 다스리는데 국가권력에 의한 강제나 형벌의 위협을 통해서 다스리면 백성은 탈법을 저지르고 위법한 행위를 하더라도 거기에 대한 죄책감을 느끼지 않고 오히려 자랑스럽게 여길 것이라는 것이다. 그러나 국가가 먼저 모범을 보이고 무엇이 옳고 그른 것이고 어떻게 처신해야 할 것인가를 먼저 교육한다면 바르지 못한 일을 행할 때에는 부끄러운 마음이 생겨나게 되어 질서는 자연스럽게 이루어진다는 것이다.[08]

유교정치가 추구하고자 하는 사회질서는 이와 같이 국가의 강제력으로 질서가 바로 잡히는 그러한 것이 아니라, 모든 구성원들이 자발적으로 참여하는 그러한 질서인 것이다. 그러므로 국가권력에 의한 강제는 국민들을 교육시킨 연후에 투입되어야 하는 것이다.[09]

---

08 『논어』「위정」: 道之以政 齊之以刑 民免而無恥 道之以德 齊之以禮 有恥且格.

09 형법에 의한 타의적인 질서보다는 교육을 통한 자의적인 질서를 추구하고자 하는 유교사상은 정치제도에도 영향을 주고 있음을 알 수 있다. 즉 중국의 주나라 이래로 국가의 행정조직으로 굳어진 이부·호부·예부·병부·형부·공부의 6부체제는 그 순서에 있어서 국가행정의 중요성을 그대로 반영한 것이라 볼 수 있다. 즉 유교에서는 한 나라를 운영하는데 가장 중요한 것은 인재의 선발과 그들을 적재적소에 배치하는데 있다는 것이다. 그 뒤는 국민의 먹거리와 나라의 살림살이에 있으며, 세 번째는 국민의 교육과 외교문제, 그 뒤를 잇는 것이 국방이고 다섯 번째가 바로 국가의 질서를 형벌로써 바로잡는 것이라는 것이다. 이것은 국가가 국민을 대하는데 있어서 우선 생존권의 확보를 통하여 생활을 안정시킨 뒤, 교육을 시킴으로써 자율적인 능력을 배양하고 나서, 질서에 어긋나는 행위를 하는 경우에 형벌에 처해야 한다는 것이다.

(2) 형벌의 적정성

유교의 형벌관이 도덕적 교화를 중시한다고 해서 범죄에 대응하는데 형벌이 필요 없다는 형벌배제주의는 아니다. 유가는 우선 범죄와 형벌이 서로 적정하게 부합될 것을 주장한다.[10] 그러나 중형주의에 입각한 공포정치는 비판하고 있다.[11]

이와 같은 형벌관은 전국시대에 순자에게서도 그대로 드러난다.[12]

그러나 유가는 법의 시행과 형의 적용에 있어 너그러움만을 주장하지 않는다. 공자孔子는 너그러움과 사나움을 적절히 조화시킬 것을 말한다.

> 마치 활시위를 오랫동안 당기기만 하고 늦추지 않으면 활줄이 끊어지듯이 백성을 사역과 중형으로 오랫동안 핍박한다면 백성의 힘은 피폐해진다. 또 활시위를 오랫동안 풀어 놓기만 하고 당기지 않으면 활의 몸체가 망가지듯이 백성을 덕과 은혜로 감싸기만 하면 백성은 방정해지고 기강이 해이해진다.[13]

---

10 『논어』. 「자로」: 刑罰不中則民無所措手足.

11 공자는 정치하는 법을 묻는 계강자에게 '어찌 사형만을 일삼는 공포정치를 하려 하는가' 라고 하여 엄벌주의를 비판하고 있다(『논어』. 「안연」; 子爲政 焉用殺).

12 상을 주되 기준에 넘치게 하지 말며, 벌을 주되 기준에 지나치지 말게 해야 한다. 상이 지나치면 소인도 상을 받게 되고 벌이 지나치면 군자도 해를 입는다. 만일 불행한 실수를 범한다면 상을 지나치게 줄지언정 벌을 지나치게 하지 말아야 한다. 형벌로 선인을 해치는 것보다는 상으로 악인을 이롭게 하는 편이 오히려 낫기 때문이다. 『순자』. 「치사」: 賞不欲僭 刑不欲濫 賞僭則利及小人 刑濫則害及君子 若不幸而過 寧僭無濫 與其害善 不若利淫.

13 『예기』. 「잡기」: 子曰,,,,張而不弛, 文武不能也, 弛而不張, 文武不爲也, 一張一弛, 文武之度也.

(3) 행위자 위주의 형벌

유교에서 성왕으로 받드는 순임금은 즉위하고 나서 법을 제정하여 상벌을 정하였는데 기본적으로 상은 후하게 하고 벌은 가볍게 하였다고 한다.[14] 당시의 형벌은 사형과 신체형으로 이루어져 있었다. 이와 같은 형벌은 한 번의 범죄만으로도 생명을 앗아가거나 영원한 불구자가 되거나 낙인을 가지고 살아가야 했다. 그러므로 그와 같은 폐해를 줄이고자 정하여진 형벌에 의하여 처벌되기 보다는 가벼운 제재인 유배형으로 대신하였다는 것이다. 그리고 관료들이 직무를 태만히 한 경우에는 채찍을 쓰고 백성들이 잘못을 하는 경우에 교화형으로서 종아리를 쳐서 자신의 잘못을 깨닫게 하거나 속죄금을 내게 하였다는 것이다. 그러나 죄를 짓고도 반성하는 기미가 없는 경우에는 엄중히 처벌하였다는 것이다. 이러한 것은 그 당시 행위중심의 형벌이 아니라 행위자중심의 형벌이 행하여 졌음을 시사하고 있다.

(4) 교화주의

유교에서는 잘못한 자를 처벌하는 데에 있어서 인간을 그 바탕에 두고 시행하여야 한다고 보고 있다. 그리고 유교의 형벌관은 범죄행위를 단순히 형벌로 처벌하는데 그치지 않고, 범죄자가 속죄하여 사회의 일원으로 다시 복귀하는 데에 있으며 나아가 종국에는 범죄를 없애는 데 그 목적을 두고 있는 것이었다.[15]

---

14 『상서』. 「虞書」. 舜典 : 象以典刑 流宥五刑 鞭作官刑 扑作敎刑 金作贖刑 眚災肆赦 怙終賊刑 欽哉欽哉 惟刑之恤哉.

15 『상서』. 「大禹謨」: 惟茲臣庶 罔或干予正 汝作士 明于五刑 以弼五敎 期于予治 刑期于無刑 民協于中 時乃功 懋哉.

이러한 목적을 위한 수단으로 유교의 형벌은 다섯 가지의 형을 두고 있다.[16]

(5) 법가의 제도와 유가적 운용

유가의 형법은 당률을 제정하면서 밝혔던 것처럼 법가의 법제도의 형식을 가지고 유가의 법해석을 하는 것이다. 법가의 법은 국가에서 제정한 법률 앞에서 똑같이 평등하다는 인식하에서 출발한 동양적인 형식적 의미의 법치국가적인 법이라 할 수 있다. 이러한 법의 적용은 일정한 범죄를 저지른 경우에는 남녀노소를 막론하고 어떠한 상황 속에서도 똑같은 결론이 나올 수밖에 없다. 이러한 법제도는 유가의 태도와는 많이 다르지만 형법이라는 것은 일반적인 의미로 성문화되어서 백성에게 알릴 필요가 있었기 때문에 법가의 법을 차용한 것이다. 그러나 그 해석에 있어서 유가의 윤리관과 질서관을 바탕으로 하기 때문에 다양한 해석이 나올 수 있다.

(6) 신분에 의한 형벌집행

『당률』에서는 특정한 신분에 있는 사람에게는 감형의 특혜를 주는데, 그 근거로 『예기』에서 '형은 대부에게는 적용되지 않는다'[17]는 것을 들고 있다. 이러한 『예기』의 내용을 근거로 하여 대부 이상의

16 그 하나는 태형으로 경한 범죄에 대하여 회초리로 10대에서 50대까지 5단계로 나누어서 처벌하는 것이며, 장형은 그보다는 조금 무거운 형으로 60대에서 100대의 5단계로 이루어져 있으며 곤장을 치는 것이다. 도형은 1년에서 3년에 이르기까지 6개월을 단위로 5등급으로 이루어져 있으며 그 기간 동안은 관부의 노역을 맡아서 행하였다. 그리고 유형은 2000, 2500, 3000리의 3등급이 있었으며 사형은 교형과 참형의 두 가지가 있었다.

17 『예기』. 「곡례」상: 刑不上大夫.

자가 범죄를 범하였을 때, 십악十惡의 범죄[18]를 제외하고, 그 형량을 결정하는 데 있어서 법조문의 규정대로 하지 않고 따로 결정한다는 것이다. 그래서 범죄자의 존귀의 차등에 따라 왕의 재가를 얻어 형벌을 집행하거나, 경한 범죄일 때는 일률적으로 형을 감하거나 속죄금으로 대신하도록 하였던 것이다. 그리고 지위에 따라서 그들의 존·비속과 형제자매·친척에게까지도 확대하여 형벌을 감하거나 속죄금으로 대신할 수 있도록 규정하고 있다.

18 십악은 사면이 허용되지 않는 10가지의 범죄로서 모반謀反·모대역·모반謀叛·악역·부도·대불경·불효·불목·불의·내란을 가리킨다. 유교의 법의 집대성이라고 일컷는 『당률소의』에서는 국가의 형벌을 받는 범죄 중에 십악을 범하는 것이 가장 나쁘다고 했다. 그 이유는 사회의 명분과 예교를 훼손하고 자신의 직분을 상실케하는 행위이기 때문이라고 하였다 그래서 특별히 당률의 첫 편인 형법총칙부분인 명례편에 두어 분명하게 경계하였다"라고 하였다. 이러한 법체계는 명률에서도 이어지며 정도전의 『조선경국전』에도 동일하게 되어 있다. 십악을 분류해 보면 먼저 군왕이나 국가에 대한 죄로 모반謀反·모대역謀大逆·모반謀叛·대불경大不敬으로 모대역과 대불경의 죄는 군왕을 상징하는 물건이라든지 군왕의 음식물 등에 대한 훼손·탈취 등의 죄로 당시 왕의 권위가 절대적인 위치를 점하고 있음을 알 수 있다. 십악에서 가족 내의 유교질서에 대한 죄는 악역·불목·불효·불의·내란內亂의 죄이다. 이러한 죄는 대가족 내에서 평화를 유지하고 가정 내에 유별적 질서를 바로 세우기 위하여 국가가 형벌권을 투입하고 있음을 말해주고 있는 것이다. 그리고 사회질서를 바로 세우기 위한 것으로 불의를 두어 상관이나 스승에 대한 죄를 벌하고 있다.

3. 다산의 (형)법사상 -『흠흠신서欽欽新書』를 통해서 본 다산의 (형)법사상-

다산의 살았던 시기는 기존의 조선의 왕조체제가 정형에서 벗어나 새로운 시대의 준비가 필요한 시대라 할 수 있을 것이다. 임진왜란과 병자호란에 의한 국토의 피폐는 17세기 중반이후에는 전란 이전의 수준으로 치유되었으며,[19] 18세기 말에는 인구의 증가로 인하여 평균경지면적이 축소하는 상황에 이르게 된다.[20] 이때에는 농업생산력의 발달과 조세의 금납화는 상품 및 화폐경제를 발달시킴으로써 계층분화에 영향을 끼치게 된다. 이러한 경제적 변화로 말미암아 서민지주, 상업자본가와 자영수공업자 등 새로운 계층이 등장한다.

이러한 경제적 변화에 반하여 통치질서는 와해되어 사회경제적인 변화를 제대로 수용하지 못하였다. 특히 삼정의 문란으로 인한 농민수탈이 가속되었으며, 부패한 관료들은 이러한 혼란을 더욱더 조장하였다. 이러한 상황에서 전국 각지에서는 괘서사건들이 일어났으며[21], 민란의 여러 지역에서 계속되었고, 1811년에는 홍경래의 난이 발발하기도 하였다.

다산은 이러한 처참한 사회상에 대한 현실적인 문제의식 속에서

19 송찬섭. 1985.「17 · 18세기 신전개간의 확대와 경영형태」.『한국사론 12』. 서울대. 233면. 《인조실록》 권47. 인조 24년 8월 을축조.

20 송찬섭. 앞의 논문. 234면.

21 조선 중기이후 삼정의 문란 등으로 인하여 많은 괘서사건이 일어난다. 특히 실록 등에 의하면 영조에서 순조간에 많은 괘서사건이 생기고 있음을 알 수 있다.

이를 해결하기 위한 실제적인 방안을 마련하고자 하였다.[22] 그 당시의 시대 상황에 대하여 '털끝 하나까지도 병들지 않은 것이 없으니 지금 와서 고치지 않으면 반드시 나라를 망치고 말것이니, 이 어찌 충신과 지사가 방관만할 것인가?'[23] 라고 한탄해 마지 않았다.

이러한 다산의 애민정신을 기반으로 하여 당시의 총체적인 난국을 해결하기 위해서 국가의 제도개혁과 행정개혁에 대한 시책을 내놓았다. 먼저 법률이 무시되고 인명이 경시되는 사회현실을 겪으면서 먼저 국가의 조직에 대한 전반적인 개혁이 필요하다고 보아서 『경세유표』(1817년)를 저술 한다. 그 내용으로는 관직 체계의 전면적 개편, 신분과 지역에 따른 차별을 배제한 인재등용, 자원에 대한 국가관리제 실시, 토지개혁과 부세제도의 합리화, 지방 행정조직의 재편 등 국가의 전반적인 운영에 관련한 대대적인 개혁안들을 제시하고 있다. 이러한 경세유표에 비하여 『목민심서』(1818년)와 『흠흠신서』(1819년)는 당시의 사회나 법률체계를 크게 변화시키지 않은 채 지방행정이나 형사사건 등을 효율적으로 처리하기 위한 상세하고 세부적인 실무 지침을 규정하고자 하였다.[24] 『목민심서』는 소위 목민관이라는 지방수령들이 지켜야할 지침 등을, 다산이 직·간접으로 체득한 경험을 제시하며 구체적으로 제시하고 있다. 그리고 목민관들이 구체적인 송사에 직면하여 제도와 법률을 입법취지에 잘 맞게 적용하고 집행하여 실천할 수 있도록 형벌의 기본이념과 더불어 판례비평 사례집인 『흠흠신서』를 편찬하였다.

---

22 한정길. 2007. 「다산 정약용의 세계관」. 『한국실학연구』 제13호. 172면.
23 『경세유표』. 서.
24 http://www.edasan.org/dasan/book.php?mode=content3_1

1) 흠흠신서의 구조

다산은 관리의 법집행에 관련하여 구체적인 내용을 목민심서를 기술하고 있으나 형벌에 대해서는 따로 흠흠신서를 집필하여 구체적인 사례를 들어서 기술하고 있다.

법의 집행에 있어서 모든 부서가 중요하지만 특히 형벌의 경우는 신체의 자유를 구속하고 심지어는 생명까지 뺏는 등 회복할 수 없는 형사벌의 집행이기 때문에 그 만큼 중요시하여 집필하였음을 알 수 있다.

흠흠신서는 5편으로 구성되어 있으며, 모두 30권 10책으로 조목수만 해도 549조문이 되는 방대한 분량이다.

첫편은 총론이라고 할 수 있는 「경사요의經史要義」편이다.

1. 「경사요의」에는 『대명률』과 『경국대전』 형전에 나타난 형벌의 원리 및 이념을 기술하고 있다. 유교의 주요 경전을 인용하여 형정의 원칙을 기술하였으며, 중국과 조선의 역사서에서 참고할만한 선례를 뽑아서 요약하고 있다. 중국 79건, 조선 36건 등 도합 115건의 판례가 분류, 소개되어 있다. 총3권 130조목으로 구성되어있다.

   두 번째의 편은 판결과 보고 그리고 선고의 실례를 중심으로 5권 70조목으로 구성된 「비상준초批詳雋抄」편을 두고 있다.

2. 「비상준초」에는 수령과 관찰사에게 살인 사건의 문서를 작성하는 기준을 제시하기 위해 중국의 재판문서중 모범적인 사례

를 선별해 해설과 함께 비평했다. 살인사건 문서의 이상적인 형식과 문장 기법·사실인정 기술, 그리고 관계 법례를 참고할 수 있도록 기술하고 있다.

세 번째 편은 4권 188조목으로 되어있는 「의율차례擬律差例」편이다.

3. 「의율차례」에는 당시 살인 사건의 유형과 그에 적용되는 법규 및 형량이 세분되지 않아 죄의 경중이 무시되고 있었기에 이를 바로잡기 위하여 중국의 사례들을 체계적으로 분류, 제시하고 있다.
4. 넷째편은 「상형추의祥刑追議」편으로 15권 144조목으로 되어있다.
5. 「상형추의」에는 정조 때의 판결을 모은 『상형고祥刑考』를 기본 자료로 삼아서 살인사건 중 142건을 선정하여 살인의 원인·동기 등에 따라 22종으로 분류한 것이다. 각 판례마다 사건의 내용, 수령의 검안檢案, 관찰사의 제사題辭, 형조의 회계回啓, 국왕의 판부判付를 요약하였으며, 자신의 의견과 비평을 덧붙였다.
6. 마지막 편은 3권 17조목으로 되어있는 「전발무사剪跋蕪詞」이다.
7. 「전발무사」에는 정약용이 곡산부사와 형조참의의 직에 있을 때에 직·간접으로 관여한 사건과 기타 개인적으로 수집한 사건에 대한 소개와 그에 대한 판단을 기술하고 있다.

2) 흠흠신서에 나타난 다산의 법사상

(1) 흠휼사상

형사사건의 처리의 근본을 다산은 철저히 애민정신에 두고 있다. 형사벌은 앞에서 언급했듯이 잘못 판결을 내렸을 때에 그 어느 행정처분과는 달리 회복하거나 복구할 수 없는 경우가 대부분이다. 그렇기에 행정목적을 실현하는데 있어서 범죄행위에 대한 처벌이 이루어지는 것은 당연하지만 그 처벌은 인간에게 행해진다는 것을 항상 염두에 두어야 할 것이다. 따라서 다산은 책의 제목에서도 그러하듯이 항상 사건을 신중하고 신중할 것을 요구하였다. 다산은 『흠흠신서』의 서문에서 인명에 관련해서는 구체적이고 전문적인 내용이 필요하며 목민심서를 집필하고 나서 새롭게 집필하였으며 그 근본은 '신중하고 신중하는 것'이어서 『흠흠신서』라고 이름하였다고 밝히고 있다.

다산의 요구하는 신중함은 행위자의 행위결과에 적합한 형벌을 부과하는 것에 그치지 않고 범죄자에 대해 불쌍히 여기는 마음을 같이 가져야한다는 것이다. 이러한 휼형恤刑의 사상은 경국대전뿐만 아니라 고려지에서도 찾아볼 수 있는 우리의 전통형법에 있어서 집행원칙 중 하나이다. 고려시대에는 주로 형의 집행에 있어서 범죄인 자신이나 그의 가족이 처한 상황에 따른 형벌집행의 유예에서 비롯하여 행위유형이나 행위결과에 따른 정상참작을 하여 형을 감해주는 휼형恤刑의 형태로 나타났으며,[25] 조선시대에 와서는 범죄인의 보호에 있어서 구금단계부터 도움을 주는 휼수恤囚의 조목으로 범위가 넓어졌다.[26]

---

25 『고려지』. 권85. 지39. 형법 휼형.

다산에게 있어서는 이를 형사사건의 대원칙으로 가장 앞서서 고려해야할 이념으로 제시하고있는 것이다. 범죄행위에 대한 책임에 상응하는 형벌을 찾아내고 해당형벌을 집행하는 관리의 입장에서는 형벌은 행위에 대응하는 처벌일 수밖에 없다. 따라서 행위자를 찾아내고 판결을 내리기 위해서는 행위자의 기본적인 권리는 침해될 수밖에 없다. 그리고 범죄자란 낙인이 찍힌 이상 그 누구도 그들의 권리에 대해서는 관심이 없을 뿐이다. 오히려 법이 정의롭게 집행되는가 만이 관심이 있을 뿐이다. 때문에 서양의 형벌사에 있어서도 형벌은 행위에 대한 것이지만 형벌은 받는 것은 사람이라는 것을 이해하고 행위자 중심의 형벌집행 20세기 들어서야 비로소 논의되었던 것이다.

다산은 이러한 형벌의 원칙에서 한걸음 더 나아가고 있음을 알 수 있다. 형벌집행에 대한 규정經과 그러한 규정이 있게 된 원리權를 고려하여[27] 융통성을 발휘하여야 한다고 하고 있다. 하지만 법의 근본 원리나 융통성을 고려한다면 자의적인 판단을 내리기 쉽다. 그래서 그러한 것을 막기 위하여 고훈古訓과 고사古事를 통한 즉 역사적으로 존재했던 사례를 통하여 해결해야한다는 원칙을 세우고 있다.

다산은 이러한 원칙을 실현하는데 13개의 조목을 들고 있다.

---

26 『경국대전』. 형전 휼수.

27 『역주 흠흠신서』에 의하면 경經과 권權을 원칙과 예외로 해석하고 있으나, 이를 조금 달리 보고싶다. 경에 대한 해석은 역주와 유사하지만 권은 예외로 보기보다는 경의 근거가 되는 삶의 근본원리로 해석하는 것이 의미에 한당할 듯하다. 『맹자』에 의하면 '형수의 손을 잡는 것은 예가 아니지만 물에 빠진 형수를 구하기 위하여 손을 잡는 것는 권權' 이라는 대목이 있다. 이러한 의미의 권을 인용하는 것이 마땅하다고 본다.

〈1〉 과실과 불운에 의하여 발생한 범죄는 풀어주고, 확신범이나 재범은 해당 형벌로 처벌하되 신중하고 신중하여야하며 행위자를 긍휼히 여겨야한다.

〈2〉 진술을 듣는데 있어서 편견 없이 올바름을 취하여 흠휼하고, 법전을 명확히 살피고 여러 사람의 검토의견을 수용하여야 한다.

〈3〉 한달에 세 번 조사하는 법을 지켜서 불속에 있는 사람을 구하듯 신속한 처리를 하여야한다.

〈4〉 과실범 및 연령에 따른 사면과 정신장애의 사면 등은『대전통편』을 먼저 적용하라

〈5〉 고의에 의한 살인이 아닌 경우 신중히 결정해야하며 특히 과실살인은 화해하게 하여 처벌을 피한다.

〈6〉 사형에 처할 도망자를 발견한 피해자 가족이 원수를 갚는 것은 죄가 되지 않는다.

〈7〉 대악 불효 패역 음란 등 용서받지 못할 경우, 의로써 죽임당하면 복수하지 못한다.

〈8〉 죽을 죄의 경우에 자식은 복수하지 못하며, 복수가 두려워 자식까지 죽일 수 없다.

〈9〉 팔의에 해당하는 특별 신분은 일반법조항에 따라 처벌하지 않고 (명례에 따라)감면한다.

〈10〉 인륜에 어긋난 행위는 용서될 수 없다.

〈11〉 아버지를 죽인 자와는 가족관계가 단절된다.

〈12〉 무리지어 약탈하는 자나 이유 없이 밤에 침입한 자를 죽인

경우 처벌하지 않는다.

〈13〉 형사사건처리를 대가로 금전을 받은 경우 재앙이 온다.

이러한 13개의 조목을 통해서 다산의 흠휼사상은 맹목적인 애민사상을 이야기하고자 한 것은 아님을 알 수 있다. 그는 현실의 사건을 처리하는 기준을 관료에게 제시함으로써 억울한 자가 나오지 않도록 하고 있다.

(2) 13개 조목에 의한 형사절차기준

가) 고의범처벌 및 과실범의 감면처우

제1조목에 기술하였듯이 서경을 인용하여 다산은 고의범에 대하여는 엄격한 처벌을, 그리고 과실범에 대한 처벌을 지양하고 감형 또는 사면까지도 하여야 한다고 하고 있다. 바로 이러한 고의범이냐 과실범인가를 판단함에 있어서 신중하고 신중하여야하는 것이고, 과실범의 경우 그 형벌을 부과함에 있어서 긍휼히 여겨야 한다는 것이다.

그는 주자를 인용하여 죄인을 흠휼한다고 하여 죄가 있는데도 해당 규정에 의하여 처벌하지 않고 감형하는 행위를 법조문을 농락하고 법을 업신여기며 뇌물을 받는 자일뿐이라고 혹평을 하고 있다.[28] 다산에게 있어서 흠휼은 제2조목에서 보듯이 고의와 과실을 제내로 분간하도록 편견을 갖지 않고 진술의 무거움과 가벼움을 살펴서 어떠한 말이 올바른 말인지 살펴서 사실관계를 제대로 확인하라는 것이다. 사실관계를 제대로 확인하기 위해서는 어느 한 쪽의 진술에만

28 박석무 등 역주. 1999. 『역주 흠흠신서』 제1권. 현대실학사. 25쪽.

의존하는 것은 매우 위험한 일이다. 따라서 원고와 피고의 진술을 다 들어야할 필요가 있으며, 듣고나서 의문 나는 것이 있으면 그것을 다시 확인하여 모든 사실화는 확인하여야 밝고 맑게 되는 것이다. 또한 진술자의 기색에만 너무 의존하여도 선입견을 가지고 그릇된 판단을 할 수 있기 때문에 백성을 대하는데 다친 사람을 대하듯이 온화하고 친밀하게 대하도록 요구하고 있다.[29]

특히 살인죄의 경우 다산은 더욱더 신중할 것을 제5조목에서 말하고 있다. 고의에 의한 살인의 경우는 당연히 살인죄로 처벌되지만, 폭행에 의하여 살인에 이르게 된 경우에는 상황에 따라서 고의에 의한 살인으로 처벌할 수도 있고, 과실에 의한 살인으로 판단하여 감형할 수도 있기 때문이다. 다산은 이러기 때문에 터럭만한 차이로 생사의 갈림길에 놓이게 되니 가장 신중해야할 사건이라 하고 있다.[30]

그런 연후에 어떠한 법조항을 적용할 것인지 여러 사람과 검토하여 적용할 법을 찾아야 진실을 찾는데 가까이 갈수 있다고 한다.

다산은 이러한 법적 기준이나 절차 이전에 목민관이 가져야할 기준을 제시함으로서 고의범인지 과실범인지 올바로 판단을 하고 그에 맞는 법의 적용을 하도록 요구하고 있다.

나) 법에 의한 신속한 판결

제3조목에 의하면 당시의 형사판결은 빠르면 10일 늦어도 3개월에 행하도록하고 있다. 따라서 간단한 사건이면 합동조사를 하여 5, 6일 고민하여 10일 만에 판결을 내리고, 중대한 사건의 경우에는

29 앞의 책. 27-28쪽.
30 앞의 책. 33쪽.

한달에 3번의 합동조사를 통하여 3개월 만에 판결을 내리도록 하고 있다. 하지만 당시에 폭행치사사건을 10년 또는 24년 동안 끌고 있음을 다산은 지적한다. 의문이 있어 살려줄만한 사건이라 한다면 목민관으로서는 빨리 판결을 하고 빨리 석방하는 것이 당연한 의무라는 것이다.

사건을 판결하는 것은 천하의 저울이기 때문에 목민관이 인위적으로 죄수를 위하여 죽일 길을 찾거나 살릴 길을 찾는 것은 원칙에는 어긋난다고 보았다. 하지만 죽은 자는 다시 살아올 수 없기 때문에, 살릴 방도를 찾아서 살려주고 나서 나중에 새로운 증거나 나와서 처형하더라도 문제는 없다는 것이다. 그러나 장기간 구금상대를 지속한다는 것은 오히려 살려야할 증거도 죽여야 할 증거도 없어지게 되니 이는 성왕의 법에 어긋나는 일이라는 것이다.[31]

판결을 내리기 위하여 심의를 하기 위해서는 세 가지 절차가 있어야하는데, 초招 간看 의議가 그것이다. 초는 조사관의 신문에 따라 범인이 진술한 내용을 나열하는 것이다. 그 뒤에 간이 있는데 그것은 조사관이 심리하여 결단을 내리는 것이다. 마지막 의는 법을 끌어다 적용하여 죄를 포섭하는 일이다. 조사관은 이 세 단계를 통하여 결정을 내려야하지만 관료들은 살인사건에 대하여 시체의 검안과 조사에 미숙하여, 해를 넘기고 오히려 사건이 흐려진다는 것이다.

다산은 형사재판은 간단 명료해야하며, 형벌을 경감하라는 임금의 명령을 염두에 두어서 해당 조리를 밝혀서 장기간 연장되는 재판기일을 축소해야한다고 주장한다.[32]

31 앞의 책. 29-30쪽.

32 다산은 살인사건을 조사하고 검안 심리하는데 있어서 방법과 절차를 구체적으로 7개의 항으

다) 법규정과 경전에 따르는 고의범의 사면의 요건

ㄱ) 기본 법률과 준용

다산은 4조목 이하에서 사면 등에 준용해야할 기본 법전과 고의범에 대한 사면요건들을 제시하고 있다. 이러한 내용도 흠휼의 연장선상에서 이해할 수 있을 것이다.

정조 당시의 조선의 기본 법률은 『대전통편』이었다. 『대전통편』은 정조6년에 편찬한 법전으로 기존의 경국대전과 영조 때에 편찬한 『속대전』을 통합하여 편찬한 것으로 당시에 필요한 조항을 첨가하여 편찬하였다. 따라서 『경국대전』의 원칙은 그대로 지켜지고 있었으며, 형전에 대명률을 의용한다는 규정 역시도 존속하고 있었다. 그러므로 조선의 형법전은 『대전통편』의 형전과 『대명률』이 같이 존속하는 것이다. 다산은 『흠흠신서』에서 두 규정간 적용의 우선 순위를 다시 한번 확인하고 있다. 즉 『대전통편』을 먼저 적용하여 형사사건을 처결하도록 하고 있다. 이러한 원칙은 경국대전에도 규정을 두고 있으며, 고종 때에 편찬된 대전회통에 이르기까지 따로 규정을 두어서 먼저 경국대전과 속대전의 규정을 먼저 적용하도록 하고 있다. 그러나 다산이 『흠흠신서』에 이러한 조목을 둔 것으로 봐서는 법을 판결하는 수령들이 일관성이 없었던 것으로 보인다. 다산은 『대전통편』을 위주로 법을 적용할 것을 밝히고 있으며, 『대전통편』에 해당규정이 없으면 당연히 대명률에 의하여 법을 적용해야한다. 다산은 이러한 법률 이외에도 그러한 규정이 만들어진 의미를 경전을 통하여 참고로 인용하도록 하고 있다.

로 나누어 제시하고 있다(박석무. 앞의 책. 133-137쪽).

ㄴ) 형의 감면사유로 연령, 질병, 백치

『대전통편』에 의하면 10세 이하는 친구끼리 실랑이하다가 살인을 저지른 경우 처벌하지 말며 15세 이하의 경우는 감형하도록 하고 있다. 그리고 대명률에 의하면 완전한 형사책임무능력자로서 7세 이하와 90세 이상을 규정하고 있으며, 10세 이하와 80세 이상의 자의 사형집행은 정부에서 논의하고 왕의 재가를 받도록 하며, 15세 이하와 70세 이상의 자의 유배죄 이하의 형벌은 속전으로 대처하도록 하고 있다. 불치의 병에 걸린 경우도 위와 같이 처리하고, 백치인 경우도 형을 사면하고 있다.[33]

다산은 사면의 사유로 경전을 참고하여 인용하기를 권하고 있다. 이는 한편으로는 사면의 범위를 넓게 하고 다른 편으로는 그 범위가 무한정 넘는 것을 막기 위한 것으로 평가할 수 있다.

ㄷ) 복수의 제한

유교적 규범의 전형이라 할 수 있는 것으로 복수에 대한 조목을 두고 있다. 하지만 복수의 조항은 『예기』의 곡례에 '아버지의 원수와는 같은 하늘 아래 살지 아니하고, 형제의 원수는 무기를 가지러 가려고 돌이키지 아니하고, 친구의 원수는 나라를 같이하지 않는다.'는 근거로 인하여 유교에서는 복수를 하나의 의무이자 절의를 지킨 행위로 인정하고 있다. 다산의 관점에서도 이러한 행위는 지양되어야 할 행위라고 보고 있다. 따라서 제한된 경우에 한하여 복수를 인정하고자 하고 있다. 즉 당시의 복수의 사건에 대하여 그 사실관계를

33 앞의 책. 32-33쪽.

자세히 살피지 않고 오직 절의를 지켰다는 사실만을 사면을 하는 행위는 폐단이라고 하고 있으며, 죽음에 이르지 아니한 사소한 피해를 사사로이 원수로 지목하여 공공연히 복수하는 행위가 자행됨을 개탄하였다. 그래서 최소한 사형의 형벌을 받고 도망중인 자에 대한 복수를 허용하고 있다.

그리고 만약 복수할 일이 있더라도 그 대상은 가해자 본인에 한해서 허용하며 다른 가족을 해하는 경우에는 일반 형사사건으로 처벌해야한다고 하고 있다. 또한 나쁜 행실로 인하여 죽임을 당한 경우나 사형에 해당하는 죄를 지어 죽임을 당한 경우에는 그에 대한 복수는 금지하고 있으며, 제한적으로 사형에 이르지 않은 죄를 짓고 사형당한 경우에 복수가 가능하다.

ㄹ) 신분에 따른 감형 및 사면

형벌의 감면 및 사면의 사유로 의친과 의귀를 들고 있는데 이는 대명률의 명례에서 찾아볼 수 있는 팔의조항을 말한다. 팔의는 당률에서도 찾아볼 수가 있는 것으로 신분사회의 차별을 반영한 것이라 할 수 있다. 왕의 친인척, 귀족의 신분, 공훈자, 관직자의 경우는 당사자 뿐만 아니라 그들의 친척까지도 형을 감경하여 주도록 규정하고 있다. 신분사회에서 기득권층의 특수한 이익을 보호하기 위하여 십악이라는 중대한 범죄를 제외하고는 형사절차를 왕의 재가를 받아서 진행하도록 하고 있다. 따라서 범죄에 따른 형벌이 결정되더라도 해당 처벌유형만을 알리고 왕의 재결을 받아서 처리하도록 하고 있다.[34]

---

34 『대명률직해』, 「명례」, 팔의 및 응의자범죄應議者犯罪.

다산은 제9조목에서 팔의의 신분의 자에 대한 처벌조항의 예외를 인정하면서 이는 판결이 결정되도 집행하지 않는 것이라고 평가하고 있다.[35]

(3) 흠흠신서의 범죄유형에 따른 주요 보호법익

가) 가족관계의 보호

앞에서 유교의 규범의 출발점을 가족관계의 보호에 있다고 밝혔듯이 흠흠신서에 수록되어있는 조목중 1/5에 해당하는 112건의 조목이 가족관계와 관련된 범죄이다. 분류를 보면 부모나 남편을 죽인 범죄가 35조목, 배우자를 죽인 범죄가 36조목, 아랫사람에 대한 범죄 24조목, 웃어른에 대한 범죄가 17조목이 된다.

앞에서 유교의 질서관에서 보았듯이 가족은 부모와 자식 간의 종적구조와 부부 및 형제자매 간의 횡적구조로 나타난다. 따라서 부모가 자식에게 해를 가한 행위보다는 자식이 부모에게 해를 가한 경우에 더욱 무겁게 처벌하고 있다.[36] 하지만 횡적구조라고해서 범죄행위를 똑같이 처벌하고 있지는 않다. 상응하는 인간관계에는 항상 존비가 존재하기 때문이고, 횡적인 부분을 포함하고 있기 때문이다. 따라서 일반적인 횡적관계에서의 형벌의 차이보다는 크지는 않지만,

---

35 박석무 등. 앞의 책. 42-43쪽.

36 가족관계에 있어서 존비의 관계를 보호하기 위하여 『경국대전』에 고존장告尊長의 조문을 두어서 모반이나 반역이 아닌 경우인데도 불구하고 자손이나 처첩 또는 노비가 부모나 가장을 고발한 경우에는 교수형의 형을 부과하고 있다.(『경국대전』, 「형전」, 고존장) 『속대전』에 의하면 부모나 형이 자식이나 동생을 흉폭하게 살해한 경우 일반 폭행치사의 죄로 처벌하여 교형에 처하도록 하고 있다. 윗사람에 의한 아랫사람의 살인에 대해서는 본래의 법제정의 취지는 징이니 도형에 그치고 있지만, 범죄의 성향이 흉폭할 경우에 한하여 폭행치사의 죄로 처벌하는 규정을 『속대전』에 와서 비로소 두고 있다.(『속대전』. 「형전」. 살옥)

상대적인 차별을 두고 있다. 즉, 부인이 남편에게 상해를 입힌 경우보다는 남편이 부인에게 상처를 입힌 경우 좀 더 경하게 처벌하고, 형이 동생에게 해를 입힌 경우보다는 동생이 형에게 해를 입힌 경우 좀 더 무겁게 처벌하고 있다.

흠흠신서는 가족 간의 상하질서를 확고히 하고자 아랫사람이 윗사람을 범하는 경우 엄격한 법적용을 주장하고 있다. 하지만 다산은 여기에 끝나지 않고 상황이 위에 있는 자의 잘못에 의하여 이루어진 경우에는 아랫사람의 형을 감경하여 처벌하도록 하고 있다. 또한 반대로 윗사람이 아랫사람에게 행하는 일반적인 가해는 일반 범죄에 비하여 감형을 허용하고, 정당하지 못한 행위를 감추기 위하여 아랫사람을 해친 경우는 해당 범죄로 처벌하고 있다.[37]

나) 사회적 존비의 유지

〈경사요의〉의 제68조목에서 제80조목은 귀한 신분의 자가 낮은 신분의 자에 대한 사례를 모아놓고 있다. 이 조목은 권력 또는 세력을 가진 자가 그 힘을 이용하여 권력이 없는 자나 아랫사람에게 침해를 가하여 형사절차가 외곡된 것들을 바로 잡은 사건들을 정리하고 있다. 신분사회에서 왜곡될 수 있는 사건들로 『흠흠신서』에는 모두 28건의 사건을 기록하고 있다.

이러한 사건의 기록을 통하여 권력 또는 신분에 의하여 왜곡되는 판결에 경종을 울리고자 한 것으로 보인다.

---

37 〈경사요의〉 90조목에 의하면 시어머니가 며느리를 때려죽인 경우 사형에서 감형하여 목숨을 살려주고 있으나 음란한 시어머니가 며느리를 몰래 죽인 경우에는 용서할 수 없다고 하고 있다.

4. 다산 (형)법사상의 현대적 의미

- 오늘날 형사소송에 있어서 가장 큰 원칙은 '실체적 진실의 발견'과 '법과 절차에 의한 (신속한) 재판'에 있다. 실체적 진실의 발견이란 결국 범죄인을 확정하는 일이기 때문에 피의자의 인권침해가 일어날 수 있는 일이다. 그러한 침해를 저지할 수 있는 수단이 법과 절차에 의한 심문과 재판을 받을 권리인 것이다. 이러한 상황에서 피의자에게 도움을 줄 수 있는 것은 변호인 이외에는 법과 절차라는 시스템이다. 결국 변호사의 도움 없다면 범죄자는 실체적 진실을 발견하고자하는 국가권력의 객체밖에 될 수 없다. 검찰에 의한 범죄확정과 법관에 의한 판결의 선고에 힘이 없는 피의자는 나약할 수밖에 없다. 비록 법에 의하여 검사를 공익의 대변자라고 자리매김을 하고 있지만 검사의 역할은 범죄인의 기소유지와 유죄판결에 치우쳐 있다고 할 수 있다. 이런 현실에서 다산의 형벌관은 오늘날 많은 시사점을 줄 수 있다.

다산은 범죄인을 상대함에 있어서 제1원칙을 흠휼에 두고 있다. 형사사건에 있어서 범죄인을 단순한 처벌의 대상으로 보는 것이 아니라, 구제의 대상으로 본다는데 있다. 중앙집권적 왕권 하에서 법위반에 대한 태도는 왕위에 백성이 존재한다는 민본주의의 발현이라고 볼 수 있다. 즉 국민이 주인이라고 주장하기 이전에 권력자가 그것을 인정하고 국민을 통치의 목적으로 여겨 법을 제정하고 운영하여야 할 것이다.

- 흠흠신서의 사례에서 가족제도의 보호를 위한 내용이 많이 존재한다. 이것은 곧 법으로 보호해야할 가장 중요한 법익이 바로 완전한 가족이라는데 있다. 물론 이것은 유교 규범의 기본적인 요소이기도하다. 오늘날 국가의 법은 개인의 법익과 사회적 법익이라는 지향점이 존재한다. 이러한 지향은 그 극단에 가서는 자유주의와 사회주의를 형성하였으며 오늘날 그것들은 존립을 위하여 서로의 영역을 공유하고 있다. 하지만 오늘날 초래되는 사회적 문제를 해결하기에는 역부족이다. 따라서 다른 차원에서의 지향점이 필요하다. 그것이 바로 가족주의라고 단언한다. 즉 인간은 그 출발점에서 관계를 맺는다 그리고 그 관계의 시작은 바로 가족이다. 개인과 사회의 연결점을 만들어줄 수 있는 것이 바로 가족인 것이다. 물론 오늘날 가족에 대한 의미는 유교적 가족과는 많이 달라졌다고 할 수 있다. 그러나 다산에게서도 보았듯이 맹목적인 위계질서가 아닌 이해 가능한 위계질서를 찾고자 하였다. 오늘날 바람직한 가족상과 질서를 찾아나가고 그를 지켜나가는데 법이 적극적으로 역할을 해야 할 것이다. 그리고 그러한 한계 속에서 사회의 질서에로 확대해나갈 필요가 있다.

- 다산을 통하여 우리는 또한 법치주의의 한계와 흠결을 보충하기 위한 방법의 한 예를 찾을 수 있다. 서구의 법치주의의 근원을 보면 처음에 등장한 것이 법률에 의한 행정이다. 그리고 그 이후 법률의 정당성을 담보하기 위하여 인간가치에 구속되는 법률의 제정이라 할 수 있다. 법률에 의한 행정은 당시의 서구에는 혁신적인 것이었기는 하지만 그 법률내용의 정당성이 문제가 되었던 것이다. 법의

출발점은 우리의 현재 현존하는 법을 바탕으로 문제해결을 해야 할 것이다. 하지만 대륙법을 계수한 성문법국가의 문제점은 법이외의 다른 것은 법의 연원으로 보지 않는 것이 문제라고 할 수 있다. 법이 현실의 분쟁을 해결하기 위한 것이고 그 현실을 살아가는 인간은 그 풍토 속에서 오랜 전통과 역사를 이루고 있었다면 현존하는 법제도를 뛰어넘을 수 있어야 하고 또한 그 한계를 설정할 필요가 있다. 즉 외국의 학설이나 연구가 아닌 우리의 삶의 해결방식이 필요한 것이다. 우리의 문제를 해결하기 위한 단초를 찾기 위하여 라틴어의 로마법에서 학설을 찾는 것과 한문의 유교경전을 찾는 일 중이 어느 것이 의미 있는 지는 너무도 명약관화하다.

법과 제도의 문제만 돌리지 말고 그것을 운영하는 사람에게도 초점을 두어야 한다.

사회적 문제가 대두되면 그것을 해결하기 위하여 법을 만들지만 법은 만들고 나서는 관심이 없다. 그러나 실상 중요한 것은 그 법이 바로 작동하는 가를 살펴보는 일이다. 잘 제정된 법도 그 법을 운용하는 사람이 왜곡한다면 악법과 다름이 없게 된다. 하물며 법이란 것이 완전하지 못하고 흠결투성이라면 더욱 더 문제가 많다.

오늘날 성문법국가에서는 법을 집행하는데 해석이 필요하고 그 해석은 법을 운용하는 사람에 의하여 이루어진다. 그러한 법을 해석하는데 필요에 따라 확대해석도 해야 하고 축소해석도 필요하다. 그 해석의 주체도 인간이고, 해석의 대상이 되는 것도 인간이다. 이제는 정의의 여신의 눈에서 안대를 끌러야할 필요가 있다. 다산은 『흠흠신서』를 통하여 인간의 삶과 죽음의 갈림길에 세워놓고 어떻게 가야 하는지를 밝히고 있다. 터럭만한 차이로 인간이 죽고 산다. 그 책임을 법에 돌리고 있으나 다산은 오히려 인간에게 있음을 말하고 있다. 형벌의 책임을 나쁜 행위를 탓하고 있지만 그것을 수용하는 것은 인간 자체라고 하고 있다. 다산은 모든 중심에 인간이 있고 그러한 인간이 중심이 되어야 함을 강조하고 있다.

한국유학과 사회과학의 대화

최한기의 인물감평과 사회심리학의 대인지각 비교

| 이 영 찬

최한기의 인물감평과 사회심리학의 대인지각 비교

—

이 영 찬

1. 서언

본 연구는 최한기(1803-1877)의 인물감평과 현대 사회심리학의 대인지각을 비교하는데 목적이 있다. 한국사회가 탈 산업사회화로 인해 서비스 산업의 비중이 증가하고, 인적, 사회적 자본이 중요한 생산수단으로 등장할수록 사람에 대한 올바른 지각과 판단의 필요성은 더욱 증가하고 있다. 타인에 대한 지각과 평가는 사회적 상호작용을 위해 인류가 집단생활을 영위하기 시작하면서부터 어떠한 형태로던 존재해 왔다. 그래서 일찍부터 동·서양을 막론하고 사람의 성격을 분석하고 운명을 예측하는 이론이 제도적 혹은 비제도적 학문으로서 발달해 왔다. 그런데 근대사회로 접어들면서 전통적 인물평가 이론들은 비과학적, 미신적 지식으로 치부되어 제도 학문에서 도외시 되어 왔고, 대신 이성과 합리성에 근거한 근대학문 가운데 사회심리학에서 대인지각, 인상형성 이론 등으로 명맥을 이어오고 있다. 동양사회에서도 유교의 지인知人과 관상학의 상인相人을 비롯한 전통적 인물평가 개념과 이론이 있었고, 인물평가를 일상의 삶에서 뿐만 아니라 학문과 수행의 방편으로 활용해 왔다.

전통적 인물평가는 주로 운명 '예언'과 성격 '분석'의 기능을 가졌다. 예언적 평가는 예측의 논리에 인과적 과정이 생략이 되어 있고 또한 경험적 과정을 공유할 수 없다. 일반적으로 예언은 결과를 절차적 과정을 통해 예측할 수 없다는 점에서 비합리적인 평가로 간주된다. 반면 타인에 대한 분석적 평가는 미래를 예단하기보다는 개인의 성격이나 자질을 분석하는데 치중하며 경험적 지식을 중시한다. 예컨대, 서양 관상학의 경우 역사적으로 메소포타미아 지방에서는 '예언적 관상학'이 주류를 이루었다면, 그리스-로마 사회에서는 개인의 성격분석에 치중한 '분석적 관상학'이 주류를 이루었다.[01] 이를 테면, 아리스토텔레스는 사람과 동물의 외형적 유사성을 통해 한 사람의 내적 자질을 판단한 분석적 관상학의 선구자였다.[02] 동양사회에서도 고대로부터 역학, 명리학, 점성학, 성명학, 관상학, 점복 등을 통해 다양한 인물평가가 이루어져 왔다. 이들 이론들에는 대개 예언적 평가와 분석적 평가가 공존하지만, 이중에서 점복을 비롯한 역학, 명리학, 점성학이 운명 예언적 평가에 치중했다면, 성명학, 관상학 등은 성격 분석적 평가의 성격이 보다 강했다. 한편 현대 사회심리학적 대인지각 연구는 예언적 기능이 간과되고 성격분석적 기능에 보다 치우쳐 있다고 할 수 있다.

---

01 김덕호. 2002. 「서평: 설혜심, <<서양의 관상학: 그 긴 그림자>>」. 『영국연구』 vol. 8. 129쪽.

02 아리스토텔레스가 저술한 『관상학』은 다음 여섯 가지 내용으로 구성되어 있다. 1. 성격을 드러내는 신체의 부위, 2. 성상(또는 덕성)을 나타내는 신체의 외양, 3. 남성과 여성의 신체적 차이, 4. 남녀의 외모와 태도의 비교, 5. 다양한 동물의 외모와 행동(특히 사자와 표범), 6. 외양(얼굴 모양, 신체 각 부문, 목소리, 빛깔)을 통해 추론할 수 있는 성격 등이다. 이들 내용들은 모두 성격분석과 관련되어 있다. (설혜심. 2002. 『서양의 관상학: 그 긴 그림자』. 한길사. 52쪽 주 12).

뿐만 아니라 오늘날 과학의 시대에서는 이들 전통적 인물평가는 이른바 '과학'의 기준에 합당하지 않다는 이유로 외면당하고 있다. 전통적 이론들은 비과학적이기 때문에 신비적(mysterious), 사이비과학적(pseudo scientific), 마술적(magic), 초상적(paranormal)이며 심지어 미신(superstition) 내지 비정상(abnormal)으로 치부된다.[03] 그러나 이른바 과학적 요건을 갖추지 못했다고 해서 이론적 효성이 없는 것은 아니다. 전통적 인물평가 방법에서 현대적 대인지각 이론을 보완할 중요한 관점과 방법을 찾을 수 있으며, 이로써 대인평가이론의 발전에 기여할 여지가 충분히 있을 것으로 본다. 더욱이 대인평가는 그 문화적 토대를 벗어나서 논의될 수 없다. 이는 대인평가가 단순히 객관적인 지각에 머무는 것이 아니라 항상 도덕적 평가를 수반하기 때문이다. 그래서 우리는 최한기의 측인론[04]과 인물감평 방법에 주목하는 하는데, 그 이유는 다음과 같다.

첫째, 최한기의 측인론은 객관적인 성격분석의 차원에만 머무는 것이 아니라 인물에 대한 예언적 평가를 어느 정도 포함하고 있다. 그것은 그의 측인이 일정 부분 관상학에 의존하고 있고 그래서 생물학적으로 타고난 항상적 요소에 기초하기 때문이다. 측인의 예언적 기능은 보다 안정적인 근거 위에서 대인지각을 가능하게 하며 관상

03 정종호. 1993. 「이른바 '초자연현상' 연구의 학문적 위상정립 가능성에 대한 진단: 대학내 학과 및 교과과정 개설을 위한 시도, 그리고 그 장애요인에 대한 정치사회학적 분석」. 『한국정치학회보』 제26집 3호. 50쪽.

04 여기서 최한기의 '측인론'은 그의 말년의 저서 『인정』의 첫 부문인 '측인문'에서 따왔다. 측인은 문자 그대로 '사람을 헤아리는' 것을 말하는데, 이는 '사람의 일정하지 않은 선악을 분별하고 그의 수많은 견문에 대한 시비를 증험하는 일'을 말한다. 측인은 이를 통해 '사랑하면서도 그 악을 알고 미워하면서도 그 선을 아는 것'을 요체로 삼았다. 그는 측인문의 말미에 '鑑枰'을 부록으로 달아 측인의 척도와 측정 방법을 자세히 제시하였다.

학적 인식모델은 주관적인 편견을 배재하는데 일정 부분 기여할 수 있다.

둘째, 최한기의 측인론에는 한국의 전통 문화가 잘 반영되어 있다. 측인론은 유교의 지인론과 관상학의 상인학을 비판적으로 종합한 것이다. 지인론이 전통사회의 지배층 문화인 유교문화를 반영했다면 상인학은 피지배층인 민중의 기층문화와 밀착되어 있었다. 따라서 그의 측인론은 전통사회 전체 신분층 문화를 포괄하고 있다 하겠다.

셋째, 최한기의 인물감평 영역과 차원, 그리고 감평요인과 방법은 매우 포괄적이면서도 실증적이다. 그의 인물감평 영역은 용모, 행사, 인도 등 언행과 도덕성을 포함하고, 감평차원은 단순한 감각적 경험에 머물지 않고 마음의 덕성과 나아가 타고난 기질의 청탁까지 다원적이다. 이러한 최한기의 인물감평법은 사회심리학의 대인지각 이론과 방법론의 지평을 넓히는데 시사하는 점이 많다.

넷째, 최한기의 인물감평법은 현대 한국인들의 인물감평 관행과도 매우 친화적이다. 최근 관상학과 연계한 캐릭터 표현과 분석에 관한 많은 연구에서 보듯이 관상학적 관점은 캐릭터의 성격과 능력, 도덕성 등을 평가하는 문화적 토대로 작용하고 있음을 본다.05 최한기의 인물평가 이론은 한국적 문화 풍토에서 관행적으로 이루어지는 인물평가를 이해하는데 많은 도움을 받을 수 있을 것이다.

인물에 대한 평가는 역사적, 문화적 토대에 따라 달라질 수 있

---

05 홍수현·김재호. 2006. 「음양오행사상의 관상학에 기반한 애니메이션 캐릭터 얼굴 설계 시스템 연구」. 『멀티미디어학회 논문지』 제9권 제7호; 송은화·최유미. 2004. 「성격에 따른 한국인 여성(20대) 캐릭터의 얼굴 모델 연구(관상학을 이용하여)」. 『디자인학 연구』 통권 제57호 등 참조.

다. 인물에 대한 미적, 도덕적 기준이 다르고, 인물평가의 의도와 목적이 다르면 평가내용이 다르게 구성될 수밖에 없다. 이 점에서 서구의 보편적 합리성에 기초한 현대 사회심리학적 대인지각 이론은 한국의 문화적 특수성이 반영된 인물평가에 한계를 가질 수밖에 없을 것이다. 최한기의 측인론은 한국의 전통사상과 관행이 내포되어 있다는 점에서 토착적 대인지각이론을 정립하는데 일정 부분 이론적 토대를 제공할 수 있다고 본다. 그래서 한국사회에서 현대사회심리학의 대인지각 이론이 가질 수 있는 보편적 이성의 오류를 보완하는데 도움이 될 수 있을 것이다.

2. 대인지각과 인물감평의 요인

사회심리학에서 대인지각의 가장 중요한 두 요인으로 일반적으로 '도덕성(morality)'과 '능력(competence)'을 꼽고 있다. 도덕성 지각은 인간됨됨이에 대한 판단으로써 상대방이 믿고 신뢰할 만한지, 양식을 지닌 사람인지 등을 판단하는 것이다. 그리고 능력 지각은 상대방이 얼마만큼 재능과 능력을 갖추었는지, 성공 혹은 성취를 할 수 있는지, 주어진 과제, 역할을 잘 수행해 낼 수 있는가에 대한 판단이다.[06] 도덕성은 사회성, 관계성을 포함하는데, 이로써 상호 사귐과 교류 등 상호작용을 원활히 할 수 있으며, 또한 타인의 지적 능력을 지각함으로써 욕구충족 대상으로서의 접근 가능성을 높일 수 있다. 폴란드에서 행해진 한 연구에서 타인에 대해 가장 알고 싶은 특성 열 가지를 적게 하여 집계할 결과 공통적으로 가장 많이 나타난 것이 성실성(sincere), 솔직성(honest), 쾌활성(cheerful), 포용성(tolerant), 충직성(loyal), 똑똑함(intelligent), 진실성(truthful), 반이기성(unselfish), 신뢰성(reliable), 친절성(kind)이었다.07 여기서 '똑똑함'과 '쾌활성'이 능력과 관련되고 나머지는 도덕성에 해당하는 특성이라 할 수 있다.

한편 대인지각에서 개인의 도덕성과 능력과 같은 성향적 요인이 평가에 중요하지만, 이들 특성에 대한 평가는 상황적 요인에 따라 달라질 수 있다. 타인에 대한 정보는 그것이 놓인 맥락에 따라 다른 의미를 가질 수 있다. 좀 더 일반화하여 말하면 대인지각은 문화의 차이에 따라 다르게 정보가 취사선택되고 종합될 수 있다. 다수의 연구결과에 의하면 개인주의적 혹은 집단주의적 문화의 특성을 가졌는가에 따라 대인지각에 있어 개인 성향적 요인과 집단 상황적 요인의 비중이 다르게 나타났다. 개인주의 문화권에서는 '솔직성', '자립심', '자기주장' 등이, 그리고 집단주의 문화권에서는 '겸손', '협력심', '원만성' 등이 대인지각의 핵심특질이 될 가능이 높다는 시사를 발견할 수 있다.08 이렇게 볼 때, 사회심리학적 대인지각은 타인의 도덕

---

06 한규석. 2004.「한국사회에서의 사람 판단의 준거: 된 사람과 난 사람의 평가를 중심으로」.『한국심리학회지:사회 및 성격』 vol.18(1). 24쪽.

07 앞의 논문. 25쪽.

08 앞의 논문. 25쪽.

성과 지적 능력 및 상황적 요인을 중심으로 연구되고 있음을 볼 수 있겠다.

이와 같은 사회심리학적 대인지각과 비교해 볼 때 최한기의 인물감평 영역과 차원은 훨씬 다양하고 다층적으로 이루어져 있다.

		인물 평가 영역		
		末 ← 평기준적 → 本		
인물 감평 차원	末 ↑	용모	행사	인도(인사)
	평가수준	신기	기화(敎化)	천인운화
	↓ 本	형질기	운화기	천도

최한기는 인물감평의 영역으로 용모, 행사, 인도를 들고, 각기 세 차원으로 구성되어 있다고 보았다.

> 먼저 용모의 상을 보아서 기품氣稟의 청탁, 강약, 혼명, 통색을 분별하고, 다음은 행사行事를 살펴서 귀천, 선악, 이둔, 성패를 분석하고, 끝으로 인도人道에 어긋나느냐 합하느냐를 가지고 포폄을 삼는다. 인도에 어긋나면 용모, 행사가 비록 취할 만한 것이 있더라도 마침내 폄貶이 되어 참으로 취할 만한 것이 못되고, 인도에 맞는다면 용모, 행사가 비록 취할 만한 것이 없더라도 마땅히 포褒에 속하여 참으로 취할 만한 것이 된다.[09]

용모는 인물감평에 있어 경험적 지각의 첫 단서이다. 용모는 오장, 육부, 백해, 구규가 사람마다 다름에 따라 달리 나타나는데 이를 통해 인물평가의 단서를 일차적으로 얻는다. 그러나 용모만으로 감평하는 것은 충분하지 않으며 행사를 보아 보완하여야 한다. 그런데 용모와 행사는 모두 감각적 대상이기 때문에 불안정하며 이를 보완하기 위하여 신기와 기화(교화)를 살펴야 한다고 했다. 신기는 용모와 형체를 이루는 바탕인 기의 덕성과 능력을 일컫는다. 인물을 평가하는 데는 피상적인 용모보다 그것의 본체가 되는 신기를 파악하는 것이 더욱 본질에 가까운 평가가 된다. "형모와 신기는 본디 정하여진 품격이 있으니 이것이 경經이고, 운화에 따라 고쳐지는 것이 있으니 이것이 위緯이다. 경만 알고 위를 모른다면 마치 비파 기둥에 아교를 바르고 줄을 타는 것과 같은 것이니, 경을 알고 또 위를 알아 경위에 따라 증험해야 한다."[10]

한편 인물감평에서 행사도 기화 내지 교화를 살핌으로써 더욱 심층적으로 파악할 수 있다. 행사는 사람들 간의 신기의 교감으로써 이루어지는 모든 인간적 행동을 말한다. 기화는 행사에 있어 천도天道, 천리天理, 천측天則에 해당하는 기학적氣學的 개념인데, 맥락에 따라서는 대기大氣(활동)운화, 신기神氣(활동)운화라고도 일컬었다. 사람에 있어서 기화氣化는 신기身氣운화, 교접운화, 통민운화로서 인기人氣운화가 된다. 기화는 규범적 의미로서 교화라 할 수 있는데, 교화敎化를

---

09 『인정』. 「측인 서」: 是以測人之道 先相容貌 以辨氣稟之淸濁强弱昏明通塞 次察行事 以卞貴賤善惡利鈍成敗 竟以人道之違合爲褒貶 違於人道 則容貌行事 雖有可取 終歸于貶 非眞可取也 合於人道 則容貌行事 雖無可取 當屬于褒 是眞可取也

10 『인정』. 「측인문」(총론): 然形貌神氣 有元定之品格 是則經也 形貌神氣 有隨運化而變改 是則緯也 知經而不知緯 膠柱鼓瑟也 知經又知緯 隨遇測驗也

통해서 그의 행사를 더욱 깊이 이해할 수 있다는 것이다.

한 걸음 더 나아가 사람의 용모와 신기, 행사와 기화도 궁극적으로는 그의 형질기와 운화기에 토대를 두고 있다. 인물감평은 최종적으로 그 사람의 형질기와 운화기를 파악함으로써 완수될 수 있다.

> 도덕 · 재능의 유무 · 천심과 교린 · 잔학의 대소 · 미현이 모두 형질의 기에 나타나니, 측인의 묘리는 오직 기를 살피는 데 달렸다. 대저 사람 형질의 기는 천지의 기화에서 품부하여, 부모의 기화에서 이루어지고 습염의 운화에 따라서 변화하니, 형질의 시종이 곧 한 몸의 운화의 기이다.[11]

몸과 행동이 분리될 수 없듯이 용모와 행사, 신기와 기화, 형질기와 운화기도 분리될 수 없다. 이들은 분석상 구분되지만 상호 불가분의 관계에 있다. 형모가 타고난 재질이라면 신기는 재질이 갖는 덕성이다. "형체는 재材와 같고 운화는 공工과 같아서 재료를 따라 기器를 이루고 형체를 따라서 쓰임을 제어한다. 그러므로 선인善人의 운화는 그 형체를 인하여 기를 이루고 쓰임을 제어하여 교접함에 실수가 없고 취사가 마땅하게 된다."[12]고 했다. 이처럼 최한기의 측인은 직물에서 씨줄과 날줄처럼 형모-신기와 행사-기화를 교차해서 헤아

---

11 『인정』. 「측인문」(총론): 道德才能 有無淺深 驕吝殘虐 大小微顯 盡著於形質之氣 測人之妙 惟在於察氣 夫人形質之氣 稟賦於天地之氣化 得遂於父母之氣化 隨變於習染之運化 形質始終 卽一身運化之氣也

12 『인정』. 「측인문5」(천인운화): 形如材 運化如工 隨材而成器 隨形而制用 故善人之運化 因其形而成器制用 交接無失 取捨得宜

리고 또한 그릇에서 재질과 용도처럼 형질기와 운화기가 서로 체용으로 삼아 인물평가를 해야 한다고 보았다.[13]

한편 인물감평에서 용모와 행사의 영역은 인도(인사)에 의해 포폄된다. "인도란 백성을 운화에 통괄시켜 각자의 분수에 편안케 하는 도이다."[14] 인도는 인기운화가 천기운화를 승순하는 천인운화에 따를 때 얻어지는 것이다. 천인운화는 곧 인도의 준적이자 기적 토대이다. "만사 만물이 모두 천인운화의 기에 말미암아 기멸하는데, 그것에 순하면 선이 되고 그것에 거스르면 악이 되며 추향하면 귀함이 되고 배위하면 천함이 된다.… 측인하는 방법은 천인운화의 기로서 귀천, 선악, 연추, 길흉을 판별할 것이니, 이것이 측인하는 데 있어서 통달한 재주와 학식이다."[15] 천기운화는 곧 천명이며 이것을 따르는 것이 인도이다. 측인은 최종적으로 형질기와 운화기에 의해 평가되지만 그것이 천인운화를 실천하는가에 따라 미래의 운명은 영향을 받는다. 따라서 인도에 의한 포폄은 어느 정도 미래 예언적 측인을 가능하게 한다.

최한기는 이와 같은 인물감평 영역과 차원에 근거하여 기품, 심덕, 체용, 견문, 처지 등 다섯 가지 인물감평 요인을 제시하였다. 이를 다음과 같이 요약할 수 있겠다.

---

13 최한기의 인물감평 이론은 불교 유식학에서 존재의 본질을 원성실성(짚)과 의타기성(끈 · 짚)과 변계소집성(뱀) 등 三性의 차원에 따라 질적으로 달리 인식하는 것과 유사한 인식론적 구조를 갖고 있다 하겠다. 예를 들면 잡초 속에서 뱀이 나오지 않을까 두려워하면서 걷고 있을 때, 아무렇게나 뒹굴고 있는 끈 하나를 보고 뱀이라 착각하고 놀라는 경우가 있다. 그러나 자세히 보면 끈임을 알 수 있다. 이 비유 속에서 변계소집이 뱀으로, 의타기가 끈으로, 짚이 원성실성에 비유되고 있다. 유식의 삼성과 최한기의 세 인식층차가 내용은 상이하지만 심층의 본성을 통해 감각적 지각의 오류를 극복해야 한다는 점에서는 동일하다 하겠다. (요코야마 코이치. 1996.『유식이란 무엇인가』. 장순용 옮김. 세계사. 59쪽 참조).

14『인정』.「측인문6」(인도): 人道者 統民運化 各安其分之道也

15『인정』.「측인문5」(천인운화): 萬物萬事 皆由天人運化氣而起滅 順之爲善 逆之爲惡 … 測人之術 以天人運化之氣 辨別貴賤善惡姸醜吉凶 是爲測人之通才達學

<table>
<tr><th colspan="2">감평요인</th><th colspan="2">감평척도</th><th rowspan="2">감평변인</th><th rowspan="2">가중치</th><th rowspan="2">감평
영역</th><th rowspan="2">이론적
근거</th></tr>
<tr><th>五具
(체)</th><th>五發
(용)</th><th>오구</th><th>오발</th></tr>
<tr><td>氣稟</td><td>才局</td><td>强·弱,
淸·濁</td><td>高·低,
明·暗</td><td>形色, 機微, 言行</td><td>4</td><td>용모</td><td>相人</td></tr>
<tr><td>心德</td><td>應變</td><td>誠·僞,
純·駁</td><td>恕己
隨人,
始終·捍格</td><td>學問, 造詣</td><td>3</td><td>행사</td><td>知人</td></tr>
<tr><td>體容</td><td>風度</td><td>厚·薄,
醜·美</td><td>樂·慰,
和·觸</td><td>氣稟
(형색, 기미, 언행),
心德(학문, 조예)</td><td>2</td><td>용모
+행사</td><td>상인
+지인</td></tr>
<tr><td>聞見</td><td>經綸</td><td>周·比,
雅·俗</td><td>通·徧,
擧本·趨末</td><td>분별,
취사 능력</td><td>1</td><td rowspan="2">인도</td><td>지인</td></tr>
<tr><td>處地</td><td>措施</td><td>貴·賤,
貧·富</td><td>逸·勞,
勤·怠</td><td>귀천,
빈부 때의 모습</td><td>0.5</td><td>상인</td></tr>
</table>

최한기는 감평의 요인으로 오구五具와 오발五發을 제시했다. 오구는 모든 사람이 다 갖추고(具) 있는 요인으로 기품, 심덕, 체용, 문견, 처지 등 다섯 가지 요인이다. 오발은 오구에 상응하는 재국才局, 응수應變, 풍도風度, 경륜經綸, 조시措施 등의 요인이다. 감평요인의 본질로 말하면 오구가 체가 되고 오발이 용이 되는 체용의 관계이다. 감평요인도 앞에서 제시된 감평영역에 각기 토대하고 있다. 기품은 용모의 영역에 속하는 요인이며, 심덕은 행사에, 체용은 용모와 행사의 결합에, 그리고 문견과 처지는 인도의 영역에 해당하는 감평요인이라 할 수 있겠다. 또한 감평요인에는 상인과 지인의 요인이 종합되어 있다. 기품/재국이 상인적 요인이라면 심덕/응변은 지인적 요인이고, 체용은 상인과 지인이 결합된 요인이라 볼 수 있다. 그리고 분

견은 지인에, 처지는 상인에 영향을 끼칠 수 있는 2차적 요인이라 할 수 있다.

오구의 내용을 살펴보면 다음과 같다. 우선 **기품**은 측인에 있어 가장 중요한 요인인데 10.5의 총점 가운데 4점의 비중을 갖는다. 기품은 인간의 형체를 이루는 기의 말하는데 이는 부모의 기운을 받아 결정된다. 기품은 선천적으로 타고나고 후천적으로 증감하거나 변화되지 않는다. 다만 학습과 수행에 의해 어느 정도 흐린 기가 맑게, 약한 기가 강하게 될 수 있을 뿐이다. 기품은 그가 타고난 형질기에 의해 좌우되고 용모와 언행에서 드러나는 신기의 품격이라 할 수 있다.

심덕은 천리를 마음에 체득한 것을 말하는데, 곧 타고난 도덕적 본성을 체득한 것을 말한다. 본성의 체득은 학문의 허실과 조예의 우열에 의해 차이가 난다. 심덕은 단순히 지적으로 알고 있는 것이 아니라 행위를 통해 마음속에 깊이 습염되고 체득된 상태를 말한다. "선에 노력하기를 오래하면 선을 얻게 되고 악에 젖기를 오래하면 악을 얻게 되니, 선과 악이 비록 다르지만 다 같이 심덕이라 할 수 있다."[16] 심덕에는 선악의 구분이 있다. 기품이 타고난 요인인데 반해 심덕은 자신의 노력과 능력에 따라 결정되는 요인이다.

감평에 있어 마음에 얻어 이룬 심덕心德은 타고난 기품氣稟에 보완적인 요인이다. 기품이 형질기와 신기의 형체적 측면이라면 심덕은 인간의 운화기와 기화의 도덕 본성적 측면이며 이는 개인의 행위를 통해서 구체적으로 드러난다. 형질기가 청·탁·강·약의 본성을 갖고 있다면, 운화기는 활 · 동 · 운 · 화[17]를 본성으로 한다.

16 『인정』. 「측인문7」(論心德): 心之所得也 忸於善者 久而得其爲善 忸於惡者 久而得其爲惡 善惡雖殊 俱可謂之心德爾

체용體容은 기가 형체를 이룬 체體와 마음이 밖으로 나타난 용容을 합친 것이다. 체용은 기품과 심덕이 합쳐 형성된다. "이는 마치 촛불이 등롱에 가려 밖으로 비치는 빛이 같지 않은 것과 같다. 촛불이 아무리 밝더라도 가려진 등롱이 흐리면 비치는 빛도 밝지 못하고, 등롱과 촛불이 함께 밝으면 불빛 역시 밝게 된다."[18] 이와 마찬가지로 기품의 등롱과 심덕의 촛불이 합쳐 체용에 후·박·미·추의 불빛을 드러내는 것이다. 체용은 기품과 심덕의 결합으로 드러나는 기운을 말한다.

문견은 마음으로 분별하여 취하고 버릴 줄 아는 능력을 말한다. 마음은 오감을 통해 지각하지만 그것을 선택적으로 구성하여 인식할 뿐이다. 마음이 편벽하고 속된 사람도 두루하고 우아한 선택을 할 수도 있지만 그것은 우연적이고 예외적일 뿐이다. 문견은 편견이나 선입견을 갖지 않고 판단력과 분별심을 갖춘 마음의 능력을 말한다. 마음에 이러한 능력을 갖기 위해서는 천인운화를 이루어야 한다. 천인운화란 인기운화가 대기운화를 승순함으로 도달하는 천인합일의 운화이다. 즉 마음의 인식과 감정의 작용이 자연의 법칙에 승순함으로써 사욕이나 편견에서 오는 선입견으로부터 벗어날 수 있는 것이다.

마지막으로 **처지**는 현재 처해 있는 귀천의 신분과 빈부의 상황을

---

17 최한기의 활 · 동 · 운 · 화 개념은 인 · 의 · 예 · 지의 심학적 性의 내용과 크게 다르지 않다. 다만 인간이 무형이 형이상학적, 내재적, 선천적 본성을 유형의 기적 속성으로 대치한 것이다.(이영찬. 2011. 「최한기의 측인학 연구」. 『철학연구』 제120집. 250쪽.) 그는 활동운화의 내용에 대해 다음과 같이 언급했다. "활을 공부하면 존양추측이라는 조리가 생기고, 동을 공부하면 건순일신이라는 조리가 생기고, 운을 공부하면 도량주선이라는 조리가 생기며, 화를 공부하면 변통화융이라는 조리가 생긴다. 오직 이렇게 활동운화를 공부해야만, 이것이 일신고유의 활동운화에 근거하여 대기의 활동운화를 이어받게 될 것이고, 나아가 천인이 일치되고 사물이 일관된다." (活乃存養推測 動乃健順日新 運乃度量周旋 化乃變通和融 惟此功夫之活動運化 因一身固有之活動運化 承大氣之活動運化 天人一致 事物一貫; 『氣學』(2-64))

18 『인정』. 「측인문7」(論體容): 如燭因燈遮而傍映之光影不同 燭雖明而燈之所遮濁 則所映之光不明 燈燭俱明 則映光亦明

말한다. "사람은 거처와 사업에 따라 귀천과 존비가 달라진다. 거처에는 존비가 있고 사업에는 귀천이 있다. 존위尊位를 떠나 비위卑位에 있게 되면 용모와 신기가 점점 비천하게 바뀌고 비위로부터 존위에 오르면 용모와 신기가 점점 존귀하게 된다."[19] 그러나 이 요인이 감평에서 가중치가 가장 낮은 이유는 인물의 됨됨이는 처지에 크게 매이지 않고 또 처지란 항상 변하기 때문이다.

오발은 오구를 본질로 하여 발현된 상태이다. 오발은 오구를 감평하기 위한 단서며 오구를 통해 직접 평가하기 어려울 때 보조적으로 이용할 수 있는 감평요인이다. "기품이 발해서 재국이 되는 것은, 마치 수목樹木이 기를 받아 형체를 이루어 기둥이나 들보가 되기도 하고 서까래가 되기도 하는 것과 같다. 그래서 사람도 기품이 강한 자는 반드시 물物을 성취하는 고매한 재국을 지니고 기품이 청淸한 사람은 반드시 물을 다스리는 명찰한 재국을 지닌다. 심덕이 발해서 응변이 되는 것과, 체용이 발해서 풍도가 되는 것과, 문견이 발해서 경륜이 되는 것과, 처지가 발해서 조시가 되는 것까지 모두가 각각 구具가 발현한 것을 따라서 이름지은 것이다."[20] 오발은 오구가 발하여 드러난 모습이며 따라서 보다 가시적으로 참고할 수 있는 요인이라 할 수 있다.

오발에서 재국은 기품이 발한 것이고, 응변은 심덕이 발한 것이고, 풍도는 체용이 발한 것이며, 경륜은 문견이, 조시는 처지가 발한

19 『인정』. 「측인문3」(處業隨異): 人從所處所業 而有遷移 所處有尊卑 所業有貴賤 捨尊位居卑位 容貌神氣 漸移于卑 自卑位升尊位 容貌神氣 漸進於尊

20 『인정』. 「측인문7」(論五具五發): 氣稟之發爲才局 如樹木旣稟氣成形 有可以爲棟樑 可以爲榱桷者 故人之稟氣强者 必有高邁成物之才局 淸者必有明察理物之才局 至於心德之發爲應變 體容之發爲風度 聞見之發爲經綸 處地之發爲措施 各因所具之發顯而命名焉

것이다. 재국에서 재才는 능한 것〔능력〕을 말하고 국局은 국량을 말한다. 기품이 강하면 재국이 높고, 기품이 맑으면 재국은 밝다. 응변에서 응應은 수응酬應하는 것이고, 변變은 통변하는 것이다. 이는 사물에 부딪칠 때 서로 주고받으며 소통하는 것이고, 일이 막혔을 때로 변통하는 것이다. 응변의 능력을 마음에 얼마만큼 얻은 가에 따라 선을 행하는 정도는 달라질 수 있다. 풍도에 있어 풍風은 성문聲聞〔평판〕이 드러난 것이고, 도度는 위의威儀의 법도이다. 풍도를 갖춘 사람을 대하면 마음이 즐겁거나 화평하고, 말하지 않아도 위엄이 있다. 경륜에서 경經은 경위經緯, 즉 사리의 옳고 그름과 시비의 분간을 말하고 륜綸은 그것을 처리하는 것을 말한다. 경륜은 문견에서 생기지만 지혜가 통달하면 유추하고 비교해서 얻을 수 있다. 마지막으로 조시에서 조措는 거조擧措, 즉 행동거지를 말하고, 시施는 실행하는 것을 말한다. 조시는 행동이 시세에 맞춰 기회를 잃지 않으며 과불급이 없는 중을 취하는 것을 목표로 삼는다.

감평요인에서 오구가 설명요인이라 한다면 오발은 관찰요인이라 할 수 있겠다. "만약 오구를 가지고 우열을 분별하다가 통하지 않는 것이 있으면, 반드시 그 발현된 것을 살펴 구具의 우열을 가린다. 즉 만일 기품의 강약 분수가 분명치 않아 알기 어려우면, 그 발현된 재국의 고저를 미루어 기품의 강약을 단정할 수 있으니, 재국이 높은 사람은 기품도 반드시 강하고 재국이 낮은 자는 기품도 반드시 약하게 마련이다."[21] 오구와 오발을 통해 상호 검증함으로써 측인의 실수

21 『인정』. 「측인문7」(論五具五發): 若於五具之中 分別優劣 有所未暢 必推其發見之顯著者 以辨所具之優劣 如氣稟强弱之分 未暢難曉 則推其才局之高低 以斷其氣稟之强弱 才局高者 氣稟必强 才局低者 氣稟必弱

를 줄일 수 있는 것이다.

3. 대인지각과 인물감평의 방법

사회심리학적 인상형성 이론은 크게 개인의 특성들에 의한 '게슈탈트적 인상형성 이론'과 '상관관계적 인상형성 이론'으로 나눌 수 있다. 게슈탈트적 이론에 따르면 대인 인상형성은 개인의 특성이 가산되거나 종합되어 '전반적인 인상(overall impression)'을 형성한다고 본다. 이렇게 개별적 특성을 통해 전반적인 인상이 형성될 수 있는 것은 개인의 특성들 간에는 관계성이 존재하고 이로써 특성들이 일정하게 조직화되기 때문이다. 다시 말하면, 지각자는 각자 자신의 '암묵적 성격 이론(implicit personality theory)'을 갖고 이를 통해 '중계인상형성(intervening impression formation)'이 이루어지기 때문이다. Asch 등이 주장하는 게슈탈트적 관점은 사람의 특성 가운데 중심특성이 존재하고, 이 중심특성이 전반적인 인상형성에 영향을 준다고 보는 관점이다. 반면 Bruner와 Tagiuri가 주장하는 상관관계적 관점에서는 포함된 특성이 무엇인지에 상관없이 어떤 특성은 특별히 다른 어떤 특성과 높은 상관을 갖는 것이 있는데 이미 우리들의 머릿속에 그런 관계가 존재한다는 것이다.[22]

또한 대인지각을 연구하는 사회심리학자들은 인상형성에서 다양한 특성 정보가 종합되어 처리되는 과정에 대해 가산의 원리, 평균의 원리, 가중치평균의 원리 등에 따른 다양한 방법론을 제시하고 있다. 가산원리를 주장하는 학자는 개인의 호의적이던 부정적이던 모든 특성정보를 가산하여 얻은 점수로 전반적인 인상형성이 이루어진다고 본다. 그리고 평균원리를 주장하는 학자는 모든 특성정보를 가산한 점수를 특성의 수로 나눈 평균 점수로써 전반적 인상형성이 이루어진다고 본다. 가산원리에 따르면 호의적인 정보가 많으면 많을수록 전반적 인상이 호감을 갖게 된다. 그러나 평균원리에 의하면 인상은 호의적인 특성을 위주로 보여줄 때 호감을 얻게 된다.

그런데 가산원리와 평균원리의 공통적 문제점 중 하나는 모든 인상형성에 작용하는 특성을 동일하게 취급한다는 것이다. 실제로 인상형성을 할 때 우리는 특히 중요한 몇 몇 특성에 더 중점을 두는 경향이 있다. 예를 들어, 내 자신이 본래 지적 능력을 중시하는 사람이면 다른 특성들보다 지적 능력을 더 중요하게 보고, 아마추어 야구클럽에서 선수를 뽑는다면 신체적 능력을 더 중요시하게 된다. 우리가 전체 인상을 형성할 때 각 특성에 부여하는 중요성이 달라진다는 점에 착안하여 일부 학자들은 가중치평균원리를 주장하고 있다.

이상의 사회심리학적 대인지각 방법론과 비교해 볼 때 최한기 인물감평 방법론은 다음과 같은 특징을 갖는다.

첫째, 사회심리학적 대인지각이 지각자가 주관적으로 지각한 대인특성과 이를 조직하는 심리적 기제에 의존하는 반면, 최한기의 인

22 홍성열. 2008. 『사회심리학』. 시그마프레스. 218쪽 참조.

물감평은 기품, 심덕, 체용, 문견, 처지 등 다섯 가지 객관적 요인을 통하여 이루어지며, 각 감평영역은 네 개의 인물 척도에 따라 평가가 이루어진다. 즉, 기품 영역은 강·약·청·탁의 특성을 통해, 심덕 영역은 성·위·순·박의 특성을 통해, 체용은 후·박·미·추의 특성을 통해, 문견은 주 · 비 · 아 · 속의 특성을 통해, 처지는 귀·천·부·빈의 특성을 통해 평가 된다. 인물에 대한 전반적 감평은 이들 다섯 요인과 각 요인의 네 척도의 조합으로 이루어지는데, 총 1024 개의 인물유형이 형성된다.

사회심리학에서는 대인지각의 영역과 차원, 지각대상으로서의 인물특성이 각기 연구자의 주관적인 판단에 의존하고 있으며 무슨 지각특성을 분석대상으로 할 것인가에 대해 학자마다 범주화를 달리하고 있다. 반면 최한기의 이들 감평영역과 요인은 그가 정립한 기학의 세계관과 인간관에 토대하고 있다. 기품은 신기와 형질기의 감평요인이고, 심덕은 기화와 운화기의 감평요인에 해당한다. 그리고 체용은 곧 형질기와 운화기의 결합으로 나타나는 신체적 모습으로 기품과 심덕이 결합된 감평요인이다. 그리고 문견과 처지는 인도 영역의 감평요인이라 할 수 있다. 이처럼 그의 감평요인은 개인의 성격이나 주관적 특성에 머물지 않고 최종심에는 타고난 기질과 본성 등보다 항상적 요인에 닿아 있다.

둘째, 최한기는 감평의 요인마다 가중치를 부과하여 인물감평에서 차지하는 비중을 다르게 두었다. 감평에서 가중치는 사회심리학에서와는 달리 지각자의 주관적 동기나 임의적 기준에 따라 부여하는 것이 아니라 그 사람의 인물됨을 이루는 요소의 중요성에 따라 부여한 것이다. "대개 모든 것이 다 완비된 자를 10분인十分人으로 삼는다. 그래서 기품·심덕·체용·문견·처지의 경중을 헤아려 10분으로 나누었는데, 기품이 제일 중요함으로 4분을 (강強과 청淸은 장長 4분을 주고 약弱과 탁濁은 소消 4분을 준다), 심덕이 다음으로 중요하기 때문에 3분을(성誠과 순純은 장長 3분을 주고 위僞와 박駁은 소消 3분을 준다), 체용이 그 다음이므로 2분을(후厚와 미美는 장長 2분을 주고 박薄과 추醜는 소消 2분을 준다), 문견이 그 다음이므로 1분을(주周와 아雅는 장長 1분을 주고 비比와 속俗은 소消 1분을 준다), 처지가 그 다음이므로 반분을(귀貴와 부富는 장長 반분을 주고 천賤과 빈貧은 소消 반분을 준다) 차지한다."[23] 가중치가 지각자의 호오도에 따라 부과되는 것이 아니라 인물됨을 이루는데 차지하는 비중에 비례하여 주어짐으로써 최한기의 감평점수는 곧 인격점수의 성격을 갖는다.

셋째, 최한기는 인물감평의 대상인 인물특성들이 갖는 개념적 추상성을 극복하기 위하여 조작이 가능한 개념을 제공하였다. 오구에 따른 오발은 감평의 요인을 양화量化하여 객관적으로 측정할 수 있는 조작이 가능한 개념이라 할 수 있다. 인물감평에서 오구와 오발은 곧 분석대상과 설명대상의 관계로서 오발을 '미루어(推)' 오구를 '헤아리(測)'는 기학적 방법론에 입각한 개념이다. 결국 오발은 오구의 추상적 특성을 경험 가능한 감평특성으로 조작하기 위한 개념 틀이라 하겠다.

---

23 『인정』. 「측인문7」(論分數消長): 蓋以極完備者 爲十分人 則今以氣稟心德體容聞見處地 量其輕重 分排十分 氣稟最重而爲四分 强與淸爲長四分 弱與濁爲消四分 心德次重而爲三分 誠與純爲長三分 僞與駁爲消三分 體容又次之爲二分 厚與美爲長二分 薄與醜爲消二分 聞見又次之爲一分 周與雅爲長一分 比與俗爲消一分 處地又次爲半分 貴與富爲長半分 賤與貧爲消半分

4. 인물감평의 대인지각적 의의

『장자』에 대상인식과 관련한 기氣 개념이 등장하고 있다. "너는 잡념을 없애고 마음을 통일하라. 귀로 듣지 말고 마음으로 듣도록 하고, 마음으로 듣지 말고 기氣로 듣도록 하라. 귀는 소리를 들을 뿐이고 마음은 밖에서 들어온 것에 맞추어 깨달을 뿐이지만, 기란 공허하여 무엇이나 다 받아들인다."[24] 장자는 자신의 생각에 얽매여 있는 사심자師心者[자신의 마음을 오로지 스승으로 삼는 사람]가 아니라 텅 비어 외물을 온전히 받아드릴 수 있는 기에 의한 인식, 즉 심재心齋(마음의 재계)을 역설했다. 최한기는 기의 인식기능을 보다 구체적으로 기술했다. 인간은 다른 사물과 달리 타고난 기가 밝고(明) 기의 힘(力)에 의해 지각, 기억, 추론하는 기능을 갖게 되는데 기의 이러한 신묘한 기능을 일컬어 신기라 했다. 그는 인물감평의 주체를 신기로 봄으로써 사회심리학적 대인지각이 초래하기 쉬운 감각에 의한 일방적인 지각이나 암묵적 성격이론과 같은 심적 기제에 의한 왜곡을 경계했다. 최한기는 신기를 대인지각의 주체로 상정함으로써 어떤 사람이 풍기는 이른바 '분위기', 사람에게서 느끼는 차거나 따뜻한 등의 '느낌', 이성에 앞서 와 닿는 '육감', '낌새' 등도 인물평가 연구영역으로 인정할 수 있는 이론적 토대를 제공했다.

그리고 최한기의 인물감평은 인물에 대한 전인격적 평가라는 점

24 안동림 역주. 1997. 『장자』. 현암사. 114쪽.

에서 의의를 찾을 수 있다. 사회심리학적 대인지각이 주관적인 평가에 의존하는 것에 반해 최한기는 외모가 주는 정보와 내심에 쌓인 덕성을 종합함으로써 실효성 있는 평가가 이루어질 수 있다고 본다. 인물감평에서 "마음은 따로 능한 것이 없고 기氣를 말미암아 미루고 성性을 말미암아 헤아리어 점차로 계제를 밟아서 그 공효를 이루니 이것을 일러 앎이라 한다."[25]라고 하였다. 이는 곧 유가의 지인과 관상가의 상인을 종합해야만 전인격적 감평이 이루어질 수 있음을 말한 것이라 하겠다. 이점은 사회심리학적 대인지각에도 관상가의 신체적 형모와 유가의 심성적 도덕성을 포함시킴으로써 대인지각 범주의 지평을 넓힐 수 있음을 시사해 준다. 아래에서 최한기의 인물감평 이론이 사회심리학적 대인지각에 주는 함의를 몇 가지로 요약해 보고자 한다.

첫째, 사회심리학적 대인지각 방법이 대체로 '암묵적 성격이론'이나 '중계인상형성'과 같은 자신의 주관적인 심적 기제에 의존하는 반면, 최한기의 인물평가 방법은 다섯 가지 감평요인과 조작 가능한 보조 요인을 통해 보다 객관적이고 종합적인 평가가 이루어질 수 있다. 이점은 대인지각의 기능을 개인의 주관적 인상형성의 차원에 머물지 않고 인재를 선발하고 적재적소에 배치하는 인사관리적 척도로 활용할 수 있는 여지가 있다.

둘째, 최한기는 감평의 주체로 심학의 마음이 아니라 신기란 기적 존재를 상정하였다. 신기에 의한 감평은 마음의 기능에 한정되지 않고 몸도 신기로서 의식할 수 있는 능력을 갖고 있다는 것을 인정

25 『기측체의』. 「추측록」(권1). (推測提綱, 推測卽是知): 心無他能 因氣而推 因性而測 有漸有階 乃成厥效 爰名曰知

한 것이다. 이로써 대인지각의 개념을 마음의 지각에서 '몸의 지각'으로 확장하고, 인물감평의 주체로서 마음과 객체로서 몸의 경계를 허물고 마음과 몸이 일통시키는 기학적 감평론을 제시할 수 있었다. 최한기가 인물감평이 감평 주·객체 상호간의 신기의 감통을 통해 비로소 이루어질 수 있음을 강조하는 것도 이 때문이다.

셋째, 최한기는 인물감평을 용모나 행위에 한정하지 않고 심층의 형질기와 운화기를 헤아려야 한다고 함으로써 감평의 심층적 토대를 밝혔다. 그가 형질기의 청·탁·강·약과 운화기의 활·동·운·화를 인식의 대상으로 삼은 것은 감평에 선천적인 요인을 중시하는 의의가 있다. 사회심리학에서 인물평가가 이른바 '대인지각'이나 '인상형성' 등 개체적 차원에서 이루어지는 것에 비하면 형질기와 운화기에 근거한 평가는 심층적이면서 동시에 우주론적 근거를 갖는 평가라 할 수 있다.

넷째, 사회심리학적 연구에 의하면 우리가 타인에 대해서 여러 가지 특징들을 보게 되지만, 이는 결국 하나의 질문에 귀결된다고 보는데, 곧 그 사람이 좋으냐 혹은 싫으냐는 것이다.[26] 이는 대인지각적 판단의 최종적 기준이 호오도好惡度라는 주장이다. 그러나 최한기는 인물평가에서 인도가 최종적 준적이 되어야 한다고 보았다. 인도는 천명이자 결국 천인운화를 실현하는 대동사회의 규범이다. 인물의 귀천, 선악, 연추, 길흉이 인도에 순응하는가의 여부와 정도에 달렸다고 보는 것은 인물평가에 있어서 규범성을 매우 강조하고 있음을 보여준다.

다섯째, 사회심리학의 대인지각이 성격분석적 지각이라면, 최한

---

26 한덕웅 외. 2005. 『사회심리학』. 학지사. 131쪽.

기의 인물감평은 미래예측적 감평이란 성격이 강하다. 그의 인물감평 요인에서 기품이 차지하는 비중이 거의 절반을 차지한다. 기품은 후천적으로 다소 변화될 수 있는 소지는 있지만 거의 선천적으로 주어지는 것이다. 따라서 최한기의 인물감평은 사람들의 후천적인 성격을 분석하기보다는 거의 변함이 없는 기품에 기초하여 인물의 특성을 파악한다. 따라서 그의 인품감평은 사회심리학의 성격분석에 비하면 사람들의 안정적이고 변하지 않는 특성에 의존함으로써 미래에 대한 예측 가능성을 높힌다.

여섯째, 사회심리학의 대인지각이 현실적응과 통제의 기능을 갖는다면[27], 최한기의 인물감평은 도덕 수행적 기능을 중시한다. 그는 자신의 몸을 닦는 수신과 남을 헤아리는 측인이 분리되지 않는다고 보았다. "자수自修하는 도리를 아는 자는 측인하는 도리를 알 수 있고, 또 능히 측인하는 도리로 자수하는 도리를 권면하고 경계할 수 있다면, 측인이 곧 자수하는 도리가 되고 자수하는 것도 측인 가운데 있게 된다."[28] 그는 인물감평을 통해 수기·치인, 수신·제가·치국·평천하하여 대동사회를 건설하는데 기여할 인물을 헤아리고자 했다. 그에게 있어 인물감평은 곧 수기의 일이며 결국 천인일통의 평천하의 사회를 건설하는 일과 상통한다.

---

27 Heider는 사람들이 만나는 상대방의 성격, 기호, 습관 등에 대해서 판단을 내리는 것은 환경을 예측하고 통제하려는 욕구를 지녔기 때문이라 보았다.(위의 책. 123쪽).

28 『인정』. 「측인문1」(총론): 知自修之道者 可知測人之道 又能測人之道 勸戒我自修之道 則測人卽是自修之道 自修亦在測人之中 測人과 自修가 분리될 수 없다는 사상은 유교적의 지식관을 계승하고 있음을 보여준다. 유교가 추구하는 궁극적 지식은 천도의 체득에 있고, 천도의 체득은 자신의 완전한 본성의 자각에 달려있다. (이영찬. 2011. 「유교의 지식론」. 『동양사회사상』 제23집. 30쪽 참조) 측인은 자신의 본성을 자각하는 자수의 가장 좋은 방법이 될 수 있다.

5. 맺는 말

지금까지 사회심리학의 '대인지각(person perception)' 내지 '인상형성'에 대해 최한기의 '측인測人'과 '감평鑑枰'이란 개념을 대비시켜 비교하였다. 측인은 곧 '추기측인推己測人'에서 따온 말이라 볼 수 있는데, 자신을 미루어 남을 헤아린다는 의미이다. 남을 헤아리기 위해 자신을 먼저 살펴야하는 것은 어떤 사람을 평가할 때 같은 사람을 두고 각기 다른 평가가 이루어지는 것에서 보듯이 평가자의 기질에 따라 다르게 평가될 수 있기 때문이다. "조급한 사람은 편안하고 한가롭게 순서를 따르는 것을 느리다고 하고, 천근한 사람은 먼 뒷일을 도모하고 먼 훗날을 생각하는 것을 오활하다고 하고, 기교技巧한 사람은 평상平常의 길을 천시하고, 허탄한 사람은 성실한 것을 촌스럽다고 한다."[29] 이러한 차이는 사람마다 제각기 숭상하는 것과 소견이 다르기 때문인데, 이는 저마다 기질의 가림에 따라 헤아리는 것도 각각 다르기 때문이다. 최한기의 측인의 개념에는 추기, 즉 평가주체에 대한 반성이 함축되어 있다. 측인에서 대인지각이 평가주체의 도덕수행적 의미를 강조하는 이유가 여기에 있다.

그리고 '인물감평'은 평가대상에 대한 단순한 감각적 지각에 머무는 것이 아니라 신기의 교류와 소통에 의해 간주관적으로 이루어지고 있다는 의미를 내포하고 있다. 이는 '감평鑑枰'이란 용어에 잘 드러

29 『기측체의』. 「추측록」(권5)(氣質之蔽所測各異); 急躁者 以安閒循序爲緩 淺近者 以久圖遠慮爲迂 奇巧者 以庸常爲賤 虛誕者 以誠實爲野

나 있다. 감평의 '감枰'은 바둑판을 의미한다. 그래서 감평은 '바둑판을 읽는 것'을 의미한다. 최한기는 바둑에 대해 다음과 같이 말하고 있다. "대저 바둑이란 자잘한 기술이나, 이것으로도 기미를 따라 일을 처리하고 변화에 응하여 도수를 고치는 방법을 알 수 있다. 두 사람이 바둑판을 대하면 반드시 상대편의 바둑알 놓는 것을 헤아려서 나도 이에 기미의 변화를 베푼다. 만일 상대편의 바둑알 놓는 것이 내가 예측했던 것과 틀리면, 나는 다시 마땅한 바를 구하여 그에 응해야 한다."[30] 바둑판을 읽는다는 것은 '변화에 응하여 도수를 고치는' 것을 의미하며, 곧 감평의 간주관성을 강조했다고 볼 수 있다. 그래서 측인과 감평 개념에는 일방적, 평면적, 감각적, 절대적 지각이 아니라 간주관적, 역동적, 심층적, 상대적 지각의 의미를 함장하고 있음을 볼 수 있다. 이러한 사실들을 지금까지 논의한 최한기의 인물감평의 영역과 수준, 그리고 요인들의 분석을 통하여 확인할 수 있었다. 최한기가 인물감평을 통해 강조한 도덕수행적 대인지각 이념과 기학적 인물평가 이론과 방법론적 특징들은 현대 사회심리학적 대인지각 이론의 문제점을 극복하고 동서양을 포괄하는 보편적 연구지평을 개척하는데 기여할 수 있을 것으로 본다.

30 『기측체의』. 「추측록」(권5)(應變改度); 天奕小數也 可見其隨機處事 應變改度 兩人對棋局 必須測人之下子 我乃設其機變 至若人之下子 違我所測 我乃更求其所當而應之

한국유학과 사회과학의 대화

이원구李元龜의 경영철학: 인륜과 산업의 융합

| 권상우

이원구李元龜의 경영철학: 인륜과 산업의 융합

—

권 상 우

1. 자본주의 시대의 새로운 경영과 이원구李元龜의 유가 경영

매년 1월 세계 여론은 스위스 다보스에서 열리는 세계경제포럼(다보스포럼)을 주목한다. 다보스포럼은 세계의 저명한 경제인, 기업인, 정치인, 저널리스트들이 모여 세계적 이슈에 대해 토론하고 연구하는 민간단체이다. 다보스포럼의 의제에서 뿐만 아니라 참석자의 화려한 경력으로 볼 때 이 포럼은 세계 최상급의 회의라 할 수 있다. 이 모임에서 자주 등장하는 의제가 바로 새로운 자본주의이다. 자본주의를 지탱시키고 이끌어 가는 힘은 기업경영에 있다. 그래서 새로운 자본주의에 관한 담론은 새로운 기업경영에 관한 논의에서 시작해야 할 것이다.

경영학은 20세기 자본주의 경제체제가 발전하면서 등장한 학문으로 기업 혹은 경영을 연구대상으로 하는 학문체계이다. 경영은 자본주의의 최첨단에 서 있는 기업경영에 대해 종합적으로 이해하고 이를 토대로 경영목표의 합리적인 달성을 위해 어떻게 경영활동을 수행해야 하며, 합리적으로 조직을 관리해야 하는가에 관한 행동원리를 종합적인 입장을 다루고 있다. 근대의 경영이 인류의 물질적 삶을 증진시켰다는 점에는 의심의 여지가 없다. 하지만, 과연 정당한 경영이었는가에 대해서는 부정적인 평가가 내려지고 있다. 그래서 우리는 합리적 경영에 대해 반성해 보고 새로운 기업경영을 모색해 볼 때에 비로소 새로운 자본주의를 맞이할 수도 있을 것이다.

인류사에서 보면, 인간은 그 누구도 경영관리 현상으로부터 자유로울 수 없다. 인간은 혼자서 살아갈 수 없으며 조직 속에서 조직과 관련을 맺고 살아갈 수밖에 없으며, 인류역사 또한 인간의 경영행위가 있었기 때문이라 할 수 있다. 원시적인 도구만으로 건립된 인류의 기념비적 업적인 이집트의 피라미드, 유럽에서 인도에 이르는 알렉산더 대왕의 군사행동과, 로마제국의 성립과 통치 등을 상상해 보면, 경영관리는 인류의 역사에서 중대한 과업을 수행하게 한 핵심 부분이었음을 알 수 있다. 이집트 사람들은 피라미드를 축조하기 위해 계획, 조직화 및 통제의 경영관리기능을 적용했으며 알렉산더 대왕은 복잡한 군사적 행동을 조정하기 위해 스태프조직(staff organization)을 운영하기도 했다. 또한 로마제국은 명령전달과 통제를 원활히 할 수 있는 정교한 조직을 개발하기도 하였다. 경영은 근대 이후의 산물이기는 하지만 근대 이전에도 조직을 관리하는 경영행위는 매우 중시되었다. 근대 이전의 경영에는 주먹구구식으로 운영하면서 효율성은 떨어졌지만 초월적인 종교나 도덕에 의거해 경영하기도 하였다.

그러나 근대의 과학의 발전과 자본주의의 등장으로 인해서 조직을 과학에 근거해서 효율적으로 운영하기 위해 노력해 왔다. 그래서 경영은 단지 조직의 목표의 합리적인 달성을 위한 운영방식으로 전락하게 되었다. 이러한 경영방식을 막스 베버는 합리적인 경영으로 규정하였다. 막스 베버가 말한 '합리적'이란 그 목적이 옳고 그름에 상관없이 가장 효율적인 수단만을 추구한다는 의미로 이해된다. 즉, 경영은 그 수단의 정당성은 고려하지 않고 단지 최소한의 비용으로 최대의 효과를 올릴 수 있는가만 고려하는 경영방식으로 이해된다. 이러한 합리적 근대경영은 인간의 사물화, 도구화, 생태계의 파괴 등 여러 문제점을 초래하고 있다. 이와 같이 현대 경영이 자연과 인간을 대상화하고 사물화하면서 단지 이윤과 효율성을 달성했다고 해서 모든 경영행위가 정당화될 수 있는가? 조직의 목적과 수단의 정당성은 배제한 채, 경영 결과만 가지고 경영의 성공 여부를 가늠한다면, 이는 마치 전쟁에서 승리한 뒤 그 전쟁이 부당한 전쟁이었음을 깨닫는 것과 같다. 경영학이 인류를 극단적인 상황으로 몰아가고 있는 현실에서 경영학에 대한 전면적인 반성이 필요하다.01 이러한 반성을 위해서 '인간의 바람직한 삶은 무엇이고, 그리고 조직은 목적은 무엇이며, 구성원들은 어떻게 통제해야 하는가?' 그리고 '바람직한 이윤은 무엇인가?' 라는 물음에 대해 진지하게 생각해 볼 필요가 있다. 이러한 반성을 통해 경영학은 현재 겪고 있는 위기를 극복하고 인류 전체의 발전에 이바지할 수 있을 것이다.

위와 같다면 위와 같은 물음에 어떻게 접근할 수 있겠는가? 이러한 물음에 대해 여러 방법으로 접근할 수 있겠지만, 반드시 '경영'의

01 최동석. 2001. 『경영관리의 위기』. 비봉출판사. 110쪽.

역사적, 문명적 접근이 중요할 수 있다. '경영' 또는 경영학의 의미를 합리적 경영으로 규정하고 있지만, 이러한 규정은 근대적 경영에 제한될 뿐 경영의 보편적 의미로 볼 수는 없다. 실제로 앞에서 언급한 바와 같이 인류역사를 살펴보면, 각 문명권 또한 각 시대마다 조직의 목표를 달성하기 위한 경영행위가 이미 존재했었다는 사실을 상기해 보면, 여러 문명권에서 여러 시대에 걸쳐 그 의미를 규명해 보고, 경영에 관한 정의를 새롭게 규정할 수 있다. 이러한 작업은 '경영' 라는 용어가 근대적인 의미뿐만 아니라 동서고금을 아우르는 보편적인 의미를 규명해 낼 수 있을 것이다. 그래서 이러한 작업의 일환으로 유가사상에서 경영이 어떤 의미를 지니고 있는가를 탐색해 보는 것은 유의미한 작업이 될 수 있다.

유교는 한漢나라 왕권의 지지를 받으면서부터 중국을 비롯한 동북아 전통 사회에서 오랜 기간 동안 주도적인 통치이념이었다. 중국과 조선의 군주들 대부분은 유교 경전을 시간이 날 때마다 읽었다고 한다. 중국 역사상 최고의 성군聖君으로 칭해지는 강희제康熙帝는 병석에 누웠을 때도 유교경전을 손에서 놓지 않았으며, 유교적 이념을 국가경영에서 실현하려고 노력하였다고 한다. 조선의 정조正租 또한 자신이 유학의 전수자임을 선언할 정도로 유학 경전에 박식하였고, 그의 학문은 성리학의 집대성자인 주자朱子의 대학 주석에 대해 이의를 제기할 정도였다고 한다. 이외에도 중국과 조선의 역대 군주 중에 치국治國을 잘했다고 평가되는 군주 대부분은 유교에 근거해 국가를 경영하고자 하였다. 그들은 유교 경전을 통해 철학적 지혜를 쌓고 자신의 수행을 통해 국가 경영의 정당성을 얻고자 하였다. 이와 같이 유교의 경영이 결코 자본주의 체제의 기업 경영은 아닐지라도 경영의 범주에서 논해 볼 수 있다. 현대 경영학의 창시자라고 불리는 피터 드러커는 오늘날 경영의 의미가 기업경영으로만 불리는 것에 대해 반대하면서, 군대, 병원, 기업, 학교, 비영리 기관의 관리 또한 경영이라고 불려져야 한다고[02] 본다. 그리고 "경영은 공동의 목표를 위해 사람들을 통합하는 것이다"[03]라고 정의를 내리고 있다. 그렇다면, 유학의 국가경영 또한 경영의 범주에서 논할 수 있다.

유학에서는 가정, 국가, 사회를 다스리기 위해 경영을 중시하였다. 그러나 유가사상에서 '경영'은 '도덕'과 관련되어져 논의되면서, 도덕을 본체 또는 도道로, 경영은 작용 또는 기器의 관계로 설명하면서 도덕과 경영 간의 상관성을 중시한다. 하지만 도덕이 근본이고 경영은 말단으로 보면서 도덕성을 더욱 강조되면서 경영행위가 도덕보다는 상대적으로 소홀히 다루어진 경향이 있다. 하지만 조선과 중국에서는 성리학의 폐단을 지적하면서 경영 그 자체를 강조하는 학술적인 풍토가 형성되었다. 그 대표적인 유학자 중에 한 사람이 이원구이다. 그는 당시 조선사회가 질서가 무너지고 경제적 침체기에 인륜의 확립과 경세사상을 하나의 유기적 관계로 확립하고자 하면서, 경영을 단순하게 도덕의 표현이나 말단으로만 간주하지 않고 경영을 도덕과 동등한 위치로 끌어올려서 유기적 경영을 새롭게 해석한다. 그래서 유학에서 경영을 논하는데 있어서 이원구의 경영사상은 중요한 의미를 지닌다. 앞에서도 이미 알 수 있듯이 이원구는 경영을 서구 근대경영에서와 같이 효율성만을 추구하는 전략적 행위만으로 보

02 Peter F. Drucker. 2002. 『미래경영』. 이재규 옮김. 청림출판. 16~22쪽.
03 같은 책. 26쪽.

지 않고, 사회질서의 확립, 도덕성 실현과의 관계성에서 이해하면서, 경영에 대한 철학적 체계를 확립하였기 때문이다. 그래서 논문에서는 이원구가 인륜과 산업경영을 어떻게 도덕철학적인 관점에서 해석하고 있는지를 논의해 보고자 한다.

2. 인륜과 산업의 융합: 인륜경영

이원구李元龜는 성산인星山人으로 호를 '일수(一叟 또는 逸叟)'라고 하였으며, 경상도 인동군(현재 칠곡군) 약목리에서 출생하여 평생을 살았던 것으로 알려져 있다. 그의 생존연대는 1750년에서 1820년에 살았던 인물로 알려져 있다. 그에 관해서는 인명록이나 다른 문헌에서도 찾아 볼 수 없으며, 이로 인해 후세에도 잘 알려져 있지 않았다. 그의 자서에 의하면 그는 세상에 나서거나 벼슬길을 택하지 않았고 자신을 고기나 잡거나 땔감이나 구하려 다니는 무리(漁樵之徒)이며, 농사나 짓고 누에치는 백성(農桑之民)에 불과하며 학문이라고는 별로 배운 바가 없다고 한다. 그러나 그는 곤궁한 생활에서도 공자와 주자 그리고 『중용』과 『대학』에만 전심을 하였을 뿐 사장이나 송사문이나 과거 급제 등에는 관심이 없었다고 한다. 그가 초야에 묻혀서 학문 연구에만 몰두하였고, 그의 언어와 행동은 검속하지 않았으며, 그가 성리학적 전통을 계승하고 있기는 하지만 그대로 답습하지는 않아, 그 당시 사람들로부터 공경과 존중을 받지 못하였고, 그런 이유로 후세에도 잘 알려지지 않았다. 그러다가 최근 박종홍교수가 이원구의 자료를 모아서 『심성론』이라는 서명으로 책을 영인하면서 학술계에 알려지게 되었다. 박종홍교수가 그 책의 해제에서 '인륜과 산업의 불가이성不可離性'이라는 제목을 달고 있는 바에서도 알 수 있듯이 그의 중심사상은 인륜과 산업의 관계를 주종의 관계로 보지 않고, 좌우의 호응관계로 보고 있다.

이원구의 사상은 조선 후기의 사회현실과 밀접한 관련성이 있다. 이원구가 활동하던 조선 후기에는 양란을 겪으면서 가치 기반이 붕괴되고 당시 경제적 기반인 농업경제가 무너지는 등 사회전반에 걸쳐 위기에 직면해 있었다. 그 당시 학술계에서도 당시의 문제를 해결하기 위해 많은 노력을 기울였다. 성리학 내부에서는 도덕성에 근거한 인륜 질서를 바로 세우고자 하였고, 이에 반해 실학파에서는 도덕 중심의 조선 사회가 당시의 혼란을 초래하게 된 근본원인으로 간주하면서, 사회와 국가의 경제적 발전과 제도의 확립 등을 통한 후생문제를 해결하고자 노력하였다. 하지만 유학의 내성외왕의 이념에 비추어 볼 때, 이 양자는 결코 분리될 수 없다. 그럼에도 불구하고 사림파는 예학禮學을 통해 인륜질서를 재건하고자 노력하였지만 민중의 후생문제를 등한시하였고, 실학파들은 실용적 관점에서 현실적인 문제를 극복하고자 하였지만, 백성들의 도덕성과 사회질서를 등한시하였다. 성리학자와 실학파는 당시의 현실 문제에 대한 입장 차이로 내립하였을 뿐 상대방의 이견을 귀 기울이지는 않았다. 하지만 이원구는 인륜과 산업의 분리될 수 없음을 주장하면서 양자의 입장을 융합하고자 하였다.

이원구는 선진시대 양주와 묵자의 폐단에 대한 맹자의 비판에 근거해 성리학파와 실학파를 결합시키고자 한다. 맹자는 "양주는 자신을 위함을 취하였으니, 이것은 임금이 없는 것이다. 묵적墨翟은 겸애兼愛를 주장하니 이것은 아비가 없는 것이다. 아비도 없고 임금도 없으면 짐승과 다를 바가 없다."라고 양주의 위아설은 의義에 해당되며, 묵가의 겸애설은 유가의 인仁에 해당된다하면서, 유학의 정체성은 이 양자를 절충한 인의仁義의 도에 있다고 본다.[04] 맹자가 말한 '임금이 없다'는 사익의식만 있고 공익의식이 없다는 것이며, '아버지가 없다'는 것은 공익의식만 있고 사익의식이 없다는 것으로 해석 가능하다."[05] 이원구는 인과 의에 근거해 인륜과 산업과 관계를 논한다. 그래서 그는 맹자의 양주 위아爲我설 비판에 근거해 실학파의 산업 일변도의 입장을 비판하고, 또한 맹자의 묵자 겸애兼愛설 비판을 통해서 성리학의 인륜 일변도의 입장을 비판하고 있다. 이원구는 개인의 신체적 안위와 산업을 연결시키면서, 산업을 개인의 물질생산과 더불어 신체적 삶을 가꾸고 보호한다는 의미로 해석하면서, 산업을 의義로 보고 있다.[06] 이에 반해 이원구는 묵자의 겸애의 의미가 사랑이며, 사회전체를 중시한다는 측면에서 인륜에 연결시킨다. 하지만 이원구는 양주의 경우는 비록 산업을 위주로 하기는 하지만 그 속에 이미 인륜

---

04 『孟子』. 楊朱爲我, 是無君也. 墨氏兼愛, 是無父也. 無父無君, …是禽獸也.…是邪說誣民, 充塞仁義也.(勝文公下)

05 김교빈 외. 1999.『동양철학은 물질문명의 대안인가』. 웅진출판. 193쪽.

06 이선경. 2003.『이원구의 역학체계』. 성균관대학교 박사학위논문. 성균관대학교. 19쪽.

적 요소를 배척하지는 않았고, 묵자도 또한 인륜을 위주로 하였지만, 그 가운데 산업적 요소까지 부정한 것은 아니었다.[07]라고 하면서, 인륜을 말하면 그 안에는 산업적인 요소를 함축하고 있으며, 또한 산업을 말하면 그 안에는 인륜이 자리 잡고 있다고 보면서 양자가 결코 분리될 수 없다고 주장한다. 이원구가 어떠한 맥락에서 이렇게 주장하는지는 분명하지 않지만 성리학과 실학파 모두를 양주와 묵가보다도 못한 학파임을 암묵적으로 비판하기 위해서인 것으로 생각된다.

그러나 이원구는 성리학과 실학이 상이한 입장을 취하고 있지만 양자가 보완될 수 있다고 본다. 성리학은 경세측면을 보강할 수 있으며, 실학은 또한 인륜체계를 보완하면서 양자가 융합될 수 있음을 강조한다.

> 세간에 혹 인륜을 말하면서 산업을 속되다고 하는 자도 있고, 혹은 산업은 취하면서 인륜을 가벼이 여기는 자도 있으니 되겠는가? 이같이 하여 그치지 않는다면, 나는 이 도가 어느 지경에 이를지 알지 못하겠다. 인륜과 산업은 하나인데, 둘로 나누어져 싸우니 애석하구나! 이는 한 몸의 좌우 팔뚝이 서로 다투는 것과 같다. 그 병통이 이미 고질이 되었으니 또한 둘이 다 망할 따름이다.[08]

---

07 『心性錄』. 「第一. 上部」. 楊朱之獨取産業之義, 而禮威法之三分, 非不假焉. 故爲楊焉. 墨翟之單擧人倫之仁而師生賓主之心屬非不借焉. 故爲墨焉. 今二之者, 已爲楊墨之獘弊而今又四之, 二其墨, 二其楊而各主其一, 吾未知是道至於何境也.

08 같은 책 「第一 . 上部」. 世或有擧人倫而俗産業者, 或有取産業而輕人倫者, 可乎. 如此不已則吾未知是道至於何境也.倫業一也. 二之而相戰, 惜哉. 是如一身上左右肱之相鬪也. 其疚已痼, 終亦兩敗而已矣.

이원구는 인륜과 산업의 관계를 오른팔과 왼팔로 비유하면서, 오른팔과 왼팔은 분리되어져 있는 것이 아니라 몸체가 있기 때문에 존재할 수 있다고 본다. 오른팔과 왼팔이 비록 서로 다른 기능을 하지만 양자는 동일한 몸체를 위해 사용되어지는 것이다. 이와 같이 인륜과 산업은 사회에서 상이한 역할이지만, 양자 모두가 조선사회의 발전과 안정을 위해 필요한 분야이기 때문에 양자가 반드시 결합되어야 한다고 본다. 즉, 오른팔과 왼팔이 각자의 역할을 다 할 때 몸체가 건강할 수 있듯이 인륜과 산업 모두가 중시될 때 사회질서의 안정과 국가의 발전을 기대할 수 있다고 본다.

이원구는 인륜과 산업은 모두 인仁에서 통합시키고자 한다. 그는 인仁이 발현될 때 인정仁情과 인술仁術이 함께 발현되어진다고 본다. 그의 인仁에 대한 해석은 성리학에서 인정仁情만을 강조하는 것과는 달리 인술仁術을 포함시키고 있다는 점이 특이하다. 그리고 그는 인정仁情이 인륜의 근원이라면, 인술仁術은 산업의 근원으로 구분된다고 본다.[09] 그는 인정은 어떤 일을 하고자 하는 욕구이며, 인술은 그 욕구를 이루기 위해 구체적으로 계획하고 이루어가는 행위의 근원으로 본다. 예를 들면, 무엇인가를 하려는 마음은 인정仁情이며, 순서 짓는 것은 인술仁術에 해당된다고 본다. 이원구는 인술仁術은 자신이 처음 사용한 용어가 아니라 『맹자』에서도 이미 언급되고 있음을 말한다. 그는 "맹자께서 인의가 있을 따름이라 하셨으니, 인정과 인술이 이 인의仁義가 아니겠는가? 인정仁情이란 인仁의 용用이며 인술仁術이란 의義의 실實이다.[10]"라고 하였다. 실제로 맹자는 양혜왕이 종을 위해 소

09 같은 책. 「第二 . 中部」. 仁情者, 人倫之綱, 九道者 人倫之目, 仁術者 産業之綱, 六事者 産業之木也. 九之綱曰仁情, 六之綱曰仁術.

대신 양으로 바꾸도록 한 처리법을 인술仁術이라 명명하고 있다. 이원구는 양혜왕이 일으킨 측은지심은 인정이 될 것이고, 그러한 측은지심이 구체적인 행위로 나타나도록 하는 것이 바로 인술仁術이 된다.[11]고 본다. 그러나 이원구는 인륜人倫의 근거를 인정에 두고 있지만, 인정仁情의 실현은 의義에서 실현되어지며, 그 정義는 인술仁術에 의해 실현되어진다고 보면서, 결과적으로 이 인정仁情과 인술仁術 모두를 인仁의 본체에 포섭시키고 있게 된다. 이와 같이 이원구는 인仁의 본체本體만을 강조하는 것이 아니라 그것이 어떻게 구체적인 현실에서 어떻게 실현되어야 하는가 하는 문제, 즉 특정한 제도와 방법을 강조하면서, 전자를 인仁으로, 후자를 의義로 이해한다.[12] 이와 같이 이원구는 인륜과 산업의 근거를 외부에서가 아니라 인간의 본성에서 찾고 있다. 그는 인간 심성의 씨앗이 바로 인仁이라면, 그 인仁이 자라서 열매를 맺는 것이 바로 의義이라면, 이 열매가 다시 씨의 구실을 하는 순환적인 관계로 이해한다. 즉, 그는 인仁은 의義로 실현되어진다면, 그 의義는 다시 인仁이 될 수 있는 근거가 된다. 인仁이 인륜을 가능하게 하고, 의義가 산업의 근거이기 때문에, 인륜과 산업은 유기적인 연속성을 지니면서, 인륜이 있기에 산업을 이룰 수 있고, 산업은 또한 인륜 질서를 더욱 확고하게 정립할 수 있다고 본다.

그래서 그는 성리학과 실학을 결합하기 위해 노력하였으며, 그의

10 같은 책. 「第一. 上部」. 孟子曰, 仁義而已. 仁情仁術, 莫是仁義也. 仁情者 仁之用也.

11 『孟子』. 「梁惠王上」. 曰 無傷也, 是乃仁術也. 見牛未見羊也.

12 이원구의 仁개념은 전체의 仁과 부분의 仁 두 가지 의미를 지닌다. 전체의 仁은 인술과 인정을 모두 포함하면서 이 양자의 근원으로서의 仁이라면, 부분의 仁은 仁術과 구별되는 仁情으로서의 인이다. 이러한 인 이해는 주자철학에서는 全言之仁과 偏言之仁으로 언급되고 있다.

연구와 사색의 결실은 『심성록』에 잘 나타나 있다. 이원구가 심성론을 완성할 무렵, "어떤 이가 묻기를 인륜은 옳으나, 산업은 속된 일은 아닌가 하였다. 나는 아니다. 자네가 인륜에 대해서 궤짝은 팔아먹고 구슬은 돌려주는 것처럼 귀한 줄을 모르네. 이제 어떤 부모가 자식에 대해서 인정(인륜)만을 베풀고, 인술, 교양은 이미 산업이니 만큼 대립되는 것으로 보면서, 인정의 일은 아니라고 한다면, 인륜이 어찌 있다고 하겠는가? 사람은 살아있음을 이루는 것이고, 윤이란 산업을 완수함을 말하는 것이다. 생업이 결여되면 인륜도 무너지는 것이다"[13]라고 말하였다. 이원구는 인정이 매우 중요하기도 하지만, 그것을 실현할 수 있는 방법이나 제도가 존재하지 않으면 그것은 궤짝 없는 구슬과 같은 것으로 이해한다. 그는 인륜人倫을 해석하면서 '인人'은 사람이 살아있음을 말하는 것이지만, '륜倫'은 이미 산업을 완수함을 말하고 있기 때문에 인륜이라는 개념 안에는 이미 산업의 의미가 포함되어 있다고 본다. 그래서 그는 인륜과 산업은 표리의 관계이며 동전의 양면과 같은 관계로 본다. 그가 비록 〈심성록〉이라 서명을 붙이고 있지만, 이 책은 성리학자들의 심성에 관한 논의와는 크게 다르다. 그는 인륜을 실현할 수 있는 방법과 제도(산업) 모두를 심성에 포섭시키고 있다. 그래서 그는 인仁의 본체 안에 인륜과 산업 모두를 포함시키고자 한다.

13 『心性綠』. 「辨疑」. 或問, 人倫可, 産業俗, 余曰吁. 於人倫買櫝換珠, 今有父對子, 則已是仁情, 仁術敎養 則已是産業, 如或相對而已, 而不爲情事, 則人倫安在? 人者遂生之名, 倫者成業之名, 生業缺則人倫毁

3. 인륜과 산업의 강목綱目과 내용

앞 장에서 이원구는 인륜과 산업이 불가리의 관계임을 논의하였다. 조선 중기의 성리학자들은 인간본성에 대해 정교하게 분석하고 있을 뿐 인간 심성이 드러낸 표현 형태를 구체적으로 논의하고 있지는 않다. 하지만 이원구는 인간본성에 대한 해석만이 아니라 인간본성이 드러나는 형태를 인륜과 산업에 근거해서 매우 정교하게 논의하고 있다. 그러나 그는 인륜과 산업의 경합은 실제로 유교의 이념에 부합할 뿐만 아니라 유교의 경전에서 그 근거를 제시하고 있다.

이원구는 인륜의 내용을 『서경書經』에 근거를 두고 있으며, 산업은 『주례周禮』에 근거를 두고 있다.『서경書經』은 중국 고대의 역사 기록인 동시에 가장 오래된 정사政事에 관한 책이며, 덕에 의한 정치와 인륜을 국가경영의 근본임을 논하고 있어 중국과 조선에서 군주를 비롯한 모든 관리들의 필독서가 되었다. 이에 반해 『주례周禮』는 국가 경영을 위한 조직과 운영방식을 논하고 있는 고전이다. 그래서 이원구는 인륜을 『서경書經』의 요전堯典에 보이는 오전五典을 구도九道로 해석하고, 『주례周禮』에 보이는 행정 관리의 여섯 부서(六掌)를 육사六事로 제시하고 있다.[14] 그래서 그는 군주가 국가와 사회를 경영할 때 『서경書經』을 경영의 치침으로 삼았다면, 『주례周禮』는 바로 경영을 위한 제도 확립에 있어서 매우 중시하였다. 그래서 두 고전을 경영의

14 李元龜.『一叟先生實記初』. 六事卽周官六掌之本旨也

관점에서 본다면, 『서경』의 오전五典을 경영이념으로,『주례』의 육사六事를 경영제도로 볼 수 있다. 이원구는 『서경』의 인륜과 『주례』의 산업을 결합시키면서 당시의 성리학과 실학의 일면성을 바로잡고자 하였다.

그는 『일수선생실기초』에서는 "구도九道는 순純이 오존五典을 아름답게 빛낸 것을 미루어 펼친 것이라고" 하여 구도九道의 내용을 인륜인 오전五典에 근거하고 있음을 말하고 있다. 그가 말한 인륜는 맹자가 주장하던 '이륜彛倫'과 같은 것이며 구도九道란 중용에서 말하는 오달도五達道와 홍범의 이윤구서彛倫九敍와 같다. 유가에서의 인륜은 도덕주체가 타인과의 바람직한 관계를 맺게 위한 덕목이다. 이원구는 인륜의 덕목으로 아홉 가지를 들고 있다. 첫째, 부모로서의 도道인 사랑(原一 父道 慈), 두 번째는 자녀로서의 도道인 효孝이며(次二 子道 孝), 세 번째는 형으로서의 도道인 우애이며(次三, 兄道 友), 네 번째는 아우로서의 도道인 공경(次四 弟道 恭), 그리고 가운데 다섯 번째는 벗으로서의 도道인 타고난 본래의 마음(中五, 友道 心), 다음 여섯 번째는 아내로서의 도道인 유순함(次六 妻道 順) 다음 일곱 번째는 남편으로서의 도道인 조화(次七 父道 和)함, 여덟 번째는 신하의 도道로서의 충성, 마지막 아홉 번째는 군주가 갖추어야 어짊을 인륜의 덕목으로 해석한다.

이원구는 인륜 구도를 다시 세 분야로 분류해 정리하고 있다. 즉, 사랑의 윤리(혈속윤리血屬倫理),구별의 윤리(의속윤리義屬倫理), 그리고 균형의 윤리(심속윤리心屬倫理)로 나누어 설명한다. 사랑의 윤리는 부, 형제지간의 유대를 강화하는 윤리이라면, 구별의 윤리는 군신과 부부 관계에서 위와 아래, 남과 여의 차이의 윤리로 본다. 전자는 유가의 '친친'의 원리이라면, 후자는 '존존'의 원리에 해당된다. 유가 사상에서 친친은 사회 구성원의 조화를 가능하게 하는 감정이라면, 존존은 사회 구성원 간의 질서와 차이의 감정이다. 이 두 감정의 관계에 대해 『예기』에서는 "서로 같으면 서로 친하게 되고, 다르면 서로 공경하게 한다. 악이 지나치면 방탕하게 되고, 예가 지나치면 소원하게 된다."[15]라고 한다. 두 감정이 결합되어져야 하지만 현실에서는 어느 한쪽에 치우치지 않을 수밖에 없다고 본다. 그래서 이원구는 사랑의 윤리와 차별. 구별의 윤리 중에 어느 하나에 치우치지 않는 중의 상태의 결합을 추구해야 한다. 이를 이원구는 심속心屬의 윤리로 본다. 현실세계에서는 간혹 '친친親親'이 강조되면서 '존존尊尊'을 상대적으로 등한시 되어 관계가 혼란하게 되는 경우가 있는가 하면, 반대로 친친이 강조되고 존존을 소홀히 하면 상호간에 관계가 대립과 갈등 관계로 진행되면서 양자 간의 관계가 소원해질 수 있다. 그래서 이원구는 이 양자를 연결할 수 있는 윤리를 설정하면서 이를 균형의 윤리(심속윤리心屬倫理)를 제시하고 있다. 심속心屬은 이 팔도八道의 중간에 위치시키면서, 우도友道로 표현하고 있지만, 그 안에는 사師. 생生. 빈貧. 주主를 포함시키고 있다. 그래서 심속을 하나의 도道로 난 말하면 우도友道이지만, 사師.생生.빈賓.주主가 그 안에 포함된다. 그는 사생師生관계와 빈주賓主의 관계는 친친과 존존 중 어느 한쪽에 치우치지 않고 두 속성을 모두 지니고 있는 것으로 보면서, 이 심속윤리를 가족윤리와 사회윤리 중간에 배치하면서 양자의 균형을 이를

15 『禮記』. 「樂記」. 同則相親, 異則相敬, 樂勝則流, 禮勝則離

수 있도록 해야 함을 강조하고 있다. 그래서 그는 구도를 도식화하면서 오도五道를 중앙에 배치하고, 맨 왼쪽 아래 원일일原一日 부도父道에서 시작하여 우측방향으로 제이次二 자도子道, 제삼次三 형도兄道, 제사次四 제도弟道, 그 우측 위에 제육次六 처도妻道 그 왼쪽방향으로 다음에 제칠次七 부도父道, 그 왼쪽에 제팔次八 신도臣道, 위의 맨 왼쪽 원일原一 부도父道의 맞은 편에 종구終九 군도君道를 배치하고, 구九와 일一, 팔八과 이二와 칠七과 삼三, 육六과 사四로 상하 대칭시켜서 그 상하의 수를 합하여 완전수인 십이 되게 배치하고 한다. 이러한 완전수 십이 가능한 것은 바로 심의 주체적인 능력에 의해서 가능하다고 본다.

> 부모의 道가 임금의 道를 겸한 후에 자애로움이 十으로 가득하게 된다. 군의 도가 부모의 도를 겸한 후에 仁이 十數로 가득하게 된다. 그러므로 군부 중에 두 개의 오수가 합하여 가엄으로서 십을 충만케 하는 것이 師이다. 師道를 잘 운용하여 엄으로 인과 자를 세운다면 군도와 부도가 모두 옳게 된다.[16]

이원구는 심속心屬이 가족윤리(친친)와 사회윤리(존존) 중 어느 한쪽에 기울지 않고 균형을 이루게 한다고 본다. 그래서 심속은 사회구성원들이 질서로우면서도 조화로운 인륜사회를 실현하게 하는 기능을 하게 한다. 즉, 군신의 구분, 부부의 내외, 장유의 차례를 구

16 『心性錄』. 「第一. 上部」. 是故父子而不含君子之道, 則陷於樂好之偏, 親愛之僻矣. 何者, 血屬而情切故也. 君臣而不含父子之道, 則陷於恐懼之偏, 畏敬之僻矣. 何者 義屬而存嚴故也

분하여 사회의 질서를 확립하면서 사랑을 결합시켜 사회구성원 간의 유대감을 증대시켜 조화를 이루게 한다. 그래서 이원구는 인륜의 이념을 바로 사회구성원 간에 질서 있고 조화로운 사회를 두면서 그 균형 가능성을 친구관계에서 찾고 있다.

이원구는 또한 인륜은 백성들의 물질적인 토대가 없으니 불가능하다고 본다. 이를 실현하기 위해서는 산업이 필요하다고 본다. 이원구는 오늘날의 관념과는 달리 단순한 생산의 문제만을 언급하는 것은 아니다. 그는 산업産業을 산産과 업業이 결합된 형태로 분다. '산産'은 물질적 생산에 관한 것이고, '업業'은 생산에 대한 기획과 운용 등의 사업을 의미한다.17 그리고 산업은 생산과 교학 그리고 법제를 포괄하고 있다. 이원구는 산업육사를 맹자의 제민산制民産과 『서경』의 육장六掌으로 설명한다. 『주례』에서의 육관六官으로는 총재冢宰, 사도司徒, 종백從伯, 사마司馬, 사구司寇, 사공司空의 관직에 말한다. 이 중에 총재는 백관을 통솔하여 국정을 관장하는 관리, 사도는 교육을, 종백은 예를, 사마는 군사를, 사구는 법제를, 사공은 토지를 담당하는 직책으로 기록하고 있다.18 그리고 이러한 육장이 자신의 임무를 다하게 될 때 백성들의 물질적으로 정신적으로 풍요할 수 있다고 본다. 육장은 바로 국가의 운영기구로서 육방六房, 육조六曹, 육부六府로 응용되어 사회를 경영하는 산업의 역할을 수행한다. 이원구는 국가 행정기구를 여섯 부서로 나누는 근거를 『서경』의 주육서에서 두면서, 이

---

17 이선경. 위의 논문. 87쪽.

18 『書經』. 「周書 . 六官」. 冢宰, 掌邦治, 統百官, 均四海. 司徒 掌邦教, 敷五典, 擾兆民. 宗伯 掌邦禮, 治神人, 和上下. 司馬 掌邦政, 統六師, 平邦國. 四寇 掌邦禁 詰姦慝, 形暴亂. 司空 掌邦土, 居四民, 時地利. 六卿分職, 各率其屬, 以倡九牧, 阜成兆民.

육장에 근거해서 육서를 해석하고 있다. 이원구는 이 여섯 조목으로서 육사의 근거를 천관天官을 권사眷事로, 지관地管을 교사敎事, 동관冬官을 토사土事, 춘관春官을 예사禮事, 하관夏官을 위사威事, 추관秋官을 법사法事로 해석하면서 산업에서의 여섯 가지 일을 해석하고 있다.[19] 그는 산업육사는 첫째, 생명을 거느리는 일(권사眷事), 둘째 생명의 씨앗을 심는 일(교사敎事), 셋째 번으로 분수를 정하는 일(예사禮事), 넷째 분수대로 하는 일(위사威事), 다섯째 분수를 밝히는 일(법사法事), 여섯째 생명을 양육하는 일(토사土事)의 여섯 가지 일이다. 위의 육사의 구체적인 내용은 다음과 같다. 권사眷事는 보살펴 사랑하여 잊지 못한다는 의미로, 늙은이를 편하게 해주고 어린 아이를 보살펴 줌을 말한다. 둘째, 교사敎事는 모든 자연적인 소산所産인 토목의 일로서, 토목의 산업이 완성하게 되면 재화의 축적이 이루어짐을 말하며, 셋째 토사土事란 토지라고 하여 자연에 인력을 가하여 얻게 되는 집, 그릇 의식 기타문물의 제작산업을 말하며, 넷째 예사禮事는 음양의 원리에 맞게 하여 분수를 지키고 실행하여 사명을 자각 실천하게 하는 일이고, 다섯째 위사威事란 자신의 처지에서 본분을 잃지 않게 하여 상하 간의 다툼을 막는 것이며, 여섯째 법사法事는 분계를 넘지 못하도록 상벌로 바르게 함을 의미한다.

그리고 이원구는 육사六事를 생生과 분分으로 구분한다. 이원구는 육사를 삼생과 삼분으로 구분하는데, 삼생이란 생산을 주로 하는 권.교.토이고, 삼분이란 그러한 생산을 이끌고 제어하는 예.위.법을 말

19 『心性錄』. 「第二. 中部」. 六事之眷以率性, 天官也. 敎土以植生, 地官也. 土器以養生 冬官也, 禮以定分, 春官也. 威以行分, 夏官也. 法以名分 秋官也.

한다. 이원기는 산업이란 생산적 요소와 제도가 합쳐져서 이루어지는 것이라고 본다.

> 문: 이미 산업이라 하였으니 권.토.기는 가하거니와 예.위.법은 무엇인가?
>
> 답: 권.토.기는 산업의 대상이요, 예.위.법은 그 일이다. 대상을 잊어버리면 일이 일답지 못하고 일을 그르치면 그 대상으로서의 물이 물답지 못하게 된다.[20]

이원구는 삼생三生과 삼분三分을 물物과 사事의 관계로 본다. 그래서 그는 생生에 해당되는 일을 모든 물질적 생산과 관련된 것으로, 분分은 분한, 법도에 관계되는 조목으로 경영관리에 해당된다고 볼 수 있다. 그는 건전한 사회공동체를 건설하기 위해서는 무엇보다도 물질적 도구가 갖추어지지 않으면 일이 제대로 진행될 수 없다고 본다. 그러나 물질이 갖추어졌다고 해도 이를 그릇되게 사용하여 제용도에서 벗어난다면 잘못된 결과를 초래할 수 있다. 그래서 그는 권.교.토와 예.위.법은 상호 필요로 하는 관계로 설정한다. 즉, 육사에서 권.교.토는 산업의 질質로 이해하면서, 예.위.법은 산업의 문文으로 이해하면서 질 없는 문이 있을 수 없으며, 문 없는 질이 없다고 보면서. 양자가 결합되어야 한다고 강조한다. 그래서 이원구는 여섯의 일을 종합하여 산업이라고 한다.[21]

---

20 『心性綠』. 辨疑, 問: 旣稱産業, 則眷土器可, 曰 眷土器, 産業之物, 禮威法, 其事也. 忘物而事不事, 誤事而物不物.

21 『心性錄』.「卷一 上部」. 眷敎土 産業之質也. 禮威法 産業之文也. 天下豈有無質之文, 無文之質

이원구는 또한 「산업육사지도産業六事之道」에서는 육사를 음과 양으로 나누어 배치한다. 권.교.예는 양을 따르며, 위.법.토는 음을 따른다고 본다. 그런데 양으로서의 권.교.예와 음으로서의 위.법.토는 각기 대응하는 짝과 결합하였을 때 각각의 기능이 발휘될 수 있다고 본다. 즉, 권사는 토사와 결합하고, 교사는 법사와 결합하고 예사는 위사와 결합하게 되면서 그 기능을 발휘할 수 있다고 본다. 양을 따르는 권.교.예에서 생生에 해당되는 권. 교사의 두 조목과 분分에 속하는 한 조목인 예가 합하여 '이생일분二生一分'으로 구성된다. 또 음을 따르는 '위.법.토' 가운데서 분分에 해당되는 위. 법의 두 조목과 생生에 해당하는 토의 한 가지 일이 결합하여 '이분일생二分一生'의 구조를 이루면서 분分과 생生이 착종되어지게 된다. 즉 이는 바로 생산행위에 관리 통솔이 포함되어 있어야 하며, 관리 통솔 분야에는 또한 물질 생산을 함축하고 있어 양자가 유기적으로 결합되어짐을 의미한다.

4. 인륜경영의 철학구조

이원구의 인륜경영은 사회질서와 산업이 결합되어진 이론형태이

者哉. 此所以禮威法於産業上, 似不相干, , 而畓敎土之進取與守成, 莫非禮威法之力也. 故總此六者而命名, 則一言而蔽曰,, 産業也.

다. 그는 인륜경영의 정당성을 확립하기 위해 인륜경영에 대한 성리학적인 이론기반을 마련하고자 한다. 그는 인륜경영의 객관적 근거를 천도天道에서 찾고 있으며, 그 주관적 근거를 인도人道에서 찾고 있다. 이와 같이 인륜경영은 자연의 법칙에 부합될 뿐만 아니라 인간의 본성에도 부합한 경영방식이 될 수 있다.

> 인륜이 아니면 산업을 다스릴 수가 없고 산업이 아니면 인륜을 밝힐 수 없다. 인륜은 마치 남편과 같고 산업은 마치 아내와 같다. 그러므로 인륜만을 내세우고 산업을 다스리지 못하는 것은 홀아비요, 산업만을 치중하고 인륜을 따르지 않는다면 홀어미다. 만약 이를 안다면 어찌 홀아비 홀어미를 살겠는가? 인륜은 天道를 본받고 산업은 地道를 본받은 것이다. 天道에 근거한 하늘 기운은 아래로 향하고, 地道에 근거한 기운은 위로 향하여 적용하니 이렇게 合德해야 사시가 운행하고 만물이 생육되는 법이다.[22]

이원구는 인륜과 경영의 불가리설不可離說을 천도天道와 지도地道의 관계, 남편과 아내의 관세로 논하면서, 인륜경영은 천도와 지도의 합덕, 부부의 합덕과 동일한 법칙임을 강조하고 있다. 그의 이러한 해석을 통해 인륜경영에 대한 우주본체론적인 근거를 확보하고자 한

---

22 『心性綍』 「辨疑」 非人倫無以治産業, 非産業無以明人倫, 人倫比之如夫, 産業比之如處, 單擧人倫, 而不治産業者鰥也. 獨取産業, 而不循人倫者寡也, 如知之, 則孰欲鰥居, 孰願寡處, 人倫效天效日, 産業法地法月, 天氣下降, 地氣上昇, 然後四時行焉 萬物生焉

다. 일반적으로 유가철학은 음양의 관계에 근거해 우주만물의 생성, 진행 그리고 소멸의 과정을 논한다. 주역에서는 하늘은 가장 큰 양陽이고, 땅은 가장 큰 음陰이다. 음양의 관계 또한 차이와 소통의 원리이다. 성리학자들은 음양의 이런 관계를 음양의 대대待對와 유행流行으로 설명하였다. 음양의 대대는 '음은 음이고, 양은 양이다'라는 상호간의 차이성을 분명하게 구분하고 있다면, 음양의 유행은 음과 양이 서로 감응하여 '합덕合德'을 말한다. 또한 주역에서는 음과 양의 특성을 건괘와 곤괘를 통해서 해석하고 있다. 그래서 이원구는 이러한 음과 양, 천과 지, 그리고 건괘乾卦와 곤괘坤卦에 근거해서 인륜과 산업의 관계를 해석하면서, 인륜은 천도를 따른다고 하고, 산업은 지도地道를 따르면서 양자가 합덕合德해야 한다고 본다. 그래서 자연세계에서 사시四時가 운행하고 만물이 생성하는 것처럼 인륜가 산업이 각자의 영역을 유지하면서 통합되어질 때 인류사회도 발전할 수 있다고 본다.

> 자연으로서 말하면 九는 老陽의 乾道이고, 六은 老陰의 坤道이다. 사람으로써 말하면 九는 인륜으로서 導生의 大道이고, 六은 産業으로서 衛生의 大事이다. 易에 이르기를 "乾坤은 그 易의 門인가보다! 乾坤이 허물어지면 天地는 거의 그 작용을 멈출 것이다라 하였다. 九道와 六事는 天地人三才의 긴요한 道이고 묘한 방책이다.[23]

23 같은 책. 「第一. 上部」. 以天言則九者老陽之乾道也, 六者老陰之坤道也, 以人言則九者, 人倫導生之大道也, 六者産業衛生之大事也. 易曰, 乾坤其易之門歟, 乾坤毁則天地或幾乎息矣. 蓋九道六事, 天地人三才之要道妙訣

이원구는 주역에서 음양의 수리數理적인 해석을 적극적으로 수용한다. 주역에서는 양효陽爻를 용구用九라 하고, 음효陰爻을 용육用六으로 상징화하고 있다. 그리고 건괘乾卦는 여섯 효가 모두 양으로 순양純陽을 이루고, 곤괘는 여섯 효가 모두 음으로서 순음純陰이 된다. 그래서 건괘乾卦와 곤괘坤卦에서도 양의 상징으로서 구九와 음의 상징으로서 육六의 쓺을 중시한다. 그래서 이원구는 주역의 구육의 수를 가지고 와서 인륜과 산업을 구도九道와 육사六事라고 표현한다. 이원구가 사용하는 '구육九六'은 건괘와 곤괘에 나오는 구육이다. 이 때 구九는 인륜의 근거인 서경의 오전五典에서 구도九道에서 구九와 일치하며, 육은 나라를 다스리는 기구로서 육장六掌에 근거한 육사六事에서 육六과 일치한다. 이원구는 인륜이 양陽이기 때문에 구九로, 산업은 음陰이기 때문에 육六으로 표현한다. 이와 같이 인륜과 산업에 대해 구와 육으로 해석은 묘하게도 인륜의 아홉 덕목과 산업에서의 여섯 일들이 일치한다. 주역에서 볼 때 구육九六은 상수계통에 속하며, 도道와 사事는 의리계통에 속하다. 즉, 그러면 이원구가 굳이 도(인륜)와 사(산업)의 관계를 언급하면서 왜 구육에 근거한 상수계통을 중시했는가? 이는 그의 다음과 같은 평가에서 알 수 있다.

> 선생이 일생동안 성력을 다한 것은 九六이다. 河洛圖書에서 왔고, 堯五典과 周六掌이 그 가운데 포괄되어 있다. 크게는 '수기치인'하고, 작게는 부모를 봉양하고 처자를 기르는 도가 모두 이에 다 갖추어 있으니, 어찌 지극하지 않으리오."[24]

이원구가 상수를 중시여긴 것은 상수역이 지니고 있는 체계성 때문이다. 일반적으로 상수학은 우주의 복잡하고 끊임없는 변화를 체계화하기 위한 방법이다. 의리역이 도덕과 행위의 철학적 근거를 제시하고자 한다면, 상수역은 경제, 병법, 산술, 의학 등에서 구체적인 행위방법에서 운영되어졌다. 그래서 의리역義理易은 인간 행위의 형이상적인 근거에 대한 탐색이기 때문에 구체적인 실천행위에 대해서는 강조할 필요가 없지만, 경영이나 경제와 같은 실천영역에서는 형이상적인 근거보다는 구체적인 실천방안을 중시하기 때문에 상수학은 매우 중시될 수 있다. 그래서 이원구는 의리역 뿐만 아니라 상수학도 또한 매우 중시하였다.

이원구는 주역의 우주도식, 즉 구육九六(음과 양)에 근거해서 인간과 경영제도에 관한 이론체계를 확립하고자 한다. 수數의 측면에서 볼 때 참천양지參天兩地는 용구用九, 용육用六의 기본원리가 된다. 「설괘전說卦傳」에는 '참천양지이기우參天兩地而奇偶'라고 하는데, 여기서 삼천參天의 수는 1.3.5이고, 양지兩地의 수는 2.4이다. 천수天數를 합하면 구九가 되고, 지수地數를 합하면 6이 되어 천天으로서의 건乾은 9를 쓰고, 땅으로서의 곤坤은 6을 쓰는 것이다. 그리고 주역의 변화의 원리에 의하면 구九는 노양수老陽數이고, 육六은 노음수老陰數이며. 소음과 소양은 질적인 변화가 없지만, 노양과 노음은 질적인 변화, 즉 음에서 양으로 양에서 음으로 곧 변화 속성을 지니고 있다.

---

24 李元龜. 『墓碣銘』. 趙容和撰, 先生之一生精力, 盡在九六, 皆從河落圖書中來, 堯之五典, 周之六掌, 包在其中, 大而修己治人, 小而仰事俯育之道, 必具於是, 豈不誠淵乎

「繫辭傳」에서 一陰一陽을 道요, 그것을 잇는 것은 善이요, 그것을 이루는 것은 性이라 하였다. 『중용』에서는 率性 그것을 일컬어 道라 한다고 하였다. 사람의 性과 道는 곧 人倫産業의 性과 道이다. 이것이 어찌 仁義의 性과 道가 아니겠는가? 이는 地의 剛柔와 天의 陰陽에 부합한다.[25]

이원구는 구육을 자연과 인간 그리고 사회(인륜과 경영)의 각 영역에서 설명하면서, 구와 육을 세계를 구성하는 보편법칙으로 이해한다. 주역에서 건곤은 64괘의 문호이다. 건곤의 원리는 천지인의 공통원리가 된다. 즉, 천도에서는 음양陰陽으로, 지도에서는 강유剛柔로 인도에서는 인의仁義로 전개되며 그 양상은 다르나 건곤의 원리라는 점에서는 동일하다. 사람 또한 우주 전체에 포함되어 있는 구성부분으로서 이 원칙에 의거하지 않을 수 없으며, 그것은 인仁과 의義로 표현되어 진다. 즉 인仁은 바로 인륜의 내재적 근거가 되며, 의義는 산업의 내재적 근거가 된다.[26] 자연의 객관적 법칙과 인간 본성의 주관적 원칙이 결국 구九와 육六으로 통일되어지며, 그것은 결국 인륜(道)과 산업(事)이 가능하게 되는 이론적인 근거가 된다. 이원구는 이러한 의미에서 '성명지리性命之理'를 해석하면서, 객관적 우주질서의 법칙인 음과 양, 인간의 도덕법칙인 인과 의, 사회생활에서의 인륜과 산업이 그 표현 방식은 다르지만(分殊) 모두 '구육'이라는 법

25 같은 책. 「第一. 上部」. 繫辭傳曰 一陰一陽之謂道, 繼之者善也, 成之者性也, 中庸曰率性之謂道, 吾人性道卽人倫産業之性道也. 是豈非仁義之性道也. 是地柔剛, 天陰陽之符

26 『心性綠』. 「第2中部」. 仁是人倫, 義是産業, 人倫産業 與天地幷立

칙에 의거한다(理一)는 점에서 동일하다고 본다. 그래서 그는 구육은 단순한 사변적 이론체계가 아니라 현실에서 실현되어질 법칙으로 말한다. 그래서 이원구는 천도天道에서는 구와 육이 분리되지 않고, 인도人道에서도 인과 의가 분리되지 않으면, 실천에서는 인륜과 산업이 분리되지 않게 되어 천도天道와 인도人道는 단지 하나의 동일한 법칙이기 때문에, 이것을 이理라 할 수 있다고 본다. 그래서 그는 성리학에서 이理의 현실적 의미를 자연의 법칙에 근거하고 인간 본성에 근거해서 인륜과 산업이 융합되어진 사회를 건설하고자 함에 있다고 본다.

그래서 그는 인륜과 산업에 대해 우주론과 인성의 관점에서 구성하면서, 자신의 생각이 임의로 해석한 것이 아니라 유가경전에 입각해 있음을 강조한다. 그러나 실제로 그의 이러한 학문적 작업은 원전자료에 근거해 창조적으로 재해석하고 있다. 앞에서 언급한 바와 같이 그는 『서경』의 오전五典에 근거해 아홉 가지 도를 해석하고, 『주례』의 주관周官, 육장六掌에 근거해 육사六事를 해석하고, 또한 주역의 구육이라는 노양과 노음의 수에 근거해서 우주론적 근거를 확보하고, 맹자의 인의仁義설에 근거해 주관적인 이론 근거를 확보하고 있다.

> 『소학』에서 교육을 정립하는 것은 바로 九六을 정립하는 것이다. 『대학』에서 德을 밝힘이란 이 九六을 밝히는 것이다. 『중용』의 天命이란 이 九六을 명하는 것이다. 『맹자』의 仁義는 이 九六을 발휘함이요, 『논어』의 時習은 이 九六을 때에 맞게 쓰는 것이다.[27]

그는 요순의 심법과 공맹의 도가 모두 구육에 있으며, 『중용』에서 천명은 바로 구육을 명한 것이며, 『대학』에서의 명덕은 바로 구육을 밝히는 것이며 『논어』의 첫머리에서 시습은 바로 이 구육을 때로 익힘을 말하면서 유가의 경전의 미언대의가 인륜과 산업에 있음을 논하면서, 자신의 이론체계가 유가의 본질에서 벗어나지 않음을 언급하고 있다. 그가 이러한 해석은 바로 유가의 정신이 인륜과 산업의 통합에 있음을 말하고 있다.

성리학에서는 음과 양의 대대와 감응의 근원으로서 태극을 설정한다. 하지만 이원구는 오히려 음과 양의 법칙으로서의 태극, 리를 논하기 보다는 오히려 그는 '태소', '태허' 라고 표현한다. 즉, 태허에서 음과 양이 구분되어진다고 본다. 이러한 논리에서는 인간에게도 그대로 적용되어지면서 태허 또는 태극을 심으로 간주한다. 그는 "마음이 태극이요, 구육은 양의이다"라고 한다. 이러한 이원구의 해석은 주자학의 생성본체론에 근거한다. 생성본체론은 바로 우주만물이 우주근원에서 생성되지만, 그 우주만물은 또한 본체를 구유하게 된다. 그래서 이원구는 음양의 생성론의 관점에서 음양의 근원으로 태허를 말하고 있다. 그는 이러한 태허가 인간에게 내재할 경우에는 심이 된다고 본다. 그래서 결국 이원구는 인륜과 산업 모두 심을 근원으로 삼는다는 논리를 펴고 있다. 즉 심에서 인륜과 산업이 융합되어질 수 있다고 본다. 이원구는 인간의 도덕주체인 심이 과연 사욕에 빠져 있게 되면 산업과 인륜의 통합적 경영이 결코 실현할 수 없게 된다. 이러한 이유로 인해 이원구는 인륜과 산업의 관계를 논하는

27 『心性錄』. 「自序」. 小學之立教, 立此九六也. 大學之明德, 明此九六也, 中庸之天命, 明此九六也...孟子之仁義, 發揮此九六也, 論語之時習, 時用此九六也

그의 저서를 『심성록』으로 붙이게 되었다고 한다. 이원구는 당시의 예학과 실학의 결합을 바로 성리학, 특히 주자학에서 근거 지우고자 한다. 그렇다고 그가 이전의 성리학을 맹목적으로 답습한 것만은 아니다. 그는 분명히 인륜과 산업을 벗어나서 논하는 심心은 공허하다고 한다. 실제로 유학에서 단지 심성도덕만을 강조할 경우에는 불교의 탈세속적인 심성론과 차이가 없게 된다. 그래서 그는 심성도덕은 인륜과 산업의 융합이라는 차원에서 논의되어져야 한다고 본다. 그는 이러한 심성론의 관점에서 인륜과 산업이 상즉상함相卽相涵해야 한다고 본다.

> 인륜과 산업은 서로 그 뿌리가 되어, 높고 낮음과 멀고 가까움을 막론하고 이르지 않는 곳이 없으므로 도라 한다.28

그는 인륜과 경영이 건과 곤, 음과 양의 관계로 해석하면서 양자가 각자의 고유한 기능을 지니면서도 융합되어야 한다고 보고 있다. 그래서 그의 철학에서는 인륜을 말하면, 이미 그 안에는 경영이 있고, 경영을 말하면 이미 그 안에는 산업을 함축하고 있다는 논리가 성립된다. 그러나 그 중심이 경영인가 아니면 산업인가에 따라서 그 내용도 차이성이 없을 수 없다. 그래서 논문에서는 인륜 안의 경영을 '인륜적 경영'이라 명명하고, 경영안의 인륜을 '경영적 인륜'이라 칭할 수 있다.

---

28 『心性錄』. 「第一. 上部」. 人倫産業者, 互爲其根, 卑高邇遠, 無所不達曰道.

5. 인륜적 경영과 경영적 인륜

이원구는 인간이 천과 지의 중간에 위치하면서 천과 지의 조화를 실현할 수 있는 능력을 부여받았다고 보고 있다. 하늘은 생하기는 하지만 성하지는 못하고, 땅은 성하기는 하지만 생하지는 못한다. 즉 인륜은 사회질서를 바르게 할 수는 없지만, 경제발전과 제도를 확립하 수 없으며, 산업은 경제발전과 제도를 확립할 수 있지만 인륜 질서를 세울 수는 없다. 그래서 천과 지는 각자의 기능만을 발휘하고자 할 뿐 '융합(保和太和)'의 상태를 이룰 수는 없다. 그러나 사람은 이 양자의 중간에 처하면서 어느 한쪽에 치우치지 않고 양자를 감응하게 할 수 있는 능력을 지니고 있다. 그래서 하늘이 생生하고 땅이 이루면서(成)하면서 천지만물을 생성하지만, 인간은 여타 사물과는 달리 하늘과 땅의 마음(天地生物之心)에 갖추고 만물의 정에 근거해서 우주만물을 경영할 수 있는 능력을 지닌 존재로 보고 있다. 그래서 이원구는 사람은 능동적으로 천지의 도로서 구육을 통합하는 존재로 설정한다. 이는 상수학에서 말하면 인간은 참천과 양지를 합하여 오의 자리에 있으면서 그 중추적 자리에 심이 놓여 있다고 말한다.29

이원구는 인륜이 사회 구성원 간의 질서와 조화를 추구한다면, 산업은 사회구성원들의 물질적인 토대와 제도를 의미한다. 그래서

29 같은 책. 「第一. 上部」. 師道內九道之三元中, 六事之兩闕一, 三兩合五, 故得心性之大統

인륜은 산업이 너무 효율성 위주로 진행되어지는 것을 경계할 수 있다면, 산업은 인륜이 사회구성원의 통합만을 강조하는 분위기로 나아가는 것을 경계하면서도, 양자가 결합되어질 수 있다고 본다. 이원구는 인륜이 산업의 연결 지점을 본체인 인仁에서 찾고 있으며, 이 인仁의 단서로서의 인정과 인술에서 산업과 인륜이 연결될 수 있는 지점을 확보한다. 이원구는 인정과 인술의 관계를 역학에서 건원과 곤원에 해당된다고 본다. 그러나 건원과 곤원이 상이한 근원으로 생각될 수 있지만, 양자는 모두 인의 근원에 의거한다. 그래서 인정과 인술은 실제로는 동일한 것이다. 이는 이원구가 곤원坤元에 해당하는 권사眷事에서 알 수 있다. 권사眷事은 바로 "사랑하고 보살핌을 주어야 한다."는 의미이다. 권眷은 인륜에서 보면 인정仁情의 실현형태이지만, 산업에서 보면 인술仁術의 근원이 된다. 그래서 실제로 권眷에는 이미 인정의 의미를 지니고 있다. 즉, 본체인 인仁이 발현되면서 인정이 발생할 때 동시에 인술도 함께 등장한다. 인의 건원인 인술은 인륜을 가능하게 한다면, 곤원은 바로 산업을 가능하게 한다. 인에서 인정이 드러날 때 그와 동시에 타인에 대한 사랑을 실천하기 위해서 물질생산과 제도의 필요성이 함께 고려되어짐, 즉 산업의 방향으로 전개되어진다. 그래서 인술에서는 권을 제외하고는 대부분 따뜻함보다는 교와 토에서와 같은 물질적인 토대나 예.위.법과 같은 제도로 발전하게 된다. 그러나 이 권사가 산업전체에 관통하면서 산업 자체가 인륜과 그 연결고리를 확보하게 된다.

그래서 이원구는 인륜구도를 실현하기 위해서 산업육사의 기능은 필수적으로 요청된다는 것이다. 이원구는 산업육사의 삼생生三〔眷.

教. 土]과 삼분分三[禮. 威. 法]이 있어야 하며, 이는 바로 인륜구도를 실현 가능하게 하는 원인이 되기도 한다. 삼생은 인륜구도가 가능할 수 있는 물질적인 토대를 이루게 한다. 이는 이원구가 맹자의 제민산과 같다고 말하고 있다. 즉, 맹자가 말한 항산이 되어야 항심이 될 수 있다는 맥락에서 이해한다. 이는 백성들이 기본적으로 경제생활을 유지할 수 있도록 제도를 설립하고 운영하는 것을 말한다. 그리고 이원구는 구노의 12위位는 각기 육사의 예, 위, 법을 갖추고 있어야 한다고 본다. 육사에서 예禮는 각기 제 자리를 정하는 정분定分, 제 자리에 맞게 실천하는 행분行分이며, 제 자리를 밝히는 명분明分이다. 이원구는 구도九道를 구성하는 사회적 지위로서 12위는 각기 제 자리에 맞는 정분定分, 행분行分과 명분明分을 갖추었을 때 그 기능이 원활하게 수행될 수 있다.[30] 부모에게서 부모의 예가 있어서 그 분을 정하고, 그 분을 밝히면 자식이 교화된다. 자식에게는 자식의 예가 있어 그 분을 정하고, 그 분을 행하고 그 분을 밝히면 부모가 기뻐한다. 예.위.법의 부모와 자식에 대한 효험이 이와 같으니 그 나머지 경우도 이를 미루어 보면 알 수 있다.[31] 부모와 자식의 경우뿐만 아니라 군, 신, 부, 처, 형, 제, 사, 생, 빈, 주 역시 모두 이러한 구조로 이루어진다. 따라서 위에서 말한 구도의 여러 덕목(慈孝, 嚴威, 仁忠, 友恭, 嚴敬, 和順)은 예.위.법의 육사六事를 매개로 하여 성립된다고 본다. 이원구는 다음과 같이 말한다.

---

30 이선경. 2003. 「이원구의 역학체계」. 성균관대학교 박사학위논문. 성균관대학교. 78쪽.

31 『心性綠』. 「第一. 上部」. 父有父禮而行其分, 明其分則子化, 子有子禮, 而行其分, 明其分則父禮, 禮威法, 於父於子, 其效若是, 則其餘五上五下之禮威法, 推此可知也,

> 부모가 六事로서 베풀어 시행하고 자식이 그것을 이어 받는 것을 慈, 孝라 한다. 스승이 六事로서 강의하고 학생이 듣는 것을 嚴 委라 한다. 임금이 六事로서 바로잡고 신하가 이를 펼치는 것을 仁, 忠이라 한다. 형이 六事로서 아우에게 보이면 아우가 본다는 것이 友, 恭임을 알 수 있다. 賓이 六事를 들어 主에게 전하면 主가 그것을 본받는 것이 嚴 敬임을 알 수 있다. 남편이 육사를 들어 아내와 함께 하면 아내가 그것을 본받는 것이 和와 順임을 알 수 있다.[32]

이원구는 자식은 부모에게 효도하고, 부모는 자식을 사랑해야 하지만, 구체적으로 자식을 사랑하고 부모에게 효를 실천하는 방법은 육사에 근거해서 실천해야 비로소 올바른 사랑의 표현이요, 효의 실천이 될 수 있다. 이와 같이 구도의 인륜은 육사의 산업에 의해 조절되어야 한다고 본다.

이원구는 또한 산업의 관점에서 인륜을 논하고 있다. 인륜과 산업의 관계에서 인륜이 강綱이며 산업이 목目이지만, 산업은 인륜의 강에 따라서 이행되어져야 한다. 전술한 바와 같이 실학은 이용후생만을 강조하는 것과는 달리 이원구의 실업 개념은 인륜에서 사심師心과의 관련성에서 논의되어져야 한다. 이러한 그의 입장은 실제로 주역의 일반적인 원리이다. 곤도는 반드시 건도를 계승해 완성하는 의미

32 『心性綠』. 「第二. 中部」. 父以六事施之而子承之, 是謂慈孝, 師以六事講之而生廳之, 是謂嚴威, 君以六事正之而臣宣之. 是謂仁忠. 兄擧六事示弟而弟爻之, 友恭可知, 賓擧六事傳主而主效之, 嚴敬可知. 夫擧六事共妻而妻效之, 和順可知.

를 지닌다. 그래서 건도가 있지 않다면 그 건도는 또한 존재 자체가 불가능하게 된다.

> 군자가 中德(黃)이 가운데 있어 이치에 통하고, 바른 자리에서 하체에 거하니 아름다움이 그 가운데 있어 四肢에 暢達하고 事業으로 피어나니 아름다움의 극치이다.[33]

건도가 생이라면 곤도는 성으로서 건도를 내재화 하여 현실에서 완성하는 역할을 한다. 그래서 곤도가 완성해야 하지만, 반드시 천도의 명령에 의거해서 가능하게 된다. 그래서 이원구는 산업에서 물질적 가치를 중시하면서 그 방향을 이끌 수 있는 요소로서 예.위.법의 교육과 양민을 중시한다. 예.위.법을 한마디로 하면 예禮로 집약된다. 예禮로 인하여 육사六事는 구도九道의 자연에 대해 교양이 되며, 질에 대한 문이 된다. 그러나 이원구는 산업에서의 문질은 반드시 구도의 사도의 조절을 받아야 한다고 본다. 문과 질의 평형을 요구하기는 하지만 실제 상황에서는 질에 치우치기도 하고 때로는 문에 치우치기도 한다. 이원구철학에서 선악의 판단은 문과 질을 통합적으로 인식하는가의 여부에 있다. 양자 중에 어느 하나로 보아 어느 한편으로 치우치지 않도록 균형을 잡는 것이 선이며, 악이란 천지지도를 갈라서 지엽적인 데로 흐르는 것을 말한다.[34] 문질의 통합이 선악을 판별하는 기준일 뿐 아니라 개인의 삶과 사회의 조화를 실현할 수 있다고 본다. 이원구는 다음과 같이 말한다.

---

33 『周易』. 「坤卦」. 君子黃中通理, 止位居體, 美在其中, 而暢於四肢, 發於事業, 美之至也

34 이선경. 위의 논문. 119쪽

마음은 문질과 의혈의 원이 된다.[35]

師道는 구도에 있어서 삼원의 중이요, 육사에 있어서 관을 하나로 묶는 것이다.[36]

이와 같이 산업육사는 구도의 마음에 속하는 사도師道에 의해서 통제되어야 한다고 본다. 그래서 심사心師는 구도에서의 혈血과 의義, 육사에서의 문文과 질質 중에서 어느 하나에 치우친 것을 조절할 수 있게 할 뿐만 아니라 구도와 육사가 통합하게 할 수 있는 실질적 주체가 된다.

위에서 논한 바와 같이 이원구는 산업을 인륜사회를 실현하기 위한 방법으로 논하고 있다. 이러한 산업이 정립되어 있지 않다면, 인륜을 바로 잡을 수 없다고 본다. 그는 인륜의 실현은 바로 바로 물질적 토대와 교육, 법에 의해서 실현되어질 수 있다고 본다. 그러나 실학과 같이 단순한 물질적인 부만을 위한 것이 아니라 반드시 인륜에 의해서 실현되어져야 하는 것으로 본다. 그래서 산업은 반드시 인륜사회를 실현하기 위한 목적으로 실현되어져야 한다고 본다.

35 『心性綠』. 「第一. 上部」. 法出於威, 威出於禮, 禮者, 分文之首, 土出於敎, 敎出於眷, 眷者生質之首, 義出於血, 血出於心, 心者文質義血之元

36 『心性錄』. 「第一. 上部」.

6. 이원구의 경영철학에서 '경영'의 의미

이원구의 성리학을 경영의 관점에서 논의해 보았다. 이원구는 산업(경영)은 인륜과 결합되어진 것으로 해석하고 있다. 그래서 그의 사상체계를 경영철학이라 부를 수 있다. 이원구는 인륜은 산업을 가능하게 하는 원인이며, 산업은 인륜에 의한 결과로 이해한다. 그래서 인륜과 산업은 결코 분리될 수 없는 관계로 이해한다. 이원구는 인륜과 산업의 근거를 『서경』의 요임금의 오전五典과 주관周官 육장六掌에 찾고 있으며, 이 양자가 분리될 수 없는 관계임을 천도와 인간본성에 근거해서 논의하였다. 그래서 그는 인륜과 산업의 융합은 자연의 이치이며, 인간본성에 부합됨을 논의하였다

이원구의 경영은 서구의 근대경영이 단지 도구적 이성에 근거하면서 인간을 도구화, 수단화하는 것과는 달리, 사회구성원의 질서와 조화의 이념을 경영과 함께 고려하고 있다. 그래서 이원구의 경영은 유가의 인륜(五倫) 등을 통해서 운영되어야 하고, 유가의 인륜 또한 경영행위를 통해서 실현되기도 하지만 또한 경영행위의 행위 지침이 되기도 한다. 그리고 경영행위 또한 인류의 조정을 받아서 운영되기도 하지만 또한 인륜을 현실에서 실현가능하게 한다. 이원구는 인륜과 산업을 천도와 지도, 음양으로 해석하면서 인륜과 산업은 결코 드러난다. 그래서 유학에서의 경영은 서구와 같은 여타분과 학문과 분리되어진 형태가 아니라 도덕, 철학에 근거한 인간행위이라 한다. 이러한 유가의 경영은 도구적 이성에 근거한 현대경영의 한계를 극복할 수 있는 대안이 될 수도 있다.

한국유학과 사회과학의 대화

혜강의 대동론과 소통론 그리고 교육생태학

| 김태오

혜강의 대동론과 소통론 그리고 교육생태학

—

김태오

Ⅰ. 들어가는 말

"녹색 성장"이란 구호가 이목을 끌었다. 우리나라 경제와 산업이 나아가야 할 새로운 방향으로 정부에서 제시한 말이다. 여기서 '녹색'이란 '생태적' 또는 '친환경적'이란 의미와 다르지 않다. 새로운 구호에 호감과 희망을 갖는 사람도 있는가 하면, '녹색 세탁'에 불과하다고 저의를 비판하는 사람도 있다. 우리 사회의 발전을 지향한 구호가 진정성, 이해, 합의 그리고 실천의지가 뒷받침되지 않는다면, 구호 따로 현실 따로 분리되어 곧 역사 속으로 사라질 것이다. 그러나 한 때 등장한 "신한국인"이나 "신지식인"이란 정치적 구호가 그랬던 것과 달리, 우리가 더불어 사는 이 땅에 진정한 녹색 성장이 충분히 이루어지기 바란다.

그런데 참다운 의미에서 녹색 성장은 경제와 산업뿐만 아니라 우리 교육에서도 절실히 요청된다. 삶과 성장과 교육을 동일시하는 듀이의 논리대로 말하면[01], 녹색의 성장은 녹색의 삶이자 녹색의 교육

01 "성장은 삶의 특징이므로 교육은 성장과 완전히 동일하다. 교육은 그 자체 이외의 다른 목

이다. 생경한 말로 들리는 녹색교육이 못마땅하면 생태교육이라고 해도 좋을 것이다. 생태교육이란 좋은 교육을 가리키는 말 가운데 하나이다(김태오. 2008: 264). 좋은 교육을 나타내는 용어 가운데는 전인교육, 인성교육, 인격교육, 열린교육, 참교육, 새교육, 민주교육, 평화교육, 자유교육, 평생교육, 교양교육, 생태교육 등이 있다. 이들은 서로 강조점에 차이가 있지만, 대략 잘못된 교육에 대한 처방으로 역설되었다. 그 가운데 생태교육은 인간중심교육을 넘어선다는 점에서 범주적으로 가장 넓은 의미의 교육으로 간주된다.

필자는 생태교육에서 '생태'라는 말을 동양적 의미로 사용한다. 전통적으로 사용해온 '생태生態'라는 단어에는 생기生氣나 생동감生動感, 생명生命과 같은 긍정적인 가치를 담고 있다. 동양적 전통에서 생태란 환경이 아니라 생동적인 삶 자체에 밀접하게 관련된다.[02] 『한어대사전漢語大詞典』에서 보면(이도원. 2004: 5), '생태生態'란 ①아름다운 모

적이 없다. 학교 교육의 가치를 판단하는 기준은 그것이 계속적 성장에의 열의를 얼마나 일으키는가, 그리고 그 열의를 실천에 옮기는 수단을 얼마나 제공하는가에 달려 있다."(듀이. 1987: 87)

02 '생태학(ecology)'는 서양에서 생물학의 한 분야로서 출발하였다. 그것은 어원적으로 '집'(eco=household: 환경, 자연)에 대한 학문(logos)이다. 집에 대한 학문으로서 생태학은 그 안에 사는 생물보다 바깥 환경에 더 주목하게 된다. 생태학이란 말은 1866년 독일 생물학자이자 철학자인 헤켈(Ernst Haeckel)이 그의 저서 『유기체의 일반형태론』에서 처음 사용했다. 그는 생태학을 '자연이라는 가정家庭을 연구하는 학문', 또는 '유기체가 그것을 둘러싼 외부 세계와 맺고 있는 관계를 연구하는 종합학문'으로 정의했다. 헤켈은 독일에서 다윈의 진화론(Darwinism)을 소개하고 전파하는 데 앞장 선 인물이다. 자연을 하나의 집(공동체)으로 파악한 다윈의 관점은 생태학적 인식에 초보적인 상태지만 생태학적 인식이다. 헤켈은 신과 세계는 동일하다는 일원론의 전통 위에서, 자연종교를 제창하기도 했다. 작은 자연 현상 속에도 신의 놀라운 작업의 결과가 들어 있으므로 하찮은 돌멩이 하나, 눈에 띄지 않는 사물 하나에도 깊은 존경을 표해야 한다고 생각했다. 그 자신의 교회는 다른 곳이 아니라 '이 멋진 자연 자체'라는 그의 말은 생태학적 인식을 포함하고 있다(김용민. 2003: 31). 현재 서구에서 주류인 생태학의 흐름은 급진적 생태철학, 인류중심적 환경개량주의, 환경윤리론 세 부류이며, 급진적 생태철학은 다시 심층생태학, 생태여성주의, 생태사회학으로 분류된다(예철혜. 2006: 154).

습을 드러냄, ②생동적인 모습, ③생물의 생리 특성과 어우러진 생활 모습이라는 세 가지 뜻이 있다. 그리고 박희병(2003b: 15-36)의 연구에 따르면, 우리 동양사상과 선조들의 삶 가운데는 생태적 지혜가 풍부했다. 한국 전통 사회의 사상가들로부터 확인되는 생태적 관점은 세 가지로 요약된다. ①만물은 근원적으로 평등하다고 생각한다.[03] ②물物의 관점에서 인간과 문명을 반성적으로 사유한다.[04] ③자연의 도와 인간의 삶을 통일하고자 한다.[05]

이 논문에서는 이러한 생태적 지혜를 한국의 사상가 가운데서 학문적 독창성이 뛰어난 실학자 혜강(최한기: 1803-1877)의 기학사상에서 찾아보고자 하며, 이어서 그 교육적 함의를 이끌어 볼 것이다. 혜강의 기학사상에서 필자가 주목하는 생태적 토대는 그의 대동론과 소통론이다. 그의 대동론은 인간과 사물까지 넓게 사랑하는 것이 참된 사랑의 길이며 나와 남의 평화로움이 정상적 관계임을 천인운화기의 논리로 그 근거를 제시하고 있다. 그의 소통론은 소통의 범주로써 형질통과 추측통을, 소통의 단계로써 범위통, 점진통, 증험통을 제시하고 소통의 원활화를 위해서 객관세계를 중시하고 편협한 주관을 버리는 자기반성을 역설했다. 또한 두루 통하는 주통을 위해 변통의 유연성과 한계를 제시하였다.

---

03 홍대용(湛軒: 1731-1783)은 『의산문답醫山問答』에서 "천지간 생물 가운데 오직 인간만이 귀하다"는 인간본위적 관점을 타파하였다. 그는 "하늘의 입장에서 보면 인간과 물은 균등하다"는 이른바 '인물균人物均'의 경지를 보여주었다.

04 박지원(燕巖: 1737-1805)은 「호질虎叱」에서 호랑이 입을 빌려서 위선적인 유자儒者를 풍자하였고, 자연에 대해 잔인하고 약탈적인 인간과 문명에 대한 깊은 성찰을 제기한 바 있다.

05 김시습(梅月堂: 1435-1493)은 자연의 도(理法)인 '생생지리生生之理'를 사회와 정치에 적용했다. 그래서 임금은 '호생지덕好生之德' 다시 말해 생태적 마음을 갖추어야 한다고 주장한 것이다. '생생지리'란 만물을 낳고 살리는 이치라는 말이고, '호생지덕'이란 모든 생명을 사랑하는 덕성이란 뜻이다.

Ⅱ. 대동의 생태학

대동의 이념: '대동大同'이라는 말은 소통과 함께 혜강의 사상의 키워드이다[06]. 논자는 생태적 관점에서 혜강의 대동사상을 세 가지 특

---

06 이 용어는 유교 경전 『예기禮記』의 「예운禮運」에 처음 나온다. 공자孔子가 그 당시 불안정한 노魯 나라를 걱정하면서 대동大同의 이상을 제시했다. 대동과 대비시켜 소강小康에 관해서도 언급한 바 있다.[1] '소강'이란 사유私有와 이기利己에 의해 지배되기 때문에 인위적인 예의와 제도가 필요한 세상이다. 이와 달리 대동은 대도大道가 행해지는 세상 다시 말해서 천하를 공공의 것으로 생각함으로써 모두가 평화롭고 행복한 이상 사회를 가리킨다. 다음은 관련 내용의 전문이다.

〈 옛날에 공자孔子가 노魯 나라에서 만물의 신에 올리는 제사蜡祭의 의례를 도왔는데, 일을 마치고, 성문 위에 세운 건물觀로 나와 탄식하였다. 공자는 노나라에 대해 걱정한 것이다. 제자 언언言偃(子游)이 곁에서 여쭈었다. "스승님께서는 무엇을 탄식하십니까?" 공자가 말했다. "대도大道가 행해진 일과 삼대三代(夏·殷·周 왕조)의 어진 인물들을 내가 직접 보지 못했으나 그에 관한 기록은 남아 있지. 대도가 행해지자 천하를 공공公共의 것으로 생각하여 어질고 유능한 자들을 뽑았으며, 성신誠信을 익히고 화목和睦함을 닦았지. 그러므로 사람들은 자기 어버이만을 어버이로 섬기는 일이 없었고, 자기 자식만을 자식으로 여기지 않았다네. 늙은이로 하여금 그 생을 편안히 마칠 수 있게 하였고, 젊은이로 하여금 그 쓰일 곳이 있게 하였지. 어린이로 하여금 의지하여 성장하는 곳이 있게 하고, 홀로 된 할아버지나 할머니, 부모 없는 어린이, 늙고 자식 없는 사람, 몸이 성치 못한 사람들로 하여금 모두 부양받을 수 있게 했다네. 남자는 직분이 있고 여자는 시집가서 살 곳이 있었지. 재화가 땅에 버려지는 것을 미워하긴 해도 꼭 사사로이 감춰 두지는 않았으며, 힘쓰지 않는 것을 미워하긴 해도 꼭 자기만을 위해 힘쓰지는 않았네. 그러므로 간사한 꾀를 부리는 자가 없었고, 도둑이나 세상을 어지럽히는 무리가 생기지 않았지, 이 때문에 바깥 대문을 닫는 일이 없었다네. 이런 세상을 일러 대동大同이라 한다네. 지금은 대도大道가 사라져 천하를 사사로운 집으로 생각하므로 각자 자기 어버이만을 친애하며, 각자 자기 자식만을 자식으로 여기고, 재화의 힘은 자기만을 위해 쓰지, 천자와 제후는 세습하는 일을 예禮로 여기며, 성곽과 해자垓字를 견고하게 만든다네. 예의로써 기강을 삼아, 임금과 신하의 분수를 바로잡고, 부자父子 사이를 돈독하게 하며, 형제를 화목하게 하고, 부부 사이를 화합하게 한다네. 또 제도를 두어 밭과 고을을 정하고, 용기와 꾀를 훌륭하다고 여기며, 공功을 자기의 것으로 삼는다네. 그러므로 계략이 이 때문에 나타나고, 전쟁이 이로 말미암아 일어난다네. 우임금, 탕임금, 문왕, 무왕, 성왕, 주공은 이런 까닭에 빼어난 것일세. 이 여섯 군자는 모두 삼가 예禮를 받들었네. 그리하여 의義를 드러내고, 신信을 이루며, 과실을 밝히고, 인仁을 본받으며, 겸양을 익혀 백성들에게 상도常道가 있음을 보여주었네. 만일 이에 따르지 않는 자가 있으면 권세가 있는 자라도 내쫓으므로, 백성들이 재앙으로 여겼네. 이런 세상을 소강小康이라 한다네. 〉

징으로 파악한다. 첫째로 대동은 큰 사랑이다. 둘째, 대동은 운화승순이다. 셋째로 대동은 평화이다.

(1) **큰 사랑:** 혜강은 세상 사람을 하나로 보는 큰 사랑의 길을 밝히고자 했다. 그는 모든 사람을 차등 없이 사랑할 때 인도人道가 이루어진다고 믿었다.

> 그 백성을 편안하게 함이 천하의 대동이다. 천하의 대동을 배움의 대상으로 삼는다면, 동서남북의 나라가 그 마땅함을 얻고 남녀노소의 행동이 모두 훌륭하게 될 것이다.07

『예기』「예운편」에서 공자가 말하기를, 대동 사회에서 사람들은 시리사욕을 벗어나 박애를 실천했다. 자기 어버이만을 친애하지 않고 자기 자식만을 자식으로 여기지 않는다. 모든 어버이를 어버이로 섬기며, 세상의 모든 자식들을 자식으로 여긴다. 늙은이는 생을 편안히 마치고, 젊은이는 쓰일 곳이 있고, 어린이는 성장할 곳이 있고, 홀로 된 할아버지나 할머니, 부모 없는 어린이, 늙고 자식 없는 사람, 몸이 성치 못한 사람들 모두가 부양받을 수 있는 사회이다. 공자가 이렇게 소외된 사람 하나 없이 모두가 행복한 사랑의 사회의 실현을 꿈꾸었듯이, 혜강 또한 모든 백성이 사랑의 인도人道를 실천하는 대동 세상을 추구했다.

---

07 『기학』, 1-73.

> 사람이 그 무리를 사랑愛하는 데는 대소大小와 광협廣狹이 있다. 천하 인민을 하나로 보는 것(一統)이 가장 넓고 큰 사랑이고, 타국의 사람을 비천하게 여기고 자기 나라 백성들만 사랑하는 것이 그 다음이다. 더 나아가 한 마을 한 집안의 사랑에도 모두 등급이 있다. … 두 사람이 사랑하여 피차 마음을 다할 때, 여러 사람에 대한 사랑을 거두어 모아 한 사람에게 쏟고, 그 사람 또한 여러 사람에 대한 사랑을 거두어 그 한 사람에게 쏟는데, 이것은 사랑이 아니고 미혹이다. 사랑이란 인仁을 베푸는 것이다. 천하 사람을 하나로 볼 때 인도人道가 이루어진다. … 사람과 사물을 넓게 사랑하는 것(博愛人物)이 참다운 사랑(眞是愛)이다. 사람의 식견에는 대소大小가 있어 사랑하는 마음도 그로 말미암아 광협廣狹이 생긴다. 그러나 일신운화一身運化의 변천에 따라 작은 사랑小愛이 큰 사랑大愛이 되고 좁은 사랑狹愛이 넓은 사랑博愛이 될 수 있다.[08]

여기서 혜강은 인도란 다름이 아니라 사랑이며, 그 사랑에 협소한 사랑과 광대한 사랑의 수준 차이가 있음을 적시했다. 그 등급에 있어, 가장 넓고 큰 사랑은 모든 인간을 하나로 보고 인仁을 베푸는 일이다. 여러 사람을 사랑하지 않고 사랑을 오직 두 사람 사이에 일로 좁히는 것은 사랑이 아니고 미혹에 불과하다고 단정했다. 그리고

08 『인정』, 권25. 愛有大小.

운화공부를 통해서 식견이 넓힌다면 작고 좁은 사랑을 크고 넓은 사랑으로 향상시킬 수 있다고 밝혔다.

그런데 우리가 자기중심을 넘어 다른 사람이나 사물을 사랑하는 일이 어떻게 가능한가? 혜강은 그것이 가능한 근거로 '인정의 대동'이라는 보편성을 상정한다(이종란, 2008: 122). 인정의 대동이란 우리가 해로움을 피하고 이익을 쫓기 마련인데, 이렇게 자기 이익을 쫓는 마음을 토대로 이익의 대동(利之大同) 즉 인의仁義의 이익利益으로 나갈 수 있다. 인간에게 이러한 보편성이 있기 때문에 타인의 마음을 헤아려 사회적 이익으로 나아가는데 별 문제가 없다. 여기서 혜강은 윤리적 근거로서 인간 감정을 긍정하고, 대동의 이로움이야말로 진정한 이로움이고 그 실현이 가능함을 주장하고 있다.

> 대개 해로움을 피하고 이로움을 쫓는 것은 인정에 다 같은 것이다. 자기의 이로움을 쫓는 마음을 가지고 대동大同의 이로움을 취하는 데로 나아가면 인의仁義의 이로움으로 나아갈 수 있으므로 도리어 사소한 이로움이나 해로움이 되는 이로움을 버릴 수 있다. … 그러므로 이로움을 쫓는 높은 경지로 진취하지 않는 것을 걱정할 것이지, 사람들이 이로움을 쫓는 것을 걱정할 것은 없다.09

생태학적 견지에서 볼 때, 각별히 주목할 언급이 위의 인용문에 보인다. "사람과 사물을 넓게 사랑하는 것이 참다운 사랑이다." 혜강

09 『추측록』, 권5, 추기측인: 義利.

은 사람뿐만 아니라 사람사랑을 넘어 사물까지도 사랑하는 사랑의 길을 제시한 것이다. 사물에 대한 넓은 사랑을 말하는 혜강의 사유는 생태학적으로 소중한 관점이다.

(2) **운화승순**: 혜강은 나와 남, 사람과 자연 사이에 차이보다는 같은 것(대동)이 근본으로서 중요하다고 믿는다. 그는 서로 다른 것에서도 같은 것을 찾고 그 본원이 하나임을 깨달아야 함을 주장한다. 개별적 특수성을 경시하거나 간과하지는 않았지만, 혜강은 서로 다른 특수성이나 개별성보다는 하나로 같은 보편성을 귀하게 여긴다.

> 만 가지 특수성(萬殊)에서 하나의 근본을 얻으면 그 근본은 결함이 없다. 박문博文을 따라 약례約禮를 얻으면 그 예禮에 사사로움이 없다. 나와 남이 다른 것이 있고 사람과 사물이 또 다른 바가 있으니, 이것이 만물의 분수라 한다. 나와 남이 같은 것이 있고 사람과 사물이 또한 같은 것이 있으니, 이것을 대동大同의 본원이라 한다. 다른 점을 미루어 같은 바를 얻으면 그 본원이 둘이 아닌데, 혹 사람들이 내세우는바 본령이 이와 다른 것은 과연 극진하지 못함이 있는 것이 아니겠는가?[10]

나와 남, 사람과 사물의 본원이 되는 대동은 말 그대로 '크게 같음(大同)'이다. 크게 같음이란 결국 하나로 일치한다는 말이다. 대동

10 『기측체의』. 2-112.

은 소이小異 즉 '작게 다름'이란 말과 함께 흔히 '대동소이大同小異'로 표현된다. 대동소이에서 큰 것(大)은 같은 것(同) 즉 보편성이고, 작은 것(小)은 다른 것(異) 즉 특수성이다. 그렇다면 혜강에게 있어서 무엇이 보편성인 대동이고 무엇이 특수성인 소이인가?

> 모든 나라에서 소이小異는 풍토와 물산이고, 대동大同은 신기운화神氣運化이다. 여러 나라에 흩어져 사는 사람들은 그 조금씩 다른 것에 바탕을 두고 자세한 행위와 습속을 이루고, 그 대동大同을 승순承順하여 윤강倫綱과 정교政敎로 삼는다.[11]
>
> 남과 나는 비록 나뉘었으나, 자연히 같은 바(同)가 있는데, 천인운화기가 바로 그것이다. 이것을 들어 사무事務에 조처하면 남은 나와 같을 것이고, 나 또한 남과 더불어 같을 수 있을 것이다. 그것을 한 나라에 베풀면 한 나라의 사람이 더불어 같아질 수 있을 것이다. 그것을 천하에 베풀면 천하 사람이 가히 더불어 같을 수 있을 것이다. … 반드시 세상 사람들이 품부받아서 쓰는 천인운화기로써 한다면, 그 같은 것을 바로 얻을 것이다. 그것을 천하인에게 묻는다면 운화를 아는 자는 모두 같다 하겠지만, 운화를 알지 못하는 자는 그 같음을 모를 것이다. 그러나 천인운화기가 하는 바를 살펴보면 같지 아니함이 없는데, 이를 대동이라고 한다.[12]

11 『기학』. 1-73.
12 『기학』. 1-100.

여기서 혜강은 나라마다 다른 풍속과 산물은 차이(소이)를 넘어 대동의 풍속으로 나아가고, 받들어 따라며 윤리와 교육의 근거로 삼아야 할 대동한 운화가 엄연히 존재함을 밝혔다. 그는 이를 '신기운화' 또는 '천인운화기'라로 규정했다. 그렇다면 운화와 신기란 무엇인가? 신기神氣는 기氣의 다른 명칭이다. '신기'에서 '신神'의 뜻은 종교적 의미의 신神과 전혀 무관하다. 기氣의 명明은 영靈이고, 능能은 신神이며, 조리條理는 리理이다(『기학』 권1-2). '신기神氣'라는 말에서 '신神'이란 형용사이다. 그것은 운화(운동하고 변화)하는 기의 놀랍고도 형언하기 어려운 작용을 나타내는 평가적 의미이다. 따라서 그 핵심은 기氣에 있다. 세상에는 하늘과 땅, 식물과 동물, 그리고 사람에 이르기까지 다양한 개별적 존재들과 현상들이 존재한다. 하지만 혜강은 세계의 보편적인 구성원리를 설정했고 상이한 개체들 사이에 근원적인 통일성이 있다고 믿었는데, 이 통일성이 바로 기이다. 이러한 그의 입장은 유기론唯氣論 또는 기일원론氣一元論이다.[13]

그리고 운화는 운화란 기氣의 본성인 활活·동動·운運·화化 넉자를 두자로 줄인 말이다(『인정』 교인문 사성삼등). 혜강은 다양한 맥락 가운데 활동운화의 의미와 중요성을 밝히고 있다. 활동운화 네 글자를 각각 개념상 분리할 수 없기에 전체적으로 파악해야 한다.[14] 운화는 기의 자연적 질서이자 인간의 수양과 실천의 기준이기도 하다. 혜강은 활동운화를 체용體用의 관점에서 파악한다. 운화의 체體는

---

13 주기론主氣論이 아니다. "이 우주에는 오직 기氣만 있을 뿐이며, 다른 완비된 존재란 없다." (『기학』 서문).

14 활活 가운데 동動, 운運, 화化가 있고, 동動 가운데 활, 운, 화가 있고, 운運 가운데 활, 동, 화가 있고, 화化 가운데 활, 동, 운이 있다(『기학』. 2-13). 이를 본체론, 인식론, 실천론의 범주로 나누어 정리하면 다음과 같다(김태오. 2008a: 98).

자연自然을, 운화의 용用은 당연當然을 가리킨다. 체의 자연은 필연적 질서를, 용의 당연은 인간의 사회적 도덕적 규범을 뜻한다(서욱수. 2005: 119). 다음의 글에서 운화의 큼과 작음은 각각 체(자연)와 용(당연)에 해당한다.

혜강이 운화에 관련하여 사용한 용어는 매우 다채롭다.[15] 비록 다양한 용어로 표현되고 있지만, 그는 신기의 활동운화를 대체로 세 가지 수준 즉 개인, 사회, 자연의 범주로 나누었다. 다시 말해서 운화란 자연의 영역인 '대기운화', 정치와 교육 등 사회의 영역인 '통민운화', 그리고 개인의 삶의 영역인 '일신운화'를 포함한다. 세 가지 운화는 서로 유기적 관계이다.

> 일신一身운화는 통민운화에 어긋나서 안 되고, 통민統民운화는 천지운화에 어긋나서 안 된다. …… 일신운화가 통민운화를 승순承順하고 통민운화가 천지天地운화를 승순함이 올바른 도리이다.[16]

혜강은 세 가지 운화(일신운화, 통민운화, 천지운화)가 일치된 운

---

15 ① 천지天地운화: 대기大氣운화, 일기一氣운화, 전지기天地氣운화, 선인天人운화, 우주宇宙운회, 천기天氣운화, 지기地氣운화 등. ② 통민統民운화: 통중統衆운화, 통솔統率운화, 만민萬民운화, 인민人民운화, 서민庶民운화, 가정家政운화, 정교政敎운화, 정사政事운화, 교학敎學운화, 인도人道운화, 인기人己운화, 교접交接운화, 인물기人物氣운화, 사물事物운화, 기용器用운화 등. ③ 일신一身운화: 신기神氣운화, 인기人氣운화, 인신人身운화, 신身운화, 신기身氣운화, 심기心氣운화, 자기自己운화, 타인他人운화 등. ④ 기타: 일통一統운화, 승순承順운화, 통달通達운화, 활동活動운화, 학문學問운화, 농업農業운화, 윤기倫氣운화, 귀천貴賤운화, 부귀富貴운화, 시속時俗운화, 사시四時운화, 기왕旣往운화, 반근方今운하, 당금當今유화, 상등上等운화, 하등下等운화, 삼기三氣운화, 삼등三等운화, 사등四等운화, 만기萬機운화 등(김태오. 2007b: 5).

16 『인정』 316. 人心道理.

화를 대동운화 또는 천인운화라 불렀다. 천인운화는 자연과 인간이 잘 소통되어 조화된 경우를 말한다(『기학』 1권41). 여러 가지 운화들은 인기운화人氣運化(人道)가 천기운화天氣運化(天道)에 승순하는 일통一統의 범위 안에 있다. 여기서 운화의 승순承順이란 인도의 천도에 대한 조화롭고 올바른 합일을 가리킨다(서욱수. 2005: 165). 그것은 혜강의 언어로 유행지리(진리, 사실, 과학, 자연에 관련된 측면)에 의한 추측지리(관념, 가치, 윤리, 인간에 관련된 측면)의 검증이다(이종란. 2008: 297). 우리의 주관적 윤리는 과학적 세계에 부합했을 때 참된 선이고 의미가 있다는 뜻이다.

생태학적으로 혜강의 대동운화와 운화승순의 논리는 현대의 생태위기에 있어 설득력이 있다(이종란. 2008: 295). 그의 논리에는 자연은 완전하므로 자연을 따르는 것이 좋다는 형이상학적 관점이 전제되어 있다. 그리고 자연은 만물에 유리하게 존재한다고 보는 믿음이 있다. 자연을 이용하고 조작하는 데서 벗어나 과학과 윤리, 정신과 물질, 자연적인 것과 인위적인 것의 균형을 취할 수 있다. 이런 견지에서 혜강의 자연관은 근대서구적 자연관의 폐단을 극복하는 단서가 될 수 있다.

(3) 평화지향: 혜강은 기氣의 본질적 속성을 평화로 보았다. "활동운화活動運化하는 기氣는 물物과 나我를 평화롭게 한다."[17] 평화로움이야말로 나와 남이나 사람과 사물의 정상적인 관계이다. 동일한 운화기 아래 있는 세계 각국이 평화로운 관계를 유지해야 함은 당위만이

17 『기학』. 권2.

아니라 자연에 부합하는 일이다(박희병. 2003: 95). 혜강은 기학에 대한 이해가 더욱 밝혀지면 세계가 대동大同으로 향하게 되리라 굳게 믿었다.

혜강의 사상은 서양을 모방하지도 않았고 동도서기도 아니다. 그는 동도東道의 입장에서 서양을 깔보거나 서기西器의 입장에서 동양을 무시하지 않았다. 동서양의 도道와 기器를 서로 참조하고 취사선택하여 재구성한 섬에서 혜강은 동서도기취사론자東西道器取捨論者였다(같은 책. 152). 이러한 그의 사상에서 특별히 주목되는 바는 평화지향이다. 그는 약육강식의 서구 근대화와 다른 약강공생의 '평화주의자'였다. 혜강이 살았던 19세기는 열강이 통상을 명분으로 삼아 군함과 대포를 동원하고 식민지를 건설하던 약육강식의 시기였다. 우리나라도 일본에 의해 강제로 개항을 하고 이를 계기로 열강들에 휘둘리다가 결국 국권을 상실하게 된다. 혼란과 격변의 시기에 살면서도 혜강은 지배와 복종이 아닌 평화와 대동의 세계 건설을 꿈꾸었다. 혜강의 세계평화적 대동사상은 인류미래에 대한 밝은 전망이며 조화로운 세계상이다.[18]

그러나 혜강 사상은 두 가지 측면에서 약점이 보인다. 첫째로 역사와 현실에 대한 지나친 낙관주의이다. 그는 현실주의적 면모의 부족하고 세계성세를 분석하는 차원에서 현실감을 모자란다(같은 책. 60). 식민주의 내지 제국주의저 침략이라는 세계사의 본질을 놓치고 있다. 둘째로 조선의 주체성에 대한 반성적 숙고과정이 없는 세계주

18 공자가 말한 대동은 절도와 전쟁이 없는 평화로운 사회이다. 대동 사회에서는 간사한 꾀를 부리는 자가 없어지고, 도둑이나 세상을 어지럽히는 무리가 생기지 않아 바깥 대문을 닫거나 성곽을 견고하게 만들 필요가 없다. 예의로서 기강을 세우거나 제도로 통제하지 않아도 되는 좋은 사회이다.

의이다. 동서에서 동은 중국에 다름없으므로, 동서는 곧 중서이다. 조공을 당연시함은 종속적 관계를 승인한 것이다. 전통적 조중관계의 청산을 통한 조선의 자주성 이론은 정립하지 못했다(같은 책. 63).

그럼에도 불구하고 혜강이 제기한 세계평화주의는 19세기 중엽 조선에서 가장 선진적인 사상이었고, 지금에 와서도 경청할 만한 주장이 적지 않다. 혜강의 세계주의 사상은 다음과 같은 내용을 갖는다(같은 책. 56-8). 여기에는 (1)사해동포, (2)만국 평등 및 풍속과 문물의 차이 인정, (3)국제무역의 전면적 긍정, (4)세계적 안목 중시, (5)세계일통학문으로서 기학의 수립과 제창 등이 포함된다. 대동이라는 호혜적이고 평등한 관계를 토대로 한 혜강의 세계주의적 근대상은 역사적 근대상과 다른 것이고 실현된 적이 없다는 점에서 새로운 근대상이다.

Ⅲ. 소통의 생태학

소통의 길: 혜강사상의 또 다른 키워드는 소통이다. 생태학적 견지에서 혜강 소통론은 세 가지 특징이 있다. 첫째, 소통이란 인간과 만물 사이에 신기가 통한 것이다. 둘째, 소통을 원활하게 하기 위해 자기중심성을 벗어나야 한다. 셋째, 소통을 위해 변통의 유연성이 요청된다.

(1) 신기의 통달: 혜강의 대표적 저서 가운데 하나가 『신기통』인데서 알 수 있듯이, 그에게 있어 통通이란 신기의 소통이다. "나의 신기가 상대의 신기에 통通하고, 상대의 신기가 나의 신기에 도달(達)하는 것이다."[19] 이른바 통이라는 것은 기의 대략을 통하는 것을 가리다. 통한다는 것은 정력을 다해서 철저하게 궁구해서 그것을 통달하는 것이다. 통할 수 있는 것이라는 사실을 알고 통하는 것이나, 통할 수 없는 것임을 알고 통하지 않는 것이나 모두 통이다.[20] 신기의 통달은 넓은 의미에서 인식에 해당되는 개념이다(김용헌. 2002: 40). 신기는 천지의 신기와 형체의 신기를 포함한다. 전자는 우주에 함유되어 있는 신기이고 후자는 사람의 신체에 저장되어 있는 신기이다. 인간이나 천지만물은 모두 신기를 지닌 기氣적 또는 기器적 존재라는 점에서 평등하다.[21] 인식에는 세 가지 필수 요소가 있다. 사람의 몸에 있는 신기와 감각기관과 몸 밖의 만물이 그것이다.

> 사람에게는 이미 통하게 하는 바의 신기가 있고, 또 통할 수 있는 제규가 있으며, 일신 밖에는 통하는 것을 증험하는 만물이 있어 각각 그 신기를 드러내고 있다.[22]

---

19 『신기통』. 권1: 可通.

20 『신기통』. 권1. 체통: 通有不同.

21 천하의 모든 사물들은 기氣와 질質이 서로 합하여 생긴 것이다. 처음에는 질이 기를 말미암아 생기고, 다음에는 기가 질을 말미암아 스스로 그 사물을 이루어 각각 제 기능을 드러낸다. … 기는 하나지만, 사람에 품부되면 자연히 사람의 신기가 되고, 물건에 품부되면 자연히 물건의 신기가 된다. 사람과 물건의 신기가 같지 않은 까닭은 질質에 있고 기氣에 있지 않다(신기통, 체통, 기질각이). 대동의 신기

22 『신기통』. 권1 체통: 通有源委.

다음에서 보듯이, 『신기통』 서문은 첫 문장부터 기계론적 세계관이 나타난다. 혜강은 이목구비 등 감각기관을 '신기神氣를 통하는 기계器械'라고 했다.

> 하늘이 낸 사람의 형체形體는 모든 수용須用을 갖추고 있는데, 이것이 신기를 통하는 기계器械(이목구비 등 신체기관)이다. … 제규諸竅(외부와 통하는 인체의 아홉 구멍)와 제촉諸觸(시각, 청각, 마각, 후각, 촉각 등 인체의 감각기능)으로 인정人情과 물리物理를 거두어 신기神氣에 습염習染하고 그것을 사용할 때에는 속에 쌓인 인정과 물리를 감각기관을 통해서 펼치는 것이 바로 하늘로부터 받은 본성과 형체의 바른 기능의 실현하는 길大道이다(『신기통』 서).

형질통: 소통을 위한 인식에는 두 단계가 있다. 그것은 경험과 추측이다. 소통의 첫 단계는 경험이다. 경험이 이루어지는 요소는 인식 주체인 신기神氣와 대상인 몸 밖의 사물(물리와 인정)과 감각기관(諸竅諸觸)이다.23 최초의 인식은 경험에서 시작된다. 지각은 경험에 의해 성립된다. 모든 경험은 신체의 감각기관을 매개로 이루어진다. 혜강은 감각기관과 수족의 중요성을 역설한다. 이들은 인간을 외부세계와 연결시키는 유일한 통로이며, 그것들이 없으면 올바른 인식이 불가능하다. 인간만이 아니라 이 세상의 모든 생물들은 각각 형

23 『신기통』, 권1, 「지각추측개자득」.

질形質을 갖추고 운화기와 소통하면서 살고 있다. 눈은 색에 통하고, 소리는 귀에 통하고, 맛과 냄새는 입과 코에 통한다. 이와 같은 소통을 가리켜 형질통形質通이하고 한다.[24] 소통을 위한 경험의 중요성에 비추어, 혜강은 『신기통』[25]에서 경험을 쌓는 통로인 우리의 몸(이목구비와 수족)에 의한 소통을 목통目通, 이통耳通, 비통鼻通, 구통口通, 생통生通, 수통手通, 족통足通 등의 즉 형질통으로 나누어 설명했다.

> 하늘이 낳은 인간의 몸에게는 쓰임이 두루 갖추어져 있는 바, 그것들은 신기神氣에 통하는 기계器械이다. 눈(目)은 색을 식별하기 이한 거울이요, 귀(耳)는 소리를 듣기 위한 관이고, 코(鼻)는 냄새를 맡기 위한 통이고, 입(口)은 내고 받아들임을 위한 문이며, 손(手)은 잡고 쥐기 위한 도구이고, 발(足)은 옮겨가기 위한 수레이다. 제규諸竅(외부와 통하는 인체의 아홉 구멍)와 제촉諸觸(시각, 청각, 미각, 후각, 촉각 등 인체의 감각 기능)으로 인정人情과 물리物理를 받아들여 신기神氣에 습염習染하고, 그것을 사용할 때에는 속에 쌓인 인정과 물리를 제규제촉을 통해서 시행하는 것이 바로 천형踐形(하늘로부터 받은 본성과 형제의 바른 기능의 실현)하는 대도大道이다.

여기서 우리는 경험주의자 혜강을 만나게 된다. 그는 경험에 토

24 『신기통』, 권1, 「通之所止及形質通推測通」.

25 혜강의 저서 『신기통神氣通』은 체통體通, 목통目通, 이통耳通, 비통鼻通, 구통口通, 생통生通, 족통足通, 촉통觸通, 주통周通, 변통變通이라는 열 가지 범주로 구성된다.

대를 두지 않은 선험적 인식을 부정했다. 성性 또는 심心이 곧 이理라고 간주하여 자기 안에 내재된 참된 선의 이념을 발견하고자 했던 성리학性理學과 심학心學의 내면적 철학을 벗어났다. 그리고 적극적으로 외부와 소통하고 관계를 맺는 능동적 주체로서의 신기가 전면에 나선다. 혜강은 인간이란 감각기관을 통해 외적인 경험대상(인정과 물리)을 받아들여 신기에 모아서 그것을 다시 감각기관을 통해서 행동하는 존재로 보았다.

경험은 감각적 인식에만 국한되지 않는다. 경험은 단순한 감각적 경험뿐만 아니라 합리적 사유과정을 포함하는 이론적 경험을 포함한다(이종란. 2008: 193). 어느 경우든 공통적으로 감각기관이 사용된다. 감각적 인식이라고 할 수 있는 형질통과 감각적 경험은 오류 가능성을 안고 있다. 단편적인 지각과 경험만으로는 이론적 지식을 얻을 수 없다. 동물도 지각을 하고 경험된 지각에서 추측을 할 수 있다.[26] 혜강은 자신의 경험뿐만 아니라 옛사람들이 얻은 경험도 소통에 도움이 됨을 지적한다.[27] 옛사람들의 경험은 서적이나 문물제도 등에 축적되어 후세사람들의 경험이 된다. 경험이란 독서나 사회활동을 통해 이루어지며 타인들의 사유 활동 결과를 포함한다. 사회적 지식의 축적이 개인들의 지식에 기여하고, 인식이 발전될 수 있다. 사회구성원들은 독서나 사회활동을 통해 전시대의 경험과 교환하고 계승함으로써 인식의 진보가 가능하다.

---

26 『추측록』. 권1. 제규통기

27 옛사람들이 고생해고 힘들여 통한 것을 내가 눈과 귀로 접하여 힘들이지 않고 즉시 통한다(『신기통』. 권1. 고금인경험부동」).196 옛날의 인정과 물리가 지금 세상의 인정과 물리의 경험이 된다(『신기통』. 권1. 「經驗難欺」)

추측통: 소통을 위한 인식에서 경험 단계 그 다음은 추측이다. 추측을 통한 소통에서는 형질통이 바탕이 된다. 추측통은 형질통에서 생긴다. 형질통은 기氣의 소통을 뜻하는 일상적 용법으로 존재론적 의미라면, 추측통은 현재의 경험적 단서를 근거로 서로 비교하여 우열과 득실에 통달하는 인식작용의 결과를 뜻한다.

> 그런데 이미 있는 형질통을 따라 분류하고 헤아리는 것이 있다. 그것은 이전에 보고 들어 열력한 것을 미루거나 바로 현재 있는 것을 근거로 이것을 가지고 저것을 비교하거나 저것을 가지고 이것을 비교하여 그들의 우열과 득실을 헤아려 통달하는 것이다. 이것이 추측통推測通인데, 사람마다 같지 않다.[28]

추측推測이란 추리와 판단을 포함하는 논리적 인식활동이다. 추追에는 반드시 '무엇 때문에'라는 원인(因)이 있어야 하며, 측測에는 반드시 '무엇으로써'라는 근거(以)가 있어야 한다. 원인과 근거가 없는 추측이란 믿을 수 없는 황당한 것이다(『추측록』. 권1. 「捨其不可」). 사실 그동안 혜강이 소통을 위해 역설하는 '추측'이란 명칭을 표방하지 않았지만, 그것은 옛날부터 보편적으로 사용되어온 인식활동이었음을 혜강은 다음과 같이 예를 들었다.

> 논어에서 충서忠恕는 추推이고 묵지默識는 측測이다. 대학에

28 『신기통』. 권1. 체통: 形質推測異通.

> 서 격물치지格物致知와 혈구絜矩는 추推와 측測을 다 아울러 말 한 것으로 그 뜻이 한 가지임을 알 수 있다(『추측록』. 권1. 추측제강. 「聖學及文字推測」).

자기를 미루어 남을 헤아린다(추기급인)의 의미로 파악되는 충서와 사물의 이치를 궁리하여 바른 인식에 도달한다(격물치지). 가운데 이미 추측활동이 있다는 지적이다. 추측이란 기본적으로 감각기관으로 지각한 경험내용을 미루어(推) 아직 듣거나 보지 못한 내용을 헤아림(測)으로써 지식을 확충하는 방법이다. 추측은 당연히 경험의 양과 질에 의존할 수 밖에 없다.

추측록에는 추기측리, 추정측성, 추동측정, 추기측인, 추물측사라는 항목이 있다. 이것은 경험할 수 있는 기氣, 정精, 동動, 기己, 물物에서 본질적인 리理, 성性, 정靜, 인人, 사事에 관한 지식으로 나아감이다. 추측은 가까운데서 먼 것으로, 얕은 것에서 깊은 것으로 지식과 소통의 확대심화를 과정이다. 추측은 인식이 발전하고 있음이다.

추측은 경험한 것을 내용으로 삼지만, 논리적으로 경험과 독립된 사유에 의한 인식활동이다. 지각된 감각자료가 추상적 원리로 전화하는 것은 인간의 추측에 의한 것/추측지통이 있기 때문이다(추측록 서). 추측은 일반적인 것에서 개별적인 것에 이르는 연역적 방법과 개별적인 것에서 일반적인 것에 이르는 귀납적 방법을 모두 포함한다.

> 하나를 미루어 만 가지를 헤아리는 것은 근원을 미루어 말단을 헤아리는 것이고, 만 가지를 미루어 하나를 헤아

리는 것은 말단을 이루어 근본을 헤아리는 것이다."[29]

그런데 추측단계의 인식은 경험이 확대 내지 이론적 가설에 불과하다. 인식주관 내에서는 인식의 보편성과 필연성을 유지할 수 없다. 추측지리는 유행지리에 부합되었을 때 올바른 인식이고 선이다.

(2) **탈자기중심성**: 소동을 원활하게 하기 위해서는 자기중심성을 벗어나고 객관세계를 중시해야 한다. 나의 주관을 가볍게 여기고, 대상의 사물을 주장하는 객관성이 깊어야 하늘과 사람(天人)에 통달할 수 있다. 혜강은 '나를 강조하는 병폐'(主我之病)를 경계했다(기학 2-10). 자기중심성은 나와 물物의 소통을 가로막는 장벽이 된다는 이유에서, 편협한 주관을 버려야 한다.

> 나를 주로 하는 것(主我)을 적게 하고, 물을 주로 하는 것(主物)을 많이 해야, 사람과 하늘이 통할 수 있고 잘못이 적다."[30]

나아가서 혜강은 다섯 가지 관찰방안을 제시하여 인식의 검증의 실효성과 객관성을 확보하고자 했다. 다섯 가지 방안이란 반관, 무아, 궁리, 증험, 미발이다. 여기서 혜강은 유가사상체계가 지닌 관념주의적 약점 극복하고자 서구적 철학적 방법론을 채택한다는 점에서 이러한 관찰방안이 동서도기취사론적임을 확인할 수 있다.

---

29 『추측론』. 권1. 추측제강. 「推測源委」.

30 『신기통』. 권2. 形質推測異通.

나를 가지고 나를 관찰하는 것은 반관反觀이다. 물物을 가지고 물物을 관찰하는 것은 무아無我이다. 나를 가지고 물物을 관찰하는 것은 궁리窮理이다. 물物을 가지고 나를 관찰하는 것은 증험證驗이다. 나는 있고 물이 없는 것은 미발未發이다. 이 다섯 가지가 갖추어지면 추측이 이루어진다(추측록. 권6. 추물측사: 觀物有五).

먼저 반관反觀이란 나라는 주체가 내 속에 있는 천도를 인식하는 것이다. "나의 마음을 미루고 나의 행실을 헤아려 옛 허물을 반성하고 앞으로 올 효험을 관찰하는 것이 반관이다." 무아無我란 주관적 인식의 틀을 버리고 천하 사람들의 공통적 관점에서 사물을 파악하는 객관적 인식능력이다. 혜강은 색안경 끼지 말고 이른바 맑은 '기경氣鏡'을 통해서 사물을 있는 그대로 순수하게 받아들일 것을 역설한다. 궁리窮理란 객관화된 나를 통해 사물을 관찰하고 추론하는 과정이다. 그것은 다시 비판되고 반증(증험)되는 상호교차적 과정을 거친다는 점에서 귀납적이면서도 변증법적이다. 증험證驗 즉 사물로써 나를 관찰하는 것은 이미 드러난 현상을 통해 나의 지식이 보편타당성이 있는지를 검증하는 인식방법이다. 인식이 이루어진 단계가 체인이라면, 증험은 추측의 오류를 검증하고 수정하는 과정이다. 미발未發이란 인식의 객관성을 얻기 위한 전제조건으로서 감각적 주관의 차단을 의미한다. 희로애락의 미발이나 정서적 구속을 받지 않은 상태를 중中이라하고 중이 잘 발하여 드러난 상태를 화和라고 한다. 주체의 인식의 조건은 인식의 결과에 절대적 영향을 끼친다. 미발의 중中을 지니고 있느냐 없느냐에 따라 발하였을 때 화和를 유지 여부가 판가름이 난다. 비발의 중과 관련하여 혜강은 범인은 주관의 구애를 받았기 때문에 먼지 낀 거울 같고, 성인은 주관의 구애를 받지 않았기 때문에 깨끗이 씻은 거울과 같다고 했다.

(3) **변통의 유연성**: 혜강은 소통을 원활하게 하기 위해 유연하게 변통할 수 있어야 한다고 본다. 사람마다 소통에도 정도의 차이가 있다. 통한 바의 기질에 교졸巧拙의 차이가 있고, 익힌 바 열력閱歷과 경험에 천심淺深과 생숙生熟의 구별이 있기 때문이다.[31] 혜강은 인식의 깊이에 따른 소통의 수준을 세 가지로 나누기도 했다. 범위통, 점진통, 증험통이라는 인식의 단계이다. 이들은 각각 일하기 전, 일하는 과정, 일한 다음에 오는 인식의 깊이에 따른 구분이다.

> 통에는 세 가지 등급이 있다. 일을 하기 전에는 대략 범위에 통하는 것(範圍通), 일을 실천하는 도중에는 점진적으로 통하는 것(漸進通), 일이 지난 뒤에는 증험하는 통(證驗通)이 있다. 어찌 범위통을 가지로 스스로 만족하여 증험통은 돌아보지도 않고 혼자서 기뻐할 수 있겠는가?[32]

또한 소통에는 통하지 못함 즉, 불통不通과 한두 가지 일에 통함 즉 편통偏通, 그리고 두루 통함 즉 주통周通의 수준차가 있다. 혜강은

31 『신기통』. 권3. 주통, 참호증험. 156.
32 『신기통』. 권1. 체통: 通有始中終.

세상사 가운데 통달해야 할 일(事)에는 그 종류가 열일곱 가지이다(『신기통』. 권1 체통: 十七條可通). 여기에는 윤강倫綱, 인仁, 의義, 예禮, 악樂, 형刑, 정政, 경사經史, 기술記述, 사士, 농農, 공工, 상商, 재용財用, 산수算數, 역상曆象, 기명器皿 등이 있다. 이들은 윤강에서 기술까지의 인문사회학 분야와 그 나머지 기술과학 분야를 포괄한다(서욱수. 2005: 271).

> 주통의 본체는 신기가 하늘과 사람을 통하는 데 있고, 주통의 작용은 신기가 경험한 이치에 있다. 이것에 통한 것을 저것에 미루어 쓰고, 앞에 통한 것을 뒤에 미루어 쓴다. … 옛사람과 지금 사람들이 행한 것을 적당하게 미루어 쓰임에 통하고, …그 불변의 쓰임에 통함-주통의 규모33

주통이란 하늘과 사람이 마땅히 알아야 할 이치를 듣거나 보아서 깨닫는 것을 가리킨다. 혜강은 주통의 가능성을 태어날 때부터 천부의 감각기관과 함께 우리가 가지고 있다고 보고, 그 길을 다음과 같이 제시했다.

> 먼저 일을 처리하고 사물을 대하는 데 통하지 못한 것 부터 통하기를 기약한 다음, 연구 사색에 이르기까지 미쳐 통하는 것이 익숙하게 습관이 되면, 신기의 통함이 밝고

33 『신기통』. 권3. 주통. 주통유허실. 158.

빛나는 데 이르게 되고, 제규의 통하는 것도 그렇지 않음이 없으니 이것이 곧 주통하는 것이다. 편통-한두 가지 일에 통함.[34]

모든 사람들의 통한 견문을 나의 견문으로 삼고, 나의 견문을 통하지 못한 사람의 견문에까지 미치게 하여 그들로 하여금 견문에 통달하게 한다. 그리하여 나에게나 남에게나 일이나 물건에 오가면서 출입하되 막힘이 없고 성실만 있게 되면 절로 앞길이 탁 트인 통이 생기게 된다.[35]

그런데 변통變通이란 불통이나 편통에서 주통 또는 득통得通을 향한 유연성이다. 혜강은 그렇게 해야 근거로서 다음과 같이 말한다.

천지의 기는 쉬지 않고 운행하며… 군장의 정령은 때로는 늦추었다 당겼다 하고, … 인물의 수작과 응수에는 통함과 막힘이 같지 않기 때문에 향배向背의 다름이 있다. 세 가지 운행은 같지 않고 만나는 기회는 일단이 아니므로, 모든 사업을 경륜할 때에는 반드시 이 세 가지 만난 바를 살펴야 한다. 시세를 이용하고 기회를 이롭게 인도하며, 막힘이 없고 순리로 나아갈 것을 구하여 손익하고 알맞게 제정하는 것이 모두 변통變通이 아닌 것이 없다.[36]

34 『신기통』. 권3. 주통. 不通偏通周通.
35 『신기통』. 권3. 주통. 출입진퇴.

그런데 변통의 대상은 인사人事에 국한되며, 천도(또는 유행지리)는 사람의 힘이니 꾀로 변통할 수 없다.[37] 그러나 인사의 변통은 어렵다. 남에게서만 구하지 말고 먼저 나의 언행에서 통하기를 구하고 다음으로 다른 사람의 견문에서 통하기를 구해야한다. 인사나 천도를 근거로 순리로써 인도로 나아감이다. 혜강은 권도權道가 악을 따르는 변통이나 교사巧詐가 아닌 선을 따르는 변통이어야 함을 강조하면서, 이 일을 비유적으로 말했다.[38] '현재 당면하고 있는 일은 마치 수레를 모는데 말에게 채찍질을 하여 궤도를 가게하고, 배를 조종하는데 바람을 따라 키를 돌리는 것처럼 하며, 동쪽으로 가든 서쪽으로 가든 형세에 따라 변통하는 것이다.'

> 천시를 만나지 못했으면 운이 돌아오기를 기다리고, 지리의 기용이 구비되지 않았으면 미루어 변통하여 주선하고, 인사의 막힘은 형세를 유리하게 만회하면 험한 것이 평탕한 것이 되고 단절된 것이 연속이 되길 바랄 수 있다. 그러나 위의 세 가지는 항상 서로 어긋나서 한꺼번에 들어맞기는 어렵다. 더욱이 인사의 지조를 굳게 지킴에는 … 온갖 훼방이 생겨 변화가 무상한 것이므로, 인사의 변통이 천시, 지리, 기용의 변통보다 더욱 어렵다.[39]

---

36 『신기통』. 권3. 변통: 變通條目.

37 변통의 예로써, 등촉燈燭을 사용하여 밝음을 빌고, 망원경을 사용하여 멀리까지 바라볼 것이니, 이것도 역시 기계를 설치하여 기氣를 변통하는 것이다.(『신기통』. 권3 변통: 器可變通氣不可變通)

38 『신기통』. 권3. 변통: 變通條目.

Ⅳ. 교육생태학의 길

교육과 학문은 삶 자체이자 삶의 과정이다. 우리의 전통사회에서 학문은 문文·사史·철哲이 한 몸이고, 교육은 지知·행行이 둘이 아니었다. 그러나 서구적 학문과 교육을 받아들이는 과정에서 조각조각 나눠지고 말았다. 큰 줄기나 뿌리를 잡지 못하고, 잎사귀를 따고 잔가지나 찾는 작은 일에 만족할 수는 없다. 오래된 미래로서 통섭된 학문과 교육의 길을 찾아야 한다.

우리의 선인들에게는 아름답고 힘찬 이상이 있었다. 이상을 추구함은 그 마음이 크고 밝았음을 나타낸다. 그러나 오늘날 그 후손들은 원대한 이상을 비현실적인 것으로 여기고, 개인주의적·실리적 가치에 쏠리고 있다. 이상주의가 반드시 옳고 개인주의나 실리적 가치가 나쁜 것이라고 할 수 없지만, 개인적 실리라는 현실에 치우치고 걸림(偏滯)이 있어 두루 통하지 못하면 좋은 삶이 아니다. 더욱이 우리 교사조차도 인도와 천도의 큰 길을 밝히고 가르치는 것을 잊고, 학생들에게 지식과 기능을 가르치는데 그치고 있는 안타까운 실정이다.

우리가 사는 오늘날이 생태위기의 시대라는 사실은 널리 받아들여지고 있다. 생태위기는 자연생태계만의 일이 아니며, 사회생태 특히 교육생태의 위기가 매우 심각하다. 여기서 생태라는 말은 전문적 학술용어를 넘어선다. 생태란 말 그대로 생동감, 활력, 생기, 생명력

39 『신기통』, 권3, 변통: 通其難通.

에 연결된 힘차고 아름다운 상태이다. 이런 측면에서 교육생태의 위기라는 말은 학생, 학부모, 교사에게 이와 같은 아름답고 힘찬 모습을 찾기 어렵다는 말이다.

> 부모는 멀리 보라하고, 학부모는 앞만 보라 합니다.
> 부모는 함께 가라하고, 학부모는 앞서 가라 합니다.
> 부모는 꿈을 꾸라하고, 학부모는 꿈 꿀 시간을 주지 않습니다.
> 당신은 부모입니까? 학부모입니까?

라디오를 통해 요즘 가끔 듣는 공익광고 내용 전문이다. 학부모를 부정적으로 부모를 긍정적으로 인식하고 이분법적으로 양자택일하라는 접근은 주제가 선명하고 호소력도 있지만 개념적으로 일반화의 오류와 함께 학부모에 대한 잘못된 관점을 보여주고 있다. 무리수를 두었음에도 불구하고, 이 광고는 부모(학부모)의 길이 생태학적이어야 함을 잘 보여주고 있다. 그런데 자녀들이 삶과 교육의 길에서 멀리보고, 함께 가고, 꿈을 꾸도록 하기 위해서는 말만이 아니라 보모 자신도 그렇게 생활하면서 자기교육에 충실해야 할 것이다.

교육의 길은 교육의 목적과 교육의 방법 모두를 포함한다. 교육의 목적과 방법이라는 길은 서로 동떨어질 수 없이 논리적으로나 경험적으로 연결되어 있다. 그렇다면 생태교육의 길은 어디에 있는가? 본론에서는 생태적 지혜가 풍부한 우리의 전통 사상 가운데서도 혜강의 기학사상에서 생태적 사유와 관련하여 대동과 소통의 의미를 파악하고자 했다. 앞서 고찰한 대동의 생태학과 소통의 생태학이 교육의 길로서 함의하는 바는 무엇인가?

혜강의 대동론을 큰 사랑, 인간과 자연의 일치, 평화지향으로 나누어 그 의미를 살펴보았다. 먼저 혜강 대동론의 근간인 큰 사랑이란 소외되는 사람 없이 모두가 행복한 대동사회를 이루는 길이다. 그것은 사리사욕의 자기중심을 넘어 다른 사람에게 사람의 도리(人道)를 다하는 인도의 실천이다. 혜강은 천히 사람을 하나로 볼 때 인도가 이루어지며, 사람뿐만 아니라 사물까지 넓게 사랑함(박애)이 진정한 사랑이라고 하였다. 이러한 대동의 큰 사랑은 기학적 토대에 근거하여 '인정의 대동' 또는 '이익의 대동'이라는 논리로써 보편성과 실현가능성을 확보하고 있다.

또한 혜강의 대동론은 천인운화기를 바탕으로 인간과 자연은 소통과 조화를 지향한다. 그는 자연 영역인 천지운화와 인간 영역인 일신운화(개인) 및 통민운화(사회)의 일치를 '대동운화'(또는 천인운화)로 규정하였다. 그런데 대동운화의 길은 인도가 천도를 따르고, 주관적 윤리가 객관적 자연에 부합하는 것 즉 운화승순이다. 뿐만 아니라 대동은 평화지향적이다. 혜강은 운화기가 본질적으로 나와 남을 모두 평화롭게 하며, 평화로움이야말로 그 관계의 정상적 속성이라고 파악하였다. 이런 견지에서 그는 그 당시 사회의 지배와 복종의 현상을 넘어 평화와 대동의 세상에 대한 낙관적 비전을 보여 준 것이다.

본고에서는 혜강의 대동론에 대한 고찰에 이어서 소통론으로 나아갔다. 혜강 소통론은 신기의 통달, 탈자기중심성, 변통의 유연성으로 나누어 그 의미가 고찰되었다. 먼저 소통의 일차적 의미는 나와 상대의 신기가 서로 통달됨이다. 소통은 세 가지 요소 즉 우리의 몸에 있는 신기, 몸 밖(만물)의 신기, 그리고 감각기관에 의해서 이루어진다. 소통은 형질통과 추측통으로 구분되는데, 전자는 감각적 경험을 가능하게 하는 소통이고, 후자는 사유에 의한 인식활동으로서 소통이다. 물리와 인정을 헤아리고 통달하는 것도 감각적 경험에 미루어 이루어진다는 견지에서 혜강은 형질통의 근본적 중요성을 강조했다.

또한 혜강은 자기중심적 주관성의 극복을 그의 소통론에서 역설한다. 나를 중심으로 생각하는 것을 병病이라 하고, 편협한 주관을 만물의 소통을 가로막는 장벽에 비유했다. 탈자기중심성뿐만 아니라 혜강은 소통의 원활과 심화를 위해서 유연한 변통력의 필요하다고 보았다. 소통이란 심화(범위통 → 점진통 → 증험통)되고, 통하지 않음(불통)이나 몇 가지만 통함(편통)에서 두루 통함(주통)으로 나아가는 것이다. 주통을 위해서는 수레를 몰고 배를 조종하는 것과 같이 길과 바람의 형세를 따르듯이 변통을 해야 한다. 그런데 사람의 일(인사)의 변통은 힘이나 꾀로써 할 것이 아니라 천도를 근거로 삼아야 한다는 점에서 어려운 일이다.

그렇다면 혜강 대동론과 소통론에서 교육생태학적으로 함의하는 바는 과연 무엇인가? 대동과 소통은 삶과 교육의 좋은 길이다. 거칠게 표현해서, 대동의 이념을 실현하는 좋은 방법이 소통이라 해도 무방하다. 대동과 소통은 공자나 혜강의 시대만이 아니라 지금도 요청되고 미래에도 여전이 교육과 삶의 이상으로 남아있을 듯하다. 혜강의 대동론과 소통론을 근거로 교육생태학적 길을 세 가지로 요약해 보고자 한다. 이 들은 서로 떨어질 수 없이 이어져 있는 길이다.

한국유학의 다양한 생태의식 | 김세정

한국유학의 다양한 생태의식

—

김세정

유교는 그 출발 단계에서부터 자연과 인간이 함께 하는 유기체적 사고와 생태론적 요소들을 풍부하게 함유하고 있다. 이러한 요소들은 기계론적 세계관을 극복하고 인간이 자연생태계를 함부로 파괴할 수 없는 철학적 당위성을 제공해 주고, 나아가 인간중심주의의 극복뿐만 아니라 생태 파시즘으로 경도될 수 있는 생태중심주의의 문제점을 보완할 수 있는 가능성을 열어준다. 본고에서는 한국의 대표적인 유학자 가운데 성리학자인 율곡 이이와 양명학자인 하곡 정제두, 그리고 실학자인 담헌 홍대용과 연암 박지원의 사상 가운데 유기체적, 생태론적 요소들을 찾아내어 '한국생태유교' 정립의 기반을 마련해 보고자 한다.

성리학자 율곡은 천지만물과 인간이 한 몸임을 주장하면서 우주자연을 살아 숨 쉬는 하나의 유기체로 보고, 인간의 생명 본질의 근원을 우주자연의 생명 본질에 두면서 자연과 하나 된 삶의 추구한다. 인간은 천지의 마음으로서 자연을 보살피고 양육해야 하는 사명과 능력을 부여받은 존재로 정의된다. 인간은 천지의 화육에 주체적·능동적으로 참여하여 자연만물과 하나 될 때 비로소 참된 즐거움을 경험할 수 있게 된다고 본다. 양명학자인 하곡 또한 인간과 만물의 동일성과 일체성一體性을 언급하면서 인간의 마음을 천지의 영靈,

즉 만물과의 감응의 주체로 규정한다. 인간은 생생불식生生不息하는 인체仁體의 발현과 전개를 통해 우주자연의 만물 창생·양육 과정에 주체적으로 참여함으로써 자신의 생명 본질을 구현하고 천지의 영靈으로서의 역할을 충실하게 이행할 수 있다는 것이다. 성리학과 양명학에서 인간은 인간중심주의에서와 같이 자연의 정복자나 지배자도 아니다. 그렇다고 생태중심주의에서와 같이 자연 존재물들과 같이 동일한 가치를 부여받고 자연의 한 부분으로 살아가는 초라한 존재도 아니다. 인간은 이 세상에서 가장 빼어난 존재이기에 천지의 마음 또는 천지의 영靈으로 지칭되지만 이는 오히려 인간에게 자연을 사랑으로 보살피고 치유하고 양육해야 할 막중한 사명과 책임을 부여한다. 이러한 사고는 자연을 하나의 도구로 전락시키는 인간중심주의 폐단은 물론 동시에 생태중심주의가 야기하는 인간 가치의 상실이라는 문제를 동시에 해결해 줄 수 있다.

실학자인 담헌과 연암은 자연만물을 '활물活物'이라 하여 살아 숨쉬는 유기체적 존재로 보고, 인간과 자연은 유기적 관계를 중시하는 점에 있어서는 율곡이나 하곡과 유사한 입장을 취한다. 그러나 이들은 율곡이나 하곡이 인간을 천지의 마음이나 영靈으로 규정한 것과 달리 '인간이 가장 귀하다'는 것은 인간의 편견에서 비롯된 것이라 비판하면서 인간의 배타적 자기중심성에서 벗어나 보다 근원적이고 보편적인 하늘의 입장에 보면 사람과 사물이 모두 평등하다고 하는 존재의 균등성均等性을 주장한다. 삶의 방식으로는 서로가 대등한 관계에서 서로를 존중하고 서로가 힘입어 살아가면서 서로에게 도움이 되는 상보적인 공존·공생의 원리를 제시한다. 인물균人物均이라는 존재의 균등성은 생태학적 평등주의와 상통하고, 상생의 원리는 생태주의자들의 공생의 원리와도 일치한다. 이러한 인간과 자연물에 대한 평등적 사고는 '자연존재물에 대한 존중'과 나아가 '인간과 자연존재물의 조화와 공존'을 지향함으로써 서구 인간중심주의의 폐단을 극복할 수 있는 계기를 마련해 준다. 또한 성리학이 자칫 인간중심주의로 경도될 수 있는 문제점을 보완해 줄 수 있다. 다만 인물균人物均에 너무 치우쳐 생태파시즘으로 경도되지 않도록 경계할 필요가 있다.

Ⅰ. 들어가는 말

21세기 가장 큰 이슈 중에 하나는 생태계 파괴와 이로 인한 생태계 위기이다. 생태계 파괴는 현재 지구상에 거주하는 인간만이 아니라 모든 존재물들, 나아가 미래세대에게 엄청난 생태재앙이 아닐 수 없다. 지난 수세기 동안 과학 기술의 급속한 발전과 전지구적 산업화 과정에 힘입어 인류는 표면적으로는 유사 이래 최대의 물질적 풍요를 누리고 있다. 반면 그 이면에는 핵폐기물의 처리·대기오염·수질오염·화석연료의 유한성·산림의 감소·인구폭발·산성비·오존층의 파괴·지구온난화 등과 같은 심각한 환경문제가 발생하고 있다. 이러한 생태계 파괴의 이면에는 서구 근대의 '기계론적 세계관'과

'인간중심주의'가 자리 잡고 있다. 생물을 자동기계로 파악하는 기계론적 세계관은 자연을 객체화하고 자연물에 어떠한 생명권도 인정하지 않음으로써 생명체의 기술적 조작을 정당화하는 기술지향적 태도와 자연의 파괴와 살생에 대해 어떠한 윤리적 의식도 갖지 않는 탈생명윤리적 태도의 근거를 제공하였다. 아울러 서구의 유대-기독교 전통은 이성·영혼·덕을 지닌 인간만이 고유한 가치와 권리를 지니며 자연 존재물들은 단지 인간의 번영을 위한 도구적 가치만을 지닌다고 보는 서구의 '인간중심주의'와 '도구적 자연관'은 인간의 자연 정복과 지배에 합리적 정당성을 부여해 주었다. 기계론적 세계관, 인간중심주의, 전지구적 산업화 과정, 과학 기술의 비약적 발전은 상호 맞물림을 통해 자연으로부터 생명성을 제거하고 이를 인간의 욕망과 이익을 위한 하나의 도구로 전락시켜 철저하게 정복·파괴·착취토록 함으로써 전지구적 생태계 위기를 초래하였다. 그리고 생태계의 위기는 결국 자연과 더불어 공생해야 하는 인간의 생존을 위협함으로써, 오늘날 인간은 물질적 풍요만이 아니라 생태적 재앙이라는 엄청난 대가를 지불해야 하는 처지에 놓이게 되었다.01

이러한 위기의식 아래 서구에서는 1960년대부터 동물권리운동과 환경운동이 전개되었으며, 이를 계기로 환경철학과 환경윤리를 정립하기 시작하였다. 그리고 '인간 중심적 환경윤리'를 비롯하여 '동물해방론'과 '동물 권리론', '생명 중심주의'와 같은 개체 중심적인 환경윤리, 그리고 '심층 생태주의', '사회 생태주의', '생태 여성주의'와 같은 생태 중심적인 환경윤리 등 다양한 이론을 전개하였다. 아울러

01 김세정. 2006.『왕양명의 생명철학』. 청계. 23~29쪽 참조.

생태계 위기는 유기체론적 요소와 생태론적 특성을 풍부하게 함유하고 있는 동양사상에 대한 새로운 관심을 불러 일으켰다. 이에 국내에서도 1990년대 후반부터 동양의 전통사상을 '환경윤리학', '생태철학', '생명윤리'와 같은 현대적 시각에서 새롭게 재해석하고, 이를 통해 오늘날의 생태계 위기의 문제를 해결할 수 있는 대안을 모색해 나가는 연구가 진행되어 오고 있다.[02]

일반적으로 유교를 인간과 인간의 관계, 즉 인간사회에 국한된 인간윤리나 사회윤리로 한정해 보려는 경향이 지배적이다. 그러나 유교는 출발 단계에서부터 인간의 생명 본질(人道)을 자연의 생명 본질(天道)에서 찾고, 자연과의 합일(天人合一)을 궁극적인 목적으로 하였다. 유교는 유기체론적 요소와 생태론적 요소를 풍부하게 함유하고 있다. 예컨대 『주역周易』에서는 "천지의 위대한 덕德을 생生이라 한다."[03]고 하고, "낳고 또 낳는 것을 역易이라 한다."[04]고 하고, 또한 "천지가 교합하여 만물이 태통泰通하게 된다."[05]고 하고, "천지가 감응함에 만물이 변화 생성된다."[06]고 하였다. 그리고 『중용中庸』에서는 "천지가 만물을 화육한다."[07]고 하고, "하늘이 만물을 생성한다."[08]고 하며, 또한 "천지가 서고 만물이 길러진다."[09]고 말한다. 유교에 있어 천지만물로 표현되는 우주자연은 기계적 법칙에 따라 작동하는

02 김세정. 2008. 「유가 생태담론을 통해 본 유가생태윤리」. 『東西哲學硏究』 50호. 한국동서철학회. 81~84쪽 참조.
03 『周易』. 「繫辭傳」(上). 1장. "天地之大德曰生."
04 『周易』. 「繫辭傳」(上). 5장. "生生之謂易."
05 『周易』. 「泰卦象」. "天地交而萬物通也."
06 『周易』. 「咸卦象」. "天地感而萬物化生."
07 『中庸』. 22장. "天地之化育."
08 『中庸』. 17장. "天之生物."
09 『中庸』. 1장. "致中和, 天地位焉, 萬物育焉."

무생명의 물리적 기계가 아닌 항구적인 변화 과정을 통해 스스로 생명을 창생·양육하는 '생생불식生生不息의 자기-조직성'을 지닌 유기체이다. 그리고 『예기禮記』에서는 "인간은 천지의 덕德이며 음양이 교합한 존재이며, 귀신이 모인 존재이며, 오행五行의 빼어난 기氣이다. 그러므로 인간은 천지의 마음이다."[10]라고 한다. 그리고 『중용中庸』 1장에서는 "천명지위성天命之謂性"이라고 말하고 있다. 자연의 생명 본질(生生不息의 자기-조직성: 天道)이 '성誠'이라면, 이러한 성誠을 실천으로 이행하는 것(誠之)이 인간의 생명 본질(人道)이다. 인간은 지성至誠의 발현을 통해 자신의 본성 실현뿐만 아니라 타자와 자연계 존재물들의 생명 본질을 구현할 수 있으며, 이를 통해 천지만물의 자기-조직화(化育) 과정에 주체적으로 참여할 수 있다.[11] 따라서 유교의 '인간은 천지의 마음'이라는 주장은 인간만이 자신의 생명 본질인 지성至誠의 발현을 통해 자신의 생명 본질은 물론 우주만물의 생명 본질을 성취시켜 줌으로서 '천지天地의 화육化育'이라는 우주자연의 자기-조직화 과정에 참여하는 주체적·능동적 존재가 될 수 있음을 의미한다. 나아가 "공자는 낚시는 하시되 그물질은 하지 않으시며, 주살질은 하시되 잠자는 새는 쏘아 잡지 않으셨다."[12]고 하였으며, 맹자 또한 "빽빽한 그물을 웅덩이와 못에 넣지 않으면 물고기와 자라를 다 먹을 수 없을 것이며, 도끼를 제 때에 산림에 드리면 재목을 다 쓸 수 없을 것이다."[13]라고 주장하였다. 그리고 아울러 『예기禮記』

---

10 『禮記』. "人者, 天地之德, 陰陽之交, 鬼神之會, 五行之秀氣也. 故人者天地之心."

11 『中庸』. 22장. "惟天下至誠, 爲能盡其性, 能盡其性, 則能盡人之性, 能盡人之性, 則能盡物之性, 能盡物之性, 則可以贊天地之化育, 可以贊天地之化育, 則可以與天地參矣."

12 『論語』. 「述而」. 26. "子釣而不網, 弋不射宿."

13 『孟子』. 「梁惠王章句(上)」 3. "數罟不入洿池, 漁鼈不可勝食也. 斧斤以時入山林, 材木不可勝

에서는 "이 달에 제전祭典을 준비하여 산림山林 천택川澤에 제사 지내게 하지만, 희생은 암컷을 쓰지 못하게 하고, 벌목을 금지하며, 새둥지를 뒤집어서 새를 잡지 못하게 하고, 애벌레 및 새끼 밴 새와 짐승을 잡지 못하게 하며, 갓 태어난 짐승과 날기 시작한 새를 죽이지 못하게 하고, 짐승의 새끼를 죽이지 못하게 하며, 알을 꺼내지 못하게 한다."[14]고 하였다. 즉 유교는 인간의 생존을 지속해 나가면서도 생태계의 자율적 조절역량을 상실시킬 수 있는 무자비한 착취를 허용하지 않음으로써 생태적 평형을 유지하기 위해 노력하였다.

이렇듯 유교는 그 출발 단계에서부터 자연과 인간이 함께 하는 유기체적 사고와 생태론적 요소들을 풍부하게 함유하고 있다. 이러한 요소들은 기계론적 세계관을 극복하고 인간이 자연생태계를 함부로 파괴할 수 없는 철학적 당위성을 제공해 주고, 나아가 인간중심주의의 극복뿐만 아니라 생태 파시즘으로 경도될 수 있는 생태중심주의의 문제점을 보완할 수 있는 가능성을 열어준다.[15] 다만 현대를 살아가는 우리들이 전통유교로부터 이러한 요소들을 발굴하여 유교를 '유교생태학', '유교생태주의', '유교생태철학'으로 새롭게 재창조하는 과정을 거쳐야만 유교는 새로운 생명력을 부여받게 될 뿐만 아니라 현대사회에도 기여할 수 있는 새로운 계기를 마련할 수 있다. 한국의 유교 또한 예외는 아니나. 본고에서는 한국의 대표적인 유학자 가운데 성리학자性理學者인 율곡栗谷 이이李珥와 양명학자陽明學者인 하곡霞谷

用也."

14 『禮記』. 「月令」. "乃修祭典, 命祀山林川澤, 犧牲毋用牝, 禁止伐木, 毋覆巢, 毋殺孩蟲胎夭飛鳥, 毋麛, 毋卵."

15 김세정. 2003. 「생태계 위기와 儒家生態哲學의 발전 방향-서구 환경철학과의 비교를 중심으로-」. 『哲學研究』 85집. 대한철학회. 87~109쪽 참조.

정제두鄭齊斗, 그리고 실학자實學者인 담헌湛軒 홍대용洪大容과 연암燕巖 박지원朴趾源의 사상 가운데 유기체적, 생태론적 요소들을 찾아내어 '한국생태유교' 정립의 기반을 마련해 보고자 한다.[16]

Ⅱ. 성리학자 율곡의 성誠의 생태의식

한국의 대표적인 성리학자 율곡栗谷 이이李珥(1536-1584)는 풍부한 생태의식을 지니고 있다. 율곡은 우주자연의 원리를 물리物理가 아닌 '실리實理'로 규정한다.

> 천지의 이치는 실리實理일 뿐입니다. 사람과 만물이 생겨남은 실리實理에 의하지 않음이 없다. … 대저 인위적으로 하는 바가 있어 그렇게 하는 것은 인간이요, 하려 하지 않아도 자연적으로 그렇게 되는 것은 하늘입니다. … 천지가 영원히 봄만 될 수는 없기 때문에 사계절이 차례

16 필자는 다음과 같은 자료에서 한국유학과 관련한 선행 생태담론에 대해 구체적으로 분석·비판한 바 있으므로, 본고에서는 선행연구에 대한 논의를 생략하고자 한다. 김세정 2001.6.2. 「한국유학의 생태담론의 현주소와 미래」. 『제5회 계명대학교 한국학 국제학술대회 자료집: 생태학과 한국의 유교사상』. 계명대 한국학연구소. 및 KIM SEA-JEONG. 2011.12 The Current State of the Ecological Discourse within Korean Confucianism and Its Future Outlook, Acta Koreana 14-2. Academia Korean Keimyung Univ.

> 를 바꾸고, 육기六氣가 혼자서만 운행할 수 없기 때문에 음양이 함께 유행하는 것입니다. 해가 가면 달이 오고, 추위가 가면 더위가 오며, 왕성함이 있으면 쇠퇴함이 있고, 처음이 있으면 끝이 있는 것은, 모두가 천지의 실리實理 아닌 것이 없습니다.[17]

율곡에게 있어 천지天地로 표현되는 우주자연은 기계적 법칙에 따라 작동하는 무생명의 물리적 기계가 아닌 항구적인 변화 과정을 통해 스스로 만물을 창생하고 양육해 가는 자기-조직성을 지닌 유기체이다. 이에 율곡은 우주자연의 원리를 물리物理가 아닌 실리實理로 규정하고 있는 것이다. '실리實理'는 우주자연의 생동하는 변화의 원리이자 변화 그 자체로서, 우주자연의 자기-조직성을 의미한다. 율곡은 나아가 천지만물天地萬物과 인간의 관계를 일체一體로 규정한다.

> 들은 바에 의하면, '천지만물은 본래 나와 한 몸이니, 나의 마음이 바르면 천지의 마음도 바르고, 나의 기운이 화평하면 천지의 기운도 화평하다'고 합니다. 그러므로 성왕聖王은 그 마음을 바르게 하여 조정을 바르게 하고, 조정을 바르게 하여 천하를 바르게 하며, 그 마음을 화평하게 하여 조정을 화평하게 하고 조정을 화평하게 하여 천하를 화평하게 하는 것입니다. 이와 같이 한다면

---

17 『栗谷全書』. 拾遺. 卷5. 「神仙策」: 天地之理, 實理而已. 人物之生, 莫不依乎實理. … 夫有所爲而然者, 人也. 莫之爲而然者, 天也. … 天地不可以長春, 故四時代序, 六氣不可以獨運, 故陰陽竝行. 日往則月來, 寒往則暑來, 有盛則有衰, 有始則有終, 莫非天地之實理也.

> 천지는 제 자리를 자리 잡고 만물은 화육이 되며, 일월은 이것으로 법도를 따라 순행하고, 사시는 이것으로 절후에 따라 순응하며, 음양은 조화를 이루고 바람과 비는 제 때에 옵니다. 천재·시변과 곤충·초목의 재앙은 모두 사라지고, 온갖 복된 물건과 상서로운 일들이 모두 이르러서, 내 한 몸의 덕이 마치 하늘이 만물을 덮어주지 않음이 없는 것과 같고, 땅이 만물을 싣고 있지 않음이 없는 것과 같아질 것입니다. 그렇다면 이것은 천지의 화육에 참여하고 협찬하여 천지와 더불어 영원하게 존재할 것인데, 어찌 단명과 장수로 그 생사를 논할 수가 있겠습니까.[18]

> 사람은 천지의 마음이라, 사람의 마음이 바르면 천지의 마음도 바르고, 사람의 기氣가 순하면 천지의 기氣도 순한 것입니다. 그러면 이의 떳떳하고 변하는 것을 일체 천도天道에만 맡겨야 되겠습니까?[19]

우주자연은 인간 생명의 근원이자 인간이 함께 살아가야 할 소중한 삶의 동반자인 것이다. 인간은 다른 존재물들과 병렬적 존재가

---

18 『栗谷全書』. 拾遺. 卷5. 「神仙策」: 蓋聞天地萬物, 本吾一體, 吾之心正, 則天地之心亦正矣. 吾之氣順, 則天地之氣亦順矣. … 夫如是則天地位而萬物育, 日月以之順其度, 四時以之順其節, 陰陽調風雨時. 天災時變, 昆蟲草木之妖, 莫不銷息. 諸福之物, 可致之祥, 莫不畢至, 而一身之德, 如天之無不覆, 地之無不載, 則可以參贊化育, 而與天地長終矣.

19 『栗谷全書』. 卷14. 「天道策」: 人者天地之心也, 人之心正則天地之心亦正, 人之氣順則天地之氣亦順矣. 然則理之常, 理之變者, 其可一委於天道乎?”

아니라 '천지의 마음'이라는 위상을 지닌다. 이는 인간이 자연만물의 생명 손상을 자신의 아픔으로 느끼고 이들의 생명을 보살피고 양육해야 하는 전 우주적 사명과 책임을 부여받은 존재라는 것을 의미한다. 따라서 인간의 마음이 바르면 천지의 마음 또한 바르게 될 수 있는 것이다. 인간은 자신의 마음을 바르게 하고 만물을 화육함으로써 비로소 천인합일天人合一의 경지에 도달할 수 있는 계기를 마련한다.

율곡은 성誠을 다음과 같이 '실리實理의 성誠'과 '실심實心의 성誠'으로 구분한다.

> 하늘은 실리實理로써 화육하는 공功을 이루고, 사람은 실심實心으로써 감통感通하는 효험을 이룩하는 것이니, 이른바 실리와 실심이라는 것은 성誠에 불과합니다. 그러므로 천리天理대로 순수하게 하여 성誠의 온전함을 얻은 자는 성인이요, 그 중 한 가지를 참되게 하여 성誠의 일편만을 얻은 자는 현인입니다. … 성誠의 본체는 지극히 은미하고 오묘하며, 그 작용은 지극히 현저하고 넓어 만물의 본체가 되고 사물의 종시終始가 되는 것이니, 그러므로 원형이정元亨利貞은 하늘의 성誠이요, 인의예지仁義禮智는 인성人性의 성誠입니다. 이기一氣가 이 성誠이 없으면 같이 운행할 수 없고, 사시가 이 성誠이 없으면 서로 번갈아 운행할 수 없으며, 일월도 이것으로 인해 밝고, 산악도 이것으로 인해 높고, 하해도 이것으로 인해 깊은 것이니, 그래서 '성이 아니면 물이 없다(불성무물不誠無物)'고 한

> 것입니다. 성인은 이 성誠을 본성으로 한분이요, 군자는 이 성誠을 되찾은 분입니다.[20]

하늘은 실리實理로서 만물을 화육하는 공능을 성취한다. 실리實理는 기氣와 분리된 관념적 리理가 아닌 이기理氣가 합일合一된 본체로서 음양陰陽 이기二氣와 사시四時의 운행과 같은 자연 현상은 모두 실리實理의 발현이다. 사람은 실심實心으로써 만물과 감응하여 소통하는(감이수통感而遂通) 효험을 이룩할 수 있는 바, 실심實心의 가장 중요한 공능功能은 만물萬物과의 감응感應이다. 실심實心은 기질적氣質的 차원의 마음이 아니라 본체론적本體論的 차원에서 천리天理와 하나 된 진실된 마음으로서 인간의 생명 본질이자 역동적 생명력이다. 이러한 이기합일理氣合一적 존재로서의 실리實理와 실심實心이 곧 성誠이다. 율곡은 인간이 이러한 실심實心의 성誠을 통해 천지만물과 감응하고 소통함으로써 만사를 성취하고 천리天理를 구현할 수 있다고 본다. 그러나 인간은 기품氣稟 청명함 여부에 따라 자연스럽게 본성을 발현하고 선善을 밝히는 성인聖人과 인욕人欲에 이끌려 행위가 진실하지 못하여 선善을 밝히려는 노력을 필요로 하는 일반인으로 구분된다. 이에 율곡은 성誠을 '천도天道의 성誠'과 '인도人道의 성誠'으로 구분한다.

> 물物의 체體가 된 것으로는 하늘이 높고 땅이 두텁고 해

---

20 『栗谷全書』. 拾遺. 卷6. 「誠策」: 天以實理而有化育之功, 人以實心而致感通之效, 所謂實理實心者, 不過曰誠而已矣. 純乎天理而得, 誠之全者, 聖人也. 實其一端而得誠之偏者, 賢者也. … 誠之爲體, 至微而至妙, 誠之爲用, 至顯而至廣. 體乎萬物而爲物之終始, 故元亨利貞, 天之誠也, 仁義禮智, 性之誠也. 二氣無此誠, 則不可以竝運, 四時無此誠, 則不可以錯行. 日月以之明, 山嶽以之高, 河海以之深, 故曰不誠無物. 聖人, 性此誠者也, 君子, 反此誠者也.

와 달이 번갈아 밝고 사시가 순서대로 바뀌는 것이요, 사람의 체體가 된 것으로는 아비는 사랑하고 자식은 효도하며 임금은 의롭고 신하는 충성하여 본성의 분수대로 나오는 것은 천도天道이고, 천지가 자리를 정하게 하고 해와 달이 그 도度를 잃지 않게 하며 사계절이 그 운행을 잃지 않게 하고 아비는 사랑에 힘쓰고 자식은 효도에 힘쓰며 임금은 의를 다하고 신하는 충성을 다하여 직분에서 나오는 것은 인도人道입니다. 천도天道는 곧 실리實理요 인도人道는 곧 실심實心입니다. 실리實理의 성誠이란 성인의 기품이 청명하고 도리가 혼연하여 이것이 본체가 되어 나면서부터 알고 편안히 행하는 것이니 이것이 바로 '성함으로 인하여 밝아진다.'는 것이요 『맹자』의 이른바 '만물의 이치가 모두 나에게 갖추어져 있다.'는 뜻이기도 합니다. 그렇다면 『중용』에서 말한 성이란 것이 실리의 성이 아니겠습니까? 실심의 성이란 대현大賢 이하로서 기품이 순전히 청명하지만은 못하여 그 천리를 온전하게 하지 못하고 성정이 혹 인욕에 끌리기도 하여 온갖 행실이 모두 진실하지는 못하므로 선을 밝혀 그 마음을 진실하게 하는 것이니, 이것이 바로 '밝음으로 인하여 성해진다'는 것이요 『중용』에서 말한 성신誠身인 것입니다. 그렇다면 『대학』의 '뜻을 성실히 한다.'와 『논어』의 '충신忠信'과 『맹자』의 '자기를 반성하여 성하게 한다.'와 『중용』의 '성지誠之'라는 것들이 실심實心의 성誠이 아니겠습니까?[21]

천도天道의 성誠은 인위적인 노력의 개입 없이 자연스럽게 진행되고 성취되는 것으로서 진실하고 망령됨이 없는 그 자체라면, 인도人道의 성誠은 인위적인 노력을 통해 진실되고 망령됨이 없고자 노력하는 것을 의미한다. 인간에게 있어 전자는 실리實理의 성誠으로서 성인聖人의 일이고, 후자는 실심實心의 성誠으로서 대현大賢 이하의 일이다. 따라서 학자는 후자, 즉 마땅히 그 의념을 성실하게 하는 '성의誠意'로부터 공부를 시작하여 모든 언어와 행위가 실심實心에서 비롯될 수 있도록 해야 한다. 비록 실심實心의 성誠에서 출발하지만 그 귀결처는 만물萬物을 발육시키고 도道도 극에 달하게 하는 실리實理의 성誠의 경지에 도달하게 된다.[22] 실심實心의 근원도 실리實理요, 실심實心의 귀결처도 만물의 실리實理의 귀결처와 같이 만물의 건강한 창생과 양육이다. 따라서 실리實理와 실심實心은 둘이 아닌 하나라고 말할 수 있다. 이는 또한 하늘과 사람이 둘이 아니라 하나라는 것을 말해준다. 인간의 본성과 생명력은 자연의 본성과 생명력에 근원하기 때문에 인간은 자연과 하나 된 삶을 살 수 있을 뿐만 아니라 하나 된 삶의 살아야만 하는 존재인 것이다. 그러므로 인간은 자연의 정복자·지배자도 아니고 자연을 착취하고 지배할 권리도 권한도 없다. 오히려

---

21 『栗谷全書』. 捨遺. 卷6. 「四子言誠疑」: 體於物則天高地厚, 日月代明, 四時錯行. 體於人則父慈子孝, 君義臣忠, 出於性分者, 天道也. 使天地定位, 日月不失其度, 四時不失其行, 父勉於慈, 子勉於孝, 君盡其義, 臣盡其忠, 出於職分者, 人道也. 天道卽實理, 而人道卽實心也. 實理之誠則聖人氣稟淸明, 道理渾然, 體此而生知安行, 此乃自誠明者, 而孟子所謂萬物皆備於我, 是也. 然則中庸之誠者, 豈非實理之誠乎! 實心之誠則大賢以下, 氣稟未純乎淸明, 而不能渾全其天理, 性情或牽於人欲, 而不能百行之皆實, 故明善而實其心. 此乃自明誠者, 而中庸所謂誠身, 是也. 然則大學之誠其意, 論語之忠信, 孟子之反身而誠, 與夫中庸之誠之者, 何莫非實心之誠乎?

22 『栗谷全書』. 捨遺. 卷6. 「四子言誠疑」, 此所謂雖有淺深之異, 而相爲終始. 學者當以誠其意, 爲用功之始, 而戒愼恐懼於不聞不睹之地, 主於忠信而使日用之間, 動靜云爲, 皆出於實心. 然後可以心廣體胖, 仰不愧天, 俯不怍人, 反身而誠矣. 推而至於形而著, 著而明, 明而動, 動而變, 變而化, 以至洋洋乎發育萬物, 峻極于天, 則大賢之用功, 於是乎終, 而誠之之道, 極矣.

자연을 보살피고 돌봐야할 사명을 부여받은 존재인 것이다. 따라서 인간은 천지만물天地萬物과의 본원적 일체성一體性을 회복하여 자연만물을 돌보고 양육하여 나와 자연이 하나가 될 때 비로소 참된 즐거움(眞樂)을 맛볼 수 있다.[23] 자연만물의 건강함은 곧 천지의 마음인 인간 자신의 건강함이기 때문이다. 참된 즐거움은 천지만물의 창생·양육 과정을 주체적·능동적으로 이끌어가야 하는 인간의 책임을 완수해나가는 과정, 즉 천지만물과 하나 됨의 과정에서 도달하는 경계라고 말할 수 있다.

Ⅲ. 양명학자 하곡의 생도生道와 인체仁體의 생태의식

양명학자 하곡霞谷 정제두鄭齊斗(1649-1736)는 태극太極과 음양陰陽의 동정動靜 작용을 통해 만물을 끊임없이 생성하고 양육해 가는 '생생불식生生不息'의 '자기-조직성'을 우주자연의 생명원리로 규정한다.

> 주자周子와 정자程子는 "태극太極과 음양陰陽의 동정動靜은 생生

23 『栗谷全書』 卷13. 「松崖記」, 嗚呼! 外物之可樂者, 皆非眞樂也. 君子之所樂, 在內而不在外, 則彼之峙且流者, 無與於我, 而古之聖賢, 尙有樂之者, 其故何耶? 蓋分內外而二之者, 非知眞樂者也, 必也一內外無彼此者, 其知眞樂乎. 天理本無內外之間, 彼有內有外, 必有人欲間之也. 苟無人欲之間, 則浩然自得, 焉往而不樂哉?

> 하는 것이니 음양에는 시작이 없고 동정에는 끝이 없다고 하였다. 이는 천도天道가 생생生生하여 쉬지 않는 것이다. 어찌 홀로 그 기氣만이 생생하여 쉬지 않겠는가? 그 신神도 생생하여 쉬지 않는 것이다. 의경醫經에 이르기를 "한 번 숨 쉬는 사이라도 운동하지 않으면 기함機緘이 다하는 것이요, 한 털만큼이라도 계속되지 않는다면 하늘과 땅이 판가름이 나는 것이다."고 하였다. 이는 사람의 몸이 생생하여 쉬지 않는 것이다. 어찌 홀로 그 혈기만이 생생하여 쉬지 않겠는가? 그 양지良知도 역시 생생하여 쉬지 않는 것이다. 이것은 바로 성체性體인데 연어鳶魚와 천류川流의 비유에 대해 무슨 까닭에 의심하는지를 알지 못하겠다.[24]

우주자연의 모든 존재물들은 외부의 초월적 존재나 권능에 의해 창조되고 유지되는 것이 아니라, 천지만물 자체의 유기적이고 상생相生·상보적相補的인 속성에 근거한 중단 없는 자기-조직화 과정을 통해 생성되고 양육된다. 질료적 측면의 기氣와 정신적 측면의 신神 모두 생생불식生生不息의 속성을 지닌다. 천지만물天地萬物과 일체一體를 이루고 있는 인간 또한 생생불식生生不息을 생명 본질로 한다. 인간의 혈기血氣뿐만 아니라 만물과의 감응 주체인 양지良知 또한 생생불식生生不息하는 속성을 지닌다는 것이다. 인간은 천지의 영靈이고 감응의 주체

24 『霞谷全集(上)』. 卷9. 「存言(中)·良知性體說」: 周程曰 太極陰陽動靜相生, 陰陽無始, 動靜無端. 此天道之生生不息也. 豈獨其氣生生不息, 而其神生生不息也. 醫經曰 一息不運機緘窮, 一毫不續穹壤判. 此人身之生生不息也. 豈獨其血氣生生不息, 而其良知生生不息也. 此乃性體也, 不知於鳶魚川流之喩何故疑之.

이기 때문이다. 만일 인간의 감응 주체인 양지良知가 멈추게 되면 천지만물과의 감응이 중단되고, 감응이 중단되면 천지만물의 유기적이고 상보적인 관계가 이루어지지 않아 인간은 더 이상 만물의 창생과 양육 과정에 참여할 수 없게 될 뿐만 아니라 자신의 생명 또한 질곡시키는 결과를 초래하게 된다.

하곡은 만물과 인간의 본원적 일체성一體性을 주장함과 동시에 인간과 만물의 차별성을 인정한다. 인간이나 만물 모두 근원으로 돌아가면 어떠한 인위도 개입되지 않고 어떠한 막힘이나 장애도 없는 '생리生理'라는 순수한 기氣를 하나의 근원으로 한다. 구체적 형상으로 생성・분화되기 이전의 본원적 단계에서는 사실 '인간이다' '사물이다'라는 구별도 존재하지 않으며 어떠한 차별도 존재하지 않는 일체성一體性 세계를 이루고 있다. 그리고 인간이나 동・식물 모두 '생기生氣'라는 동일한 생명력을 충만하게 지니고 있다는 점에 있어서는 동일하다는 것이다. 그러나 인간과 만물이 일체적 관계를 지니고 있다고 하더라도 타고난 기품氣稟과 성품性稟의 차이로 인해 인간과 만물은 차별성을 지니게 된다는 것이다. 즉 막힘없는 성정性情을 소유한 인간만이 인의예지仁義禮智의 도덕성과 성지통명聖知通明의 우수성을 지니고 있다는 것이다.[25] 그러나 이러한 차등은 서구 인간중심주의에서와 같이 인간 우월성의 근거로서 인간에게 자연을 정복・지배할 수 있는 정

25 『霞谷全集(上)』. 卷8. 「存言(上)·理一說」: 雖然其實以稟賦上理亦一氣亦本一, 以生質上性亦異姿亦爲異也. 盖同理而異性, 同氣而異姿. 故其本然沖漠之體, 萬物原與人一體, 其生理之純氣, 萬物亦與人一原, 此卽人生以上未形之時, 陰陽之理如是也. 及其受氣之殊, 而生稟不同, 然後始有性命之各異形氣之不侔, 於是人與物各異, 天地之全性人得以性之, 而物不得有之. 於是乎始有性之名焉, 則是不惟人與物各異, 犬與牛亦不同也. 故形而後有性之名. 凡人說性, 皆以形而後言, 以生稟全粹之體仁義粹善之情言之, 則其本之本然沖漠之體, 生理純氣之初有不能及者矣.

당한 권한을 부여하는 것을 의미하지 않는다. 오히려 이러한 차등은 인간에게 자연을 사랑으로 보살피고 치유하고 양육해야 할 막중한 사명과 책임을 부여한다. 이에 하곡은 인간의 마음을 천지의 영靈, 즉 감응의 주체로 규정한다.

> 인심人心이란 것은 천지만물의 영靈이며 천지만물의 총회總會가 되는 것이다.(인심人心의 체體는 천지만물에 있고 천지만물의 용用은 인심人心에 있다.) 그러므로 천지만물의 무리를 합하여 총괄해서 인심에서 살펴본다.[開竅] 대개 천지의 밝은 것은 해와 달에 발하는 것이요, 만물의 영靈한 것은 그 마음에서 발하는 것이다. 무릇 물이 각각 살펴봄이 있지 않음이 없는 것은 곧 이 마음이니, 천지만물의 무리를 통하여 살펴봄에 이르러서는 오직 통틀어서 인심人心에 있는 것이다. 왜냐하면 인심人心은 감응하는 주체이고 만리의 체體이기 때문이니, 크도다, 마음이여![26]

하곡은 인심人心을 '천지만물의 영靈', '천지만물의 총회總會', '천지만물의 작용', '감응의 주체', '만리萬理의 본체'로 정의하고 있다. 천지만물의 입장에서 보았을 때, 영靈을 지니고 있다고 하는 것은 곧 천지만물이 생명이 없는 기계가 아니라 정신적 속성을 지닌 하나의 생명체라고 하는 것을 의미한다. 인간은 단지 질료적・형기적 측면에

---

26 『霞谷全集(上)』. 卷9. 「存言(中)」: 人心者, 天地萬物之靈, 而爲天地萬物之總會者也(人心之體, 在於天地萬物, 天地萬物之用, 在於人心). 故合天地萬物之衆, 總而開竅於人心. 夫天地之明, 發於日月, 萬物之靈, 發於其心. 凡物莫不各其有開竅, 卽是心也, 而至於通天地萬物之衆而發竅, 則惟統而在於人心. 何者, 以人心者, 感應之主, 萬理之體也, 大哉心也.

서만 만물과 한 몸을 이루고 있는 것이 아니다. 그리고 인간은 일체화된 천지만물 안에서 다른 자연 존재물들과 동일한 위상을 지니고 있지도 않다. 인간은 천지만물의 정신적 의식 주체로서 자연 존재물들과 감응하면서 이들을 건강하게 유지시켜야 하는 사명과 능력을 부여받은 존재이다. 즉 인간은 감응을 통해 우주자연의 생명 본질(萬理)을 실현해 나가는 천지만물의 생명주체인 것이다.

인간만이 생기生氣의 정상精爽을 지니고 있는 바, 이로 인해 인간만이 영명靈明함을 지니게 된다. 이 영명함은 인간이 통철洞徹할 수 있는 근거로서 다른 존재물에 대해 출척怵惕·측은惻隱해 하는 마음으로 드러나게 된다. 이 영명靈明함이 있기에 인간은 만물과 감응하면서 이들의 아픔을 치유하고 보살피고 양육해 나갈 수 있는 것이다.[27] 즉 인간이 우주자연의 다른 구성원에 대한 사랑과 자애로움과 보살핌을 통해 그들을 건강하게 양육하고 이로써 전체 생명은 물론 자신의 생명도 건강하게 유지시켜 나갈 수 있다. 이를 위해서는 천지만물의 영명한 속성으로 규정된 인간 자신의 마음에 대한 자각이 선행되어야 한다. 그런 후에 영명한 마음으로 하여금 천지만물과 감응 작용이 올바르게 진행되게 함으로써 비로소 천지만물이 건강하게 양육되고 이로써 천지만물은 자신의 생명 본질을 실현하게 되는 것이다.

하곡은 또한 인간의 인체仁體가 생생불식生生不息하는 우주자연의 본질적 속성이라고 주장한다.

---

27 『霞谷全集(上)』. 卷1. 「答閔彦暉書」: 若推人生之本原, 則人惟其生氣充滿, 故能有靈明.(靈明者, 生氣之精爽, 卽是良知之體, 非但指其知覺之發者也.) … 有靈明洞徹, 故能有怵惕惻隱之心發於其孺子也.(前引陽明所言惻隱之心, 旣就此心見孺子而怵惕之端是也, 非指本原生氣也. 鄙說所言惟此良知能惻隱, 頑然木石詎能惻隱, 皆謂此也, 非指其充滿有生者說也.) 如草木禽獸亦有生氣充滿, 非無生生之惻隱, 非生生底道理, 無其靈體也, 無其明德也, 故無怵惕惻隱之心發於孺子也.

> 무릇 이 생도生道가 쉬지 않는다는 것은 곧 이른바 인리仁理이다. 이 인리仁理는 곧 천지의 체體이며 오성五性이 갖추어진 것이니, 사물에는 다하지 않는 것이 없으며 천지에는 갖추어지지 않는 것이 없고 오직 확충하는 데 있을 뿐인 것인데, … 이른바 천지의 성性은 곧 이 인체仁體인 것이요, 나의 인체仁體가 곧 천지의 성性인 것이다. 어찌 능히 내 인仁의 체體를 다하지 못하고서야 성명性命의 근원을 구할 수 있겠는가?[28]

'인리仁理'는 실제로 만물을 낳고 보살피고 치유하고 양육하는 사랑의 힘, 즉 우주자연의 유기적인 생명력이다. 이 인리仁理가 바로 우주자연의 본질적 속성(天地之體)으로서, 우주자연은 끊임없이 이 인리仁理를 펼쳐감으로써 생명이 충만한 우주자연을 전개해 나가는 것이다. 하곡은 나아가 이러한 우주자연의 본질적 속성(天地之性)이 곧 '인체仁體'이며, 나의 인체仁體가 곧 우주자연의 본질적 속성이라고 주장한다. 인간은 천지의 영靈이요 감응의 주체이기 때문에 만물의 창생과 양육을 책임져야 할 사명을 부여받고 있다. 이러한 천부적 사명을 실천할 수 있는 근거는 바로 인체仁體이다. 인체仁體는 곧 인간이 만물의 손상을 아파하고 치유하며 이들을 보듬고 보살피고 키워주는 '사랑'이라는 본질적 속성'이다. 이러한 인체仁體의 발현과 전개를 통해 우주자연의 만물 창생·양육에 주체적으로 참여할 수 있으

28 『霞谷全集(上)』, 卷9, 「存言(中)·良知性體說」: 凡此生道不息卽所謂仁理也. 此仁理卽天地之體, 五性備焉, 於事物無不盡, 於天地無不具, 惟在充之而已, … 然所謂天地之性卽此仁體, 吾之仁體卽天地之性也. 豈有不能盡吾仁之體, 而可以求性命之源者乎.

며, 이를 통해 자신의 생명 본질을 구현하고 천지의 영靈으로서의 역할을 충실하게 이행할 수 있는 것이다.

Ⅳ. 실학자 담헌의 인물균人物均의 생태의식

담헌湛軒 홍대용洪大容(1731-1783)은 율곡이나 하곡과는 다소 차별화된 주장을 한다. 먼저 인간과 자연의 관계에 대해 인간을 천지의 마음으로 규정한 율곡이나 하곡과 달리 '하늘의 입장에서 보면 사람과 사물은 균등하다'고 주장한다.

> 허자虛者가 말했다. "천지간 생물 중에 오직 사람이 귀합니다. 저 금수나 초목은 지혜도 지각도 없으며, 예법도 의리도 없습니다. 그러므로 사람은 금수보다 귀하고 초목은 금수보다 천한 것입니다." 실옹實翁은 고개를 들어 웃으면서 말하기를, "너는 진실로 사람이로군. 오륜五倫과 오사五事는 사람의 예의禮義이고, 떼를 지어 다니면서 서로 불러 먹이는 것은 금수의 예의이며, 떨기로 나서 무성한 것은 초목의 예의이다. 사람의 입장에서 사물을 보면 사람이 귀하고 사물이 천하지만, 사물의 입장에서 사

> 람을 보면 사물이 귀하고 사람이 천하다. 그러나 하늘의 입장에서 보면 사람이나 사물은 균등하다. … 대개 대도大道를 해치는 것으론 자랑하는 마음보다 더 심한 것이 없다. 사람이 사람을 귀하게 여기고 물을 천하게 여김은 자랑하는 마음의 근본이다." … 그러므로 성인聖人은 만물을 스승으로 삼는다고 말하는 것이다. 그런데 너는 어찌해서 하늘의 입장에서 사물을 보지 않고 오히려 사람의 입장에서 사물을 보느냐?"[29]

인간만이 동식물에게는 없는 지혜와 지각, 예법과 의리 등을 지니고 있기 때문에 인간이 제일 귀하다고 하는 허자의 주장은 서구의 인간중심주의와 유사하다. 실옹은 허자의 주장은 인간의 그릇된 편견에서 비롯된 것이라 비판한다. 인간은 자신에게 유리한 것을 가지고 귀천의 평가 근거를 삼듯이, 자연물 또한 자신에게 유리한 것을 가지고 귀천의 평가 근거를 삼을 수 있다. 예컨대 인간만이 지닌 이성이나 도덕성을 가지고 귀천의 평가를 삼듯, 치타는 달리기 능력, 기린은 목의 길이, 원숭이는 나무 타는 능력을 가지고 귀천을 나누는 평가 근거로 삼을 수 있는 것이다. 그러나 이러한 개체의 국한성과 편견을 넘어 보다 보편적이고 근원적인 차원에서 바라보면 인간이나 자연물 모두 균등하다. 담헌은 사람과 사물이 모두 천지에 근본

29 『湛軒集』. 內集 卷4. 「醫山問答」: 虛子曰: 天地之生, 惟人爲貴. 今夫禽獸也草木也, 無慧無覺, 無禮無義. 人貴於禽獸, 草木賤於禽獸. 實翁仰首而笑曰: 爾誠人也. 五倫五事, 人之禮義也, 羣行呴哺, 禽獸之禮義也, 叢苞條暢, 草木之禮義也. 以人視物, 人貴而物賤, 以物視人, 物貴而人賤, 自天而視之. 人與物均也. … 夫大道之害, 莫甚於矜心. 人之所以貴人而賤物, 矜心之本也. … 故曰聖人師萬物. 今爾曷不以天視物, 而猶以人視物也.

하여 생겨나고, 고요하고 아득한 태허太虛는 기氣로 가득 차 있으며, 태허太虛의 기氣가 모여 만물을 생성한다고 주장한다.[30] 하늘의 입장에서 본다는 것은 곧 우주만물의 근원인 태허의 입장에서 보는 것이다. 태허는 모든 존재물들의 동일성의 보편적 근거이기 때문에 모든 존재는 평등하다. 이러한 인간과 자연물에 대한 평등적 사고는 '자연존재물에 대한 존중'과 나아가 '인간과 자연존재물의 조화와 공존'을 지향함으로써 서구 인간중심주의의 폐단을 극복할 수 있는 계기를 마련해 준다.

담헌은 또한 지구가 '활물活物'이라고 주장한다.

> 땅이란 활물活物이다. 맥락과 혈기가 실로 사람의 몸과 같은데, 다만 그 몸뚱이가 크고 무거워 사람처럼 뛰고 움직이지 못할 뿐이다.[31]
>
> 대저 땅이란 허계虛界의 활물이다. 흙은 그의 살이고, 물은 그의 정기와 피이며, 비와 이슬은 그의 눈물과 땀이고, 바람과 불은 그의 혼백이며 혈기이다. 그러므로 물과 흙은 안에서 빚어내고, 태양의 화기는 밖에서 쪼이므로, 원기가 모여 온갖 물을 생산시킨다. 풀과 나무는 땅의 모발이고, 사람과 짐승은 땅의 벼룩이며 이이다.[32]

---

30 『湛軒集』. 內集 卷4. 「醫山問答」: 人物之生, 本於天地. … 太虛寥廓, 充塞者氣也. 無內無外, 無始無終, 積氣汪洋, 凝聚成質. … 物之有體質者, 終必有壞, 凝以成質, 融以反氣.

31 『湛軒集』. 內集 卷4. 「醫山問答」: 地者活物也. 脉絡榮衛, 實同人身, 特其體大持重, 不如人身之跳動.

32 『湛軒集』. 內集 卷4. 「醫山問答」: 夫地者虛界之活物也. 土者其膚肉也, 水者其精血也, 雨露者其涕汗也, 風火者其魂魄榮衛也. 是以水土釀於內, 日火熏於外, 元氣湊集, 滋生衆物. 草木者地之毛髮也, 人獸者地之蚤蝨也.

태허太虛의 관점에서 인간과 사물을 봄으로써 인간중심주의를 반성하고 그것을 벗어나는 이론적 기틀을 마련했다면, '지地' 즉 지구를 살아 숨 쉬는 하나의 유기체적 존재로 바라봄으로써 기계론적 세계관을 대체할 유기체적 세계관의 단초를 마련하고 있다. 기계론적 세계관에서는 자연을 객체화하고 생명과 정신이 없는 하나의 자동기계에 불과한 존재로 파악한다. 기계론적 세계관은 생명체의 기술적 조작을 정당화하고 자연의 파괴와 살생에 대해 어떠한 윤리적 의식도 가지지 않게 하는 기술지향적·탈생명윤리적 태도의 근거를 제공한다. 반면 지구가 '활물'이라고 주장하는 홍대용은 지구가 사람과 사물의 생명활동이 전개되는 거대한 양場임은 물론, 그 자체가 살아 숨 쉬는 하나의 유기체적 존재이며, 지구와 지구에 거주하는 모든 존재들이 하나의 유기적 관련을 맺고 있다고 본다. 이러한 사람과 자연 존재물의 긴밀한 유기적 연관에 대한 생태적 통찰은 사람과 사물의 동일성을 주장하는 바탕이 된다.

담헌은 이러한 인물균人物均과 지구를 활물活物로 보는 입장에 근거하여 인간이 이룩한 문명에 대해 부정적 입장을 보인다.

> 중고中古로 내려오면서부터 땅기운이 비로소 쇠해지자 사람과 사물들이 생성됨에 점점 박잡하고 흐리게 되었다. … 풀 먹고 물 마시는 것이 적다고 하여 함부로 사냥하고 고기를 잡으니, 새와 짐승, 물고기와 자라가 제대로 살 수 없게 되었고, 둥우리와 움집이 누추하다 하여 사치스런 저택을 지으니, 초목과 금석金石이 형체를 보전할

> 수 없게 되었다. … 동산을 만들고 정자를 짓고 연못을 파는 일이 생기자 땅의 힘이 줄어들고, 성내고 원망하고 저주하는 더러운 기가 상승하니 하늘의 재앙이 나타나게 되었다. … 대저 천지가 변함에 따라 사람과 사물이 많아지고 사람과 사물이 많아짐에 따라 사물과 내가 나타나고 사물과 내가 나타남에 안과 밖이 구분되었다.[33]

태화太和의 시대에는 사람과 사물이 많지 않고 사람들은 성품이 맑아서 무위無爲·무욕無欲의 삶을 살고 자연물들 또한 잘 보전되었다. 그러나 점차 사람과 사물이 많아지고 너와 나의 구분이 생기게 되면서 인간의 욕망과 문명이 발달하고 이로 인해 사치, 낭비, 허례허식 등이 증대되고 인간의 자연에 대한 지배와 착취 또한 증대되면서 인간은 자연과의 조화와 공생의 관계(太和)에서 멀어지게 되었다는 것이다. '나'라는 자기중심성은 '내 민족', '내 나라', '인류'로 확대되어 '타자', '타민족', '타국가', '자연'에 대한 배타의식을 낳고, 이들과의 갈등과 대립과 정복과 지배와 착취를 야기함으로써 공생共生의 시대가 아닌 공멸共滅을 시대로 한 발짝씩 다가가게 되는 것이다. 그렇다고 홍대용이 상고시대로의 회귀를 주장하는 것은 아니다. 그는 의식의 전환을 통해 이 문제들 해결해야 한다고 본다. 먼저 나로부터 세상을 바라보는 자기중심성에서 벗어나야 한다. 그래야만 인간만이 귀하다는 편견에서 벗어날 수 있다. 그리고 나는 물론 다른 존재물

33 『湛軒集』. 內集 卷4. 「醫山問答」: 降自中古, 地氣始衰, 人物生成, 轉就駁濁. … 草水之薄而濫以佃漁, 鳥獸魚鼈, 不得遂其生矣, 巢穴之陋而侈以棟宇, 草木金石, 不得葆其體矣. … 園囿臺榭陂塘之役作而地力損矣, 忿怒怨詛淫穢之氣昇而天灾現矣. … 夫天地變而人物繁, 人物繁而物我形, 物我形而內外分.

의 국한성과 편견에서 벗어나 우주자연의 관점에서 세상을 바라보아야 한다. 그래야만 타인, 타민족, 타국가 나아가 다른 자연물과의 유기적인 관계망을 회복하고 공존과 공생의 삶을 살아갈 수 있는 것이다. 이는 홍대용의 「의산문답醫山問答」이 생태 위기에 직면한 우리에게 남겨준 교훈이요 과제인 것이다.

V. 실학자 연암의 상생相生의 생태의식

연암燕巖 박지원朴趾源(1737-1805)은 먼저 '인간과 만물이 하나'라는 주장에서 출발한다.

> 내我 입장에서 저 물物을 볼 것 같으면, 모두가 이 기氣를 받아서 하나도 허虛하여 빌려 온 것이 없으니 어찌 천리天理가 지극히 공평하지 아니하겠는가? 물物의 입장에서 나를 볼 것 같으면, 나 역시 물物의 하나인 것이다. 그러므로 물物을 체體로 삼고 반성하여 자신에게서 원인을 찾으면, 만물이 모두 나에게 갖추어져 있다. 그래서 나의 본성을 극진히 발현하면 물의 본성을 극진히 발현할 수 있는 것이다. … 만물은 다 같이 기화氣化 속에 있으니

> 어느 것인들 천명天命이 아니겠는가? 무릇 성性이란 심心과 생生자의 뜻을 따른 것이니, 심心에 갖추어진 것이요 생生과 같은 족속이다. 기氣가 없으면 생명이 끊어지는데 성性이 어찌 생生을 따르겠으며, 생生이 아니면 성性이 그치는데 선善이 어디에 붙겠는가? 진실로 천명天命의 본연을 궁구하면, 어찌 성性만 선하겠는가? 기氣 역시 선하며, 어찌 기氣만 선하겠는가? 만물 중에 생生을 누리는 것은 선하지 않은 것이 없다. 그러니 그 하늘을 즐거이 여기고 그 명命을 순순히 따르면 물物과 내가 같지 않은 것이 없으니, 이것이 바로 하늘이 명한 성性이라네."[34]

나는 만물萬物과 같이 동일한 '기화氣化'를 통해 형성되었는바, 나의 입장에서 보든 만물의 입장에서 보든 나와 만물은 동체同體요 나는 만물의 한 부분이 된다는 것이다. 기화氣化는 생명의 원천으로서 이 세상 모든 존재물들을 생성하고 양육하는 역동적 생명력이며, 천명天命이란 바로 이러한 기화氣化의 드러남으로서 뭇 생명들이 건강한 삶을 누리는 것이다. 나에게도 이러한 천명天命이 부여되어 있는 바, 그것이 곧 본성本性이다. 본성은 생명력이 없는 초월적이거나 형이상학적인 도덕적 규범이나 원리를 의미하지 않는다. 본성은 만물과의 상보적이고 유기적인 관계망 안에서 나와 만물의 삶을 잉태하고 길러

34 『燕巖集』. 卷2. 「答任亨五論原道書」: 以我視彼, 則匀受是氣, 無一虛假, 豈非天理之至公乎. 卽物而視我, 則我亦物之一也. 故體物而反求諸己, 則萬物皆備於我. 盡我之性, 所以能盡物之性也. … 曰: 有萬物同在氣化之中, 何莫非天命, 夫性者, 從心從生, 心之具而生之族也. 無氣則命絶矣, 性安從生, 非生則性息矣, 善安所係耶. 苟究天命之本然, 則奚獨性善, 氣亦善也, 奚獨氣善, 萬物之含生者莫不善也. 樂其天而順其命, 物與我無不同也, 是則天命之性也.

내는 마음의 본원적 생명력이다. 만물을 나의 몸으로 삼고 본원을 궁구해보면 '만물이 모두 나에게 갖추어져 있다'고 하는 것은 내 안에 이러한 본원적 생명력이 갖추어져 있다고 하는 것을 의미한다. 성리학에서 성性은 인의예지仁義禮智의 도덕적 본성으로 선하지만 기氣는 기질氣質로서 선할 수도 있고 악할 수도 있다. 그러나 연암에게 있어서는 선이란 것은 전우주적 생명과 무관한 당위적 도덕적 가치를 의미하지 않는다. 모든 존재물들은 기화氣化를 통해 생성·양육되기 때문에 만일 기氣가 없으면 어떠한 것도 존재할 수가 없게 된다. '기氣'는 생명의 근원이요 생명을 창조하는 창조적 힘이다. 인간의 도덕적 관점이 아닌 우주적인 생명의 관점에서 보았을 때, 성性만이 아니라 기氣 또한 선하다고 말할 수 있는 것이다. 하늘로부터 부여받은 생명을 건강하게 유지시켜 나가는 것이야말로 인간이나 자연만물에 있어 동일한 것으로 이것이 바로 선이요 천명天命으로서의 본성인 것이다. 연암은 인간적 차원이나 도덕적 관점이 아닌 '우주와 생명의 차원'에서 세계를 바라본다.

연암은 비록 본원적 차원에서는 인간과 만물이 동체同體이지만, 현실적 차원에서는 그렇지 못하다고 본다.

> 무릇 사람이나 사물이 생겨날 때 진실로 처음에는 각자가 구별되지 않았다. 즉 남과 나 모두 사물이었던 것이다. 그런데 어느 날 갑자기 자기를 들어 남과 마주 놓고서 '나吾'라 일컬으며 구분을 짓게 되었다. 이에 천하의 사람들이 비로소 분분히 일어나 자기를 말하고 일마다

'나'라 일컫게 되었으니, 이미 그 사사로움을 이겨 낼 수 없게 되었다. 게다가 자기를 사랑한다는 말까지 스스로 덧붙인 경우는 말할 것도 없을 것이다.[35]

현실적 차원에서 나와 만물은 나와 너라는 주체와 객체로 분리되어 있다. 아니, 분리되어 있는 것이 아니라 인간 스스로 자신의 형체를 기준으로 안은 '나'이고 밖은 '남'이라고 분리하는 것이다. 본래 동체同體로서 하나이지만 시간이 흐르면서 '나'라는 의식이 싹틈으로 인해 남과 나를 구분하는 분별심이 형성되었다는 것이다. 분별심은 나에 대한 집착으로 이어지고 나에 대한 집착은 자신만을 위하는 사사로운 욕망을 싹틔우고 증대시킨다. 사사로운 욕망을 충족시키기 위해 조화를 이루고 공존해야할, 아니 적극적으로 보살피고 길러주어야 할 다른 존재물들을 자신의 욕망 실현을 위한 도구로 전락시킨다. 이에 인간들은 서로 갈등하고 대립하고 투쟁하며 나아가 자연존재물들을 정복하고 파괴함으로써 종국에는 공멸共滅로 치닫는다.

그렇다면 이를 해결할 수 있는 방법은 무엇인가? '공멸'을 해결할 대안으로 연암은 '상생相生'의 원리를 제시한다.

만물이 결국은 흙으로 돌아가지만 땅은 더 두터워지지도 않고, 하늘과 땅이 짝을 이루어 만물을 화육하거늘 어찌 한 아궁이의 불붙은 땔나무가 대지를 살지게 할 수 있다 하겠는가? 쇠와 돌이 서로 부딪치거나 기름과 물이 서로

35 『燕巖集』. 卷70. 「愛吾廬記」, 夫民物之生也, 固未始自別. 則人與我皆物也. 一朝將己而對彼, 稱吾而異之. 於是乎天下之衆, 始乃紛然, 而自謂事事而稱吾, 則已不勝其私焉. 又況自加以愛之乎.

> 끓을 때는 모두 불을 일으킬 수 있고, 벼락이 치면 불타고 황충蝗蟲을 묻어 두면 불꽃이 일어나니, 불이 오로지 나무에서만 일어나지 않는다는 것도 또한 분명하다. 그러므로 상생相生한다는 것은 서로 자식이 되고 어미가 되는 것이 아니라, 서로 힘입어서 산다는 것이다.[36]
>
> 너희들은 리理를 말하며 성性을 논하면서 툭하면 하늘을 일컬으나, 하늘이 명한 바로써 본다면 범이나 사람이 다 한 가지 동물이요, 하늘과 땅이 만물을 낳아서 기르는 인仁으로써 논한다면 범과 메뚜기·누에·벌·개미와 사람이 모두 함께 길러져서 서로 거스를 수 없는 것이다.[37]

자연만물은 음양陰陽의 상생相生 작용인 기화氣化를 통해 생성되고 양육된다. 하늘과 땅이 짝을 이루어 만물을 생성하고, 쇠와 돌이 부딪쳐서 불을 생성하는 것 등 모든 생성의 작용은 구성원의 대립과 갈등과 투쟁이 아닌 상생相生의 작용을 통해 이루어지는 바, 이 '상생相生'이 바로 우주자연의 자연한 생명 원리인 것이다. 상생相生은 부모와 자식의 관계처럼 한쪽에서 일방적으로 베푸는 관계가 아니다. 서로가 대등한 관계에서 서로가 힘입어 살아가면서 서로에게 도움이 되는 상보적相補的 관계인 것이다. 상생相生은 나만 사는 것도 아니고 너만 사는 것도 아닌 모두가 함께 사는 것이다. 상생相生을 위해서는

---

36 『燕巖集』. 卷1. 「洪範羽翼序」: 萬物歸土, 地不增厚, 乾坤配體, 化育萬物, 曾謂一竈之薪, 能肥大壤乎. 金石相薄, 油水相蕩, 皆能生火, 雷擊而燒, 蝗瘞而焰, 火之不專出於木, 亦明矣. 故相生者, 非相子母也, 相資焉以生也.

37 『燕巖集』. 卷12. 「熱河日記·虎叱」: 汝談理論性, 動輒稱天, 自天所命而視之, 則虎與人, 乃物之一也, 自天地生物之仁而論之, 則虎與蝗蚕蜂蟻與人並畜, 而不可相悖也.

먼저 자신에 대한 집착을 버리고 세상을 향해 마음을 열어야 한다. 나아가 나만이 우수하고 다른 존재물들은 열등하다는 우월의식을 버려야 한다. 인간보다 큰 차원인 하늘의 입장에서 보면 사람이나 호랑이나 모두 같은 동물로서, 모든 존재는 균등하다. 균등하기 때문에 서로를 존중하고 서로를 의지하면 함께 살아갈 수 있는 것이다. 이러한 우주자연의 균등과 상생의 원리가 곧 '인仁'이다. 천지가 어질기 때문에 범과 메뚜기·누에·벌·개미와 사람이 모두 함께 길러져서 서로 거스를 수 없는 것이다. 나아가 자연존재물에 대해서도 가치 우열을 매겨서는 안 되고 있는 그대로 바라보고 존중해 주어야 한다. 연암은 〈랑환집서蜋丸集序〉에서는 "말똥구리는 자신의 말똥을 아끼고 여룡의 구슬을 부러워하지 않으며, 여룡 또한 자신에게 구슬이 있다 하여 말똥구리의 말똥을 비웃지 않는다."[38]라고 말하였다. 이는 각각의 가치를 존중하는 정신으로서, 말똥구리에게는 말똥이 필요하고 용에게는 여의주가 필요하듯이 자신의 입장에서 상대방을 평가하지 말고 서로를 인정하고 어울려 살아가야 한다는 비유이다. 자기중심에서 벗어나 상대편의 입장에 서서 생각해 볼 때 상생相生의 시각이 열린다. 그럴 때 타자의 처지를 이해하고 그가 나와 다를 바 없음을 깨닫게 된다. 이러한 '상생相生'과 '공존共存'의 정신이야말로 생태위기의 시대에 우리에게 필요로 하는 생태의식이라고 말할 수 있다.

38 『燕巖集』. 卷70. 「別集·蜋丸集序」: 蜣蜋自愛滾丸, 不羨驪龍之珠, 驪龍亦不以其珠, 笑彼蜋丸.

Ⅵ. 나오는 말

비록 대표적인 한국유학자 율곡 이이, 하곡 정제두, 담헌 홍대용, 연암 박지원, 이상 네 사람에 대해서만 고찰해보았지만, 실상 이러한 생태의식은 한국유학자 전반에 내재되어 있다고 할 수 있다. 다만 한국유학에 생태 의식이 풍부하게 내재되어 있다는 사실만으로 오늘날의 생태계 위기 문제를 해결할 수 있는 대안이 되지는 못한다. 생태계 위기 문제는 하루아침에 해결될 수 있는 문제도 아니고, 어느 하나의 단편적 이론이나 방안에 의해 해결될 수 있는 문제도 아니다. 그렇다고 한다면 한국유학의 생태담론은 지금 당장은 아니더라도 미래에 생태계 위기 문제를 해결해 나가는 데 있어 일조할 수 있는 기회를 충분히 가지고 있다. 이곳에서는 서구에서 생태 위기의 원인으로 지목되어 비판받는 인간중심주의와 그 해결 방안으로 제시된 생태중심주의의 문제점을 간략히 살펴보면서, 한국유학에 내재된 생태의식이 이러한 문제점들을 해결하는 데 있어 어떠한 역할을 할 수 있는지 살펴보는 것으로 글을 마무리 하고자 한다.

환경철학 분야에서는 다양한 생태 위기의 원인 가운데 주로 '인간중심주의'(anthropocentrism)를 문제 삼는다. 서구 사회의 철학적 · 신학적 맥락에 그 뿌리를 두고 있는 '인간중심주의'는 모든 가치는 인간적 가치이며 그런 가치를 위해서 인간 외의 모든 존재는 단순한 도구 · 수단에 지나지 않는다는 신념, 즉 자연에 있는 인간 이외의 존재들이 인간에게 이익을 주는 것으로서만 그 존재들의 가치를 승인한다. 인간중심주의는 자연을 인간의 이익을 위한 하나의 도구로 전락시키는 '도구적 자연관'으로 연결된다. 서구의 '인간중심주의'와 '도구적 자연관'은 인간에 의한 자연의 무제한 개발과 도구화, 즉 인간의 자연 정복·지배에 합리적 정당성을 부여해 주고, 인간은 이러한 인간중심주의와 도구적 자연관에 근거하여 자신의 맹목적 욕망에 따라 과학 기술을 이용하여 자연을 무자비하게 약탈함으로써 오늘날의 환경오염과 생태계의 파괴는 물론 지구를 병들게 하고 급기야는 죽음으로 몰아가는 상황을 초래하게 되었다고 비판된다.[39]

다양한 환경윤리 가운데 '생태중심주의'(ecocentrism)는 자연생태계를 포괄하는 총체적 지구의 차원에서 가치와 권리의 문제를 다루면서 새로운 인식의 전환과 확대를 주장한다. 생태중심주의를 대표하는 '심층 생태주의'(deep ecology)를 주창한 Arne Naess는 "관계적인 전체적 장"(relational total field)의 조망을 선호하여 모든 존재가 "살고 꽃피울 수 있는 평등한 권리"를 갖는 생태학적 평등주의를 주창하는 운동을 심층 생태주의 운동으로 규정한다. 네스는 인간과 자연계 구성원들의 생명의 복지와 번영뿐만 아니라 생명형태의 풍부함과 다양성들은 모두 내재적 가치를 지니기 때문에, 인간은 자연계의 풍부함과 다양성을 감소시킬 권리가 없으며, 보다 작은 인간 개체군을 유지해야 하며, 자연계에 대한 인간의 간섭을 감소시켜야 한다고 주장한다. 인간중심주의는 물론 개체론적 환경윤리의 문제점의 극복이라는 긍정적 측면에도 불구하고 심층 생태주의는 자연계의 존재 가치를 위해 전지구적 진화의 최고의 결실이라고 할

39 김세정. 2008. 「유가 생태담론을 통해 본 유가생태윤리」. 『東西哲學研究』 50호. 한국동서철학회. 81~82쪽 참조.

수 있는 인간의 존재 가치와 위상을 무너뜨릴 수 있으며, 인간을 단지 자연의 부속물로 전락시키는 오류를 범할 수 있는 문제점을 안고 있다.[40]

성리학자 율곡栗谷은 천지만물과 인간이 한 몸임을 주장하면서 우주자연을 살아 숨 쉬는 하나의 유기체로 보고, 인간의 생명 본질의 근원을 우주자연의 생명 본질에 두면서 자연과 하나 된 삶의 추구한다. 인간은 천지의 마음으로서 자연을 보살피고 양육해야 하는 사명과 능력을 부여받은 존재로 정의된다. 인간은 천지의 화육에 주체적·능동적으로 참여하여 자연만물과 하나 될 때 비로소 참된 즐거움을 경험할 수 있게 된다고 본다. 양명학자인 하곡霞谷 또한 인간과 만물의 동일성과 일체성一體性을 언급하면서 인간의 마음을 천지의 영靈, 즉 만물과의 감응의 주체로 규정한다. 인간은 생생불식生生不息하는 인체仁體의 발현과 전개를 통해 우주자연의 만물 창생·양육 과정에 주체적으로 참여함으로써 자신의 생명 본질을 구현하고 천지의 영으로서의 역할을 충실하게 이행할 수 있다는 것이다. 성리학과 양명학에서 인간은 인간중심주의에서와 같이 자연의 정복자나 지배자도 아니다. 그렇다고 생태중심주의에서와 같이 자연 존재물들과 같이 동일한 가치를 부여받고 자연의 한 부분으로 살아가는 초라한 존재도 아니다. 인간은 이 세상에서 가장 빼어난 존재이기에 천지의 마음 또는 천지의 영으로 지칭되지만 이는 오히려 인간에게 자연을 사랑으로 보살피고 치유하고 양육해야 할 막중한 사명과 책임을 부여한다. 이러한 사고는 자연을 하나의 도구로 전락시키는 인간중심

40 김세정. 2003.2. 「생태계 위기와 儒家生態哲學의 발전 방향」. 『哲學硏究』 85집. 대한철학회. 94~95쪽 참조.

주의 폐단은 물론 동시에 생태중심주의가 야기하는 인간 가치의 상실이라는 문제를 동시에 해결해 줄 수 있다.

실학자인 담헌湛軒과 연암燕巖은 자연만물을 '활물活物'이라 하여 살아 숨 쉬는 유기체적 존재로 보고, 인간과 자연은 유기적 관계를 중시하는 점에 있어서는 율곡栗谷이나 하곡霞谷과 유사한 입장을 취한다. 그러나 이들은 율곡栗谷이나 하곡霞谷이 인간을 천지의 마음이나 영靈으로 규정한 것과 달리 '인간이 가장 귀하다'는 것은 인간의 편견에서 비롯된 것이라 비판하면서 인간의 배타적 자기중심성에서 벗어나 보다 근원적이고 보편적인 하늘의 입장에 보면 사람과 사물이 모두 평등하다고 하는 존재의 균등성均等性을 주장한다. 삶의 방식으로는 서로가 대등한 관계에서 서로를 존중하고 서로가 힘입어 살아가면서 서로에게 도움이 되는 상보적인 공존·공생의 원리를 제시한다. 인물균人物均이라는 존재의 균등성은 생태학적 평등주의와 상통하고, 상생의 원리는 생태주의자들의 공생의 원리와도 일치한다. 이러한 인간과 자연물에 대한 평등적 사고는 '자연존재물에 대한 존중'과 나아가 '인간과 자연존재물의 조화와 공존'을 지향함으로써 서구 인간중심주의의 폐단을 극복할 수 있는 계기를 마련해 준다. 또한 성리학이 자칫 인간중심주의로 경도될 수 있는 문제점을 보완해 줄 수 있다. 다만 인물균人物均에 너무 치우쳐 생태파시즘으로 경도되지 않도록 경계할 필요가 있다.

[저자소개]

박홍규(朴鴻圭)

고려대학교 정경대학 정치외교학과를 졸업하고, 일본 도쿄대학 대학원에서 정치학 석사 및 박사 학위를 받았다. 일본학술진흥회 외국인특별연구원, 아세아문제연구소 연구교수를 거쳐, 현재 고려대학교 정경대학 정치외교학과 교수로 재직하고 있다. 한국 및 동양정치사상을 전공하였으며, 저서로 『山崎闇齋の政治理念』(2002), 『정치가 정도전』(2007), 역서로 『마루야마 마사오』(2011) 등이 있고, 논문으로는 「17세기 도쿠가와 일본에서의 화이문제」, 「中江兆民の平和理念と孟子」, "King Taejong as a Statesman" 등이 있다.

E-mail: hkpark61@korea.ac.kr

정순우

서울대학교 사범대학을 졸업하고 한국학중앙연구원 한국학대학원에서 문학박사를 하였다. 현재 한국학대학원 교수로 재직 중이며, 현재 한국실학학회 부회장, 한국서원학회 부회장 등을 맡고 있다. 조선 후기 교육사와 지성사 분야에 관한 약 40여권의 공저서와 100여 편의 논문이 있으며, 대표저서로는 『공부의 발견』(현암사, 2007), 『조선시대 서당연구』(태학사, 근간), 『도산서원』(공저, 한길사, 2001), 『지식 변동의 사회사』(공저, 문학과 지성사, 2003), 『東亞傳統敎育與學禮學規』(공저, 대만대학, 2005) 등이 있다.

E-mail: chungsw@aks.ac.kr

이동인(李東仁)

서울대학교 사회학과를 졸업하고 동 대학원에서 문학박사 학위를 받았으며, 현재 충남대학교 사회학과 교수로 재직 중이다. 중요관심분야는 한국사회사상과 사회심리학이며, 주요논문으로는 「禮의 본질과 그 현대적 의의」(1986), 「유가사상과 사회개혁—공자와 율곡의 사상을 중심으로—」(1994) 등이 있으며 저서로는 『율곡의 사회개혁사상』(2002)이 있다.

E-mail: ydonald@cnu.ac.kr

이상호

계명대학교 철학과를 졸업하고 동대학원에서 「정제두 양명학의 양명우파적 특징」으로 철학박사학위를 받았다. 계명대학교 교양과정부 강의전담교수를 거쳐, 현재 한국국학진흥원 연구원으로 재직 중이다. 『양명우파와 정제두의 양명학』, 『사단칠정 자세히 읽기』를 썼으며, 『위당 정인보의 양명학 연론』(공역)을 번역했다. 주요 논문으로는 「강화학파의 실심론」, 「『심경부주』해석사에서 바라본 정제두의 『심경주의』」, 「성리학과 생태담론」등 다수가 있다.

E-mail: sookbi@koreastudy.or.kr

진희권

고려대학교 법학과를 졸업하고 동대학원에서 법학박사학위를 받았다. 현재 경기대학교 법과대학 법학과교수로 재직하고 있으며, 우리의 전통적인 법사상의 연구를 통하여 앞으로 있어야할 법이론을 찾는 작업에 관심을 가지고 있다. 주요 논문으로는 「조선의 국가이념에 대한 소고」, 「순자의 예치와 한비자의 법치」, 「조선에서의 여성의 법적지위에 대한 소고」, 「전통유교에서 형벌집행의 현대적 의의」, 「불교의 생명관을 통해서 바라본 사형제도」 등이 있다.

E-mail: chinhk@kyonggi.ac.kr

이영찬

경북대학교 사회학과를 학사, 석사 및 박사과정을 이수하고, 프랑스의 프랑쉬-꽁떼(U. de Franche-comte) 대학에서 사회학 박사학위를 받았다. 현재 계명대학교 사회학과 교수로 재직 중이며, 주요 관심분야는 유교사회학이다. 저서로 『유교사회학』(2001), 『유교사회학 패러다임과 사회이론』(2008) 등이 있다.

E-mail: lyc@kmu.ac.kr

권상우

계명대 철학과를 졸업하고 중국사회과학원 철학연구소에서 박사학위를 취득하였으며, 현재 계명대학교 교양교육대학 교수로 있다. 현재는 유교의 경제, 경영을 중심으로 연구하고 있다. 최근의 논문으로는 「유교의 'I-We형' 경영철학」, 「한국형 사회적 기업 모색」 등이 있다.

E-mail: unitykwon@hanmail.net

김태오

경북대학교 사범대학 교육학과를 졸업하고, 동대학원에서 교육철학과 교육사학을 전공하여 교육학 박사학위를 받았다. 계명대학교 한국학연구원 연구교수, 경북대학교 중등교육연구소 연구원, 한국교육사상연구회 이사, 한국교육철학회 회장 등을 역임하였고, 현재 국립 안동대학교 사범대학 교수로 재임중이다. 저서로는 『다시 생각하는 실사구시 교육철학』(2009) 등이 있다.

E-mail: ok33@anu.ac.kr

김세정

동양東陽 김세정金世貞은 성균관대학교에서 〔왕양명의 생명철학에 관한 연구〕로 박사학위를 받았다. 뉴욕주립대학교 방문연구학자(1999)와 북경대학 방문학자(2007) 및 캘리포니아주립대학(UCLA) 방문학자(2011)를 역임하였다. 현재 충남대학교 철학과 교수로 재직하면서 충남대학교 유학연구소 소장과 한국양명학회 부회장을 맡고 있다. 2009년 (사)대한철학회 제1회 운제철학상을 수상한 바 있다. 주요 저서로는 『양명학, 인간과 자연의 한몸 짜기』(문경출판사, 2001)와 『왕양명의 생명철학』(청계, 2006, 2006년 문화관광부 우수학술도서 선정)이 있으며, 공저로는 『유학, 시대와 통하다』(2012, 자음과모음), 『王學之魂』(中國貴州民族出版社, 2005) 등 15권이 있다. 연구논문으로는 「생명공학 시대의 유교와 생명윤리」, 「양명 심학과 퇴계 심학의 비교 연구」, 「율곡학의 심학적 계승과 변용」, 「한국유학 생태담론의 현주소와 미래」 등 중국철학, 한국철학, 환경철학 관련 논문 50여편이 있다.

E-mail: kimshd@cnu.ac.kr

참고문헌

■ 박홍규 <정도전 사상과 현대 한국정치－정치가 양성을 중심으로>

참고문헌

『고려사』, 『삼봉집』.

김웅진. 2008. 「행태주의와 경험과학 연구: 전제, 영역과 설계」. 『정치학이해의 길잡이2 정치이론과 방법론』. 법문사.

마키아벨리. 2003. 『군주론』. 강정인·문지영 옮김. 까치.

신명순. 1999. 『비교정치』. 박영사.

존 로크. 1996. 『통치론』. 강정인·문지영 옮김. 까치.

최상용・박홍규. 2007. 『정치가 정도전』. 까치.

한영우. 1999. 『왕조의 설계자 정도전』. 지식산업사.

홉스. 1982. 『리바이어던』. 한승조 옮김. 삼성출판사.

참고문헌

『朱子書節要』.

『朱文公文集』.

『退溪先生文集』.

『白湖全書』.

『星湖僿說』.

김태형. 2001.「퇴계의 개별 인간자아론」.『퇴계학보』 제109집.

이승환. 1998.『유가사상의 사회철학적 재조명』. 고대 출판부.

정순우. 2007.『공부의 발견』. 현암사.

_____. 2001.「退溪哲學의 唯物論的 解析에 대한 批判的 檢討」.『도산서원』. 이우성 편. 한길사.

한재훈. 2011.「퇴계예학사상연구」. 고대 박사학위 논문.

한형조. 2008.『왜 조선유학인가』. 문학동네.

황경식. 2009.「도덕체계와 사회구조의 상관성」.『철학사상』.

錢穆.「朱子之史學」.『朱子新學案』. 제 5冊. 三民書局.

참고문헌

『論語』.

『孟子』.

『史記』.

『栗谷全書』 1·2. 1971. 성균관대학교 대동문화연구소. (영인본)

묵명철. 1990. 「율곡의 경세사상에 관한 시론」. 『이우성교수 정년기념논집』.

楊幼炯. 『中國政治思想史』. 中國學術叢書 第1篇 22輯.

이동인. 1986. 「유교적 합리성과 근대화」. 『정신문화연구』 봄호(제28호). 한국정신문화연구원.

이봉철. 2001. 『현대인권사상』. 아카넷.

이샤이(M. Ishay). 2005. 『세계인권사상사』. 조효제 역. 도서출판 길.

이재훈(역해). 1996. 『書經』. 고려원.

蔡茂松. 1983. 「栗谷의 歷史哲學」. 『제3회 국제학술대회논문집』. 한국정신문화연구원.

최현. 2008. 『인권』. 책세상.

최이돈. 1976. 「사림의 대두와 중앙정치체제의 변화」. 『한국사7, 중세사회의 발전1』. 한길사.

Creel, H. G. 1983. 『孔子, 인간과 신화(原題: Confucius; The Man and the Myth)』. 이성규역. 지식산업사.

■ 이상호 <하곡학의 생태철학적 가능성>

참고문헌

『論語』.

『孟子』.

朱熹. 『大學章句』.

鄭齊斗. 『霞谷集』.

王守仁. 『王陽明全書』.

곽신환. 2000. 「『주역』의 생생불식 사상」. 『생명과 더불어 철학하기』. 서울: 철학과 현실사.

구승회. 2001. 『생태철학과 환경윤리』. 서울: 동국대학교 출판부.

김교빈. 2000. 「양명학과 생명사상」. 『동양철학』 13집. 한국동양철학회.

김명식. 2002. 『환경, 생명, 심의민주주의』. 서울: 범양사출판부.

_____. 2004. 「영미권 환경철학의 역사」. 『환경철학』 제3집. 한국환경철학회.

김미림. 2005. 「생태철학으로서의 장재의 기철학에 대한 연구」. 『중국철학』 제13집. 중국철학회.

김석근. 2006. 「유교자본주의? 짧은 유행과 긴 여운 그리고 과제」. 『오늘의 동양사상』 제14호. 예문동양사상연구원.

朴璟煥. 1997. 「張載의 氣論的 天人合一思想 硏究 - 天道論과 人道論을 중심으로」. 고려대학교 박사학위논문.

이상호. 2007. 「'성인됨'을 위한 유학의 기획과 그 철학적 전개」. 『동양사회사상』 제16집. 동양사회사상학회.

_____. 2007. 「맹자의 인간관계론에 드러난 생태적 함의」. 『동양철학연구』 제

51집. 동양철학연구회.

______. 2007. 「성리학과 생태담론」. 『오늘의 동양사상』 제17호. 예문동양사상연구원.

이상호. 2008. 『양명우파와 정제두의 양명학』. 서울: 혜안.

______. 2011. 『사단칠정 자세히 읽기』. 파주: 글항아리.

이효걸. 1997. 「생태론의 빛과 그림자」. 『현대의 위치 동양철학의 모색』. 서울: 예문서원.

전병술. 2003. 「동양철학의 인간중심적 환경윤리」. 『중국학보』 47집. 한국중국학회.

최영진. 2000. 「『주역』에서 보는 인간과 자연의 관계」. 『동양철학』 13집. 한국동양철학회.

최재목. 1998. 「양명학과 생명사상」. 『동아시아 문화와 사상』 1호. 동아시아문화포럼.

______. 2000. 「자연과 양명학」. 『양명학』 4호. 한국양명학회.

한예원. 2001. 「양명학의 萬物一體觀에서 본 '생명윤리'」. 『양명학』 6집. 한국양명학회.

홍원식·이상호. 2008. 「경부대운하 프로젝트와 낙동강 개발에 대한 '인문생태'적인 접근」. 『한국학논집』 제36집. 계명대 한국학연구원.

참고문헌

『상서』.

『논어』.

『예기』.

『순자』.

『당률소의』.

『대명률직해』.

『고려지』.

『조선경국전』.

『조선왕조실록』.

『경국대전』.

『속대전』.

『대전통편』.

『대전회통』.

『경세유표』.

『목민심서』.

『흠흠신서』.

김충열. 1994. 『유가윤리강의』. 예문서원.

박석무. 1997. 「다산의 흠휼정신과 법의식」. 『법사학연구』 제18호.

박종목. 2011. 『다산실학의 사회계혁론과 민본주의법사상』. 고려대학교 박사학위논문.

심재우. 1993. 「유가의 법사상」. 『안암법학』 창간호. 안암법학회.

______. 1997. 「동양의 자연법사상」. 『법학논집』 제33집. 고려대학교 법학연구원.
송찬섭. 1985. 「17·18세기 신전개간의 확대와 경영형태」. 『한국사론 12』. 서울대.
이재룡. 1998. 「유가의 자연법사상」. 『법철학연구』 제1권. 한국법철학회.
______. 2000. 「조선시대의 법제도와 유교적 민본주의」. 『동양사회사상』 제3집. 동양사상학회.
______. 2002. 「유교사회사상에서의 자유와 평등」. 『법철학연구』 제5권 2호. 한국법철학회
정약용. 1999. 『역주 흠흠신서』 제1권. 박석무 등 역주. 현대실학사.
진희권. 2000. 「조선시대의 형벌사상」. 『안암법학』 제11호. 안암법학회.
______. 2002. 「십악을 통해서 본 유교의 형벌관」. 『법철학연구』 제5권제1호. 한국법철학회.
______. 2003. 「유교적 법률규정의 현재와 미래」. 『동양사회사상』 8집. 동양사회사상학회.
______. 2007. 「전통 유교에서 형벌집행의 현대적 의미」. 『형사정책연구』. 형사정책연구원.
하태영. 1996. 「다산정약용의 형사철학과 형사정책」. 『동아법학』 제21호. 동아대.
한정길. 2007. 「다산 정약용의 세계관」. 『한국실학연구』 제13호. 한국실학학회.

다산연구소 2012. http://www.edasan.org/dasan/

참고문헌

『氣測體義』

『氣學』

『人政』

김덕호. 2002. 「서평. 설혜심, 〈〈서양의 관상학: 그 긴 그림자〉〉」. 『영국연구』 vol. 8.

설혜심. 2002. 『서양의 관상학: 그 긴 그림자』. 한길사.

송은화 · 최유미. 2004. 「성격에 따른 한국인 여성(20대) 캐릭터의 얼굴 모델 연구(관상학을 이용하여)」. 『디자인학 연구』 통권 제57호.

안동림 역주. 1997. 『장자』. 현암사.

요코야마 코이치. 1996. 『유식이란 무엇인가』. 장순용 옮김. 세계사.

이영찬. 2011. 「유교의 지식론」. 『동양사회사상』 제23집. 동양사회사상학회.

_____. 2011. 「최한기의 측인학 연구」. 『철학연구』 제120집.

정종호. 1993. 「이른바 '초자연현상' 연구의 학문적 위상정립 가능성에 대한 진단: 대학내 학과 및 교과 과정개설을 위한 시도, 그리고 그 장애요인에 대한 정치사회학적 분석」. 『한국정치학회보』 제26집 3호.

한규석. 2004. 「한국사회에서의 사람 판단의 준거: 된 사람과 난 사람의 평가를 중심으로」. 『한국심리학회지:사회 및 성격』, vol. 18(1).

한덕웅 외. 2005. 『사회심리학』. 학지사.

홍성열. 2008. 『사회심리학』. 시그마프레스.

홍수현 · 김재호. 2006. 「음양오행사상의 관상학에 기반한 애니메이션 캐릭터 얼굴 설계 시스템 연구」. 『멀티미디어학회 논문지』 제9권 제7호.

참고문헌

『書經』. 『論語』, 『孟子』, 『周易』. 『大學』, 『中庸』

李元龜. 『心性錄』. 國學資料院

김교빈 외. 1999. 『동양철학은 물질문명의 대안인가』. 웅진출판.

최동석. 2001. 『경영관리의 위기』. 비봉출판사.

한국동양철학회편. 2001. 『고봉의 인식체계와 남도인의 유교정신』. 고봉학술원.

권상우. 2011. 「주역의 경영철학」. 『동양사회사상』24집. 동양사회사상학회.

이선경. 2003. 『이원구의 역학체계』. 성균관대학교 박사학위논문. 성균관대학교.

박종홍. 1983.「인륜과 산업과의 불가리의 관계를 역설한 이원구의 사상」.『심성록』. 국학자료원.

참고문헌

『論語』.

『大學』.

『傳習錄』.

권오영 등. 2000. 혜강 최한기: 동양과 서양을 통합하는 학문적 실험. 청계.

금장태. 1982.「최한기의 인정과 인도철학」. 민족문화추진회.

고전국역총서.『인정』Ⅰ. 1-18.

김병규. 1995.「혜강 최한기의 교육사상」.『단국사학회』. 사학지.

김용민. 2003.『생태문학 : 대안 사회를 위한 꿈』. 책세상.

김용옥. 2004a.「측인에 나타난 혜강의 생각」.『대동문화연구』제45집. 성균관대학교 대동문화연구원.

_____. 2004b.『혜강 최한기와 유교』. 통나무.

김용헌. 1998.「최한기의 자연관」.『동양철학연구』. 동양철학연구회.

_____. 2002.「최한기의 시대 인식과 자연학적 인식론」.『동아시아문화연구』(구『한국학논집』). 한양대학교 동아시아문화연구소. (구 한양대학교 한국학연구소)

김지하. 2005.「생명과 평화의 길」. 문학과지성사.

김태오. 2007a.『다시 생각하는 실사구시 교육철학』. 양서원.

_____. 2007b.「혜강의 사도론(師道론)에 간한 교육학적 검토」.『교육철학』제31집. 한국교육철학회. 1-19.

_____. 2007b.「혜강의『인정』에서 교육적 실천원리」.『한국학논집』제34집. 계명대학교 한국학연구원. 347-382.

_____. 2008. 「혜강 사상의 생태주의적 교육원리」. 『교육철학』 35집. 한국교육철학회. 261-284.

노상우. 2000. 「생태적 담론과 21세기 한국 교육」. 2000년 춘계 학술대회 논문집. 한국교육학회.

문순홍. 2006. 『생태학의 담론』. 아프케.

박이문. 1996. 『문명의 위기와 문화의 전환: 생태학적 세계관을 위하여』. 민음사.

박홍식. 1990. 「청년 최한기의 철학사상: '신기(神氣)'와 '통(通)' 개념 분석을 중심으로」. 『동양철학연구』 11십. 동양철학연구회.

박희병. 2003c. 「崔漢綺 사상에 있어서 自然과 人爲의 관계」. 『대동문화연구』 42집. 성균관대학교 대동문화연구원.

_____. 2003. 『운화와 근대 - 최한기의 사상에 대한 음미』. 돌베개

_____. 2003. 「최한기 사상에 있어서 자연과 인위의 관계」. 『대동문화연구』. 성균관대학교 대동문화연구원.

_____. 2003b. 『한국의 생태사상』. 돌베개.

서욱수. 2005. 『혜강 최한기의 세계인식』. 소강.

손병욱. 2004. 「『기학』 해제」. 『최한기. 기학』. 통나무.

송영일. 2004. 「혜강 최한기의 진보사상과 그 교육적 조명」. 『청람어문교육』 제30집.

심광현. 2005. 『프랙탈』. 현실문화연구.

안이정. 1997. 「원불교교전해의」. 원불교출판사.

야규 마코토. 2008. 『최한기 기학 연구』. 경인문화사.

예철혜. 2006. 「불교생태학의 주요 원리를 실천하기 위한 생태교육의 방향」. 『종교교육학연구』 제23권. 한국종교교육학회.

유영만. 2005. 「지식 생태학과 교육공학」. 『교육공학연구』 21권 1호.

이도원. 2004. 『한국의 전통생태학』. 사이언스북스.

이동희. 2000. 「한국 성리학의 자연철학적 시사」. 『동양철학』 제13집. 한국동양철학회.

이병승. 2001. 「환경교육의 철학」. 『교육사상연구』 제10집. 한국교육사상연구회.

이우성. 2005. 「증보 명남루총서 해제」. 『한국의 사상가 10인 - 혜강 최한기』. 김용헌. 예문서원.

이원순. 2000. 「최한기의 교육관 서설」. 『조선말 실학자 회한기의 철학과 사상』. 최영진 외. 철학과현실사.

이은정. 1999. 「교육생태학의 성립가능성 연구」. 연세대학교 대학원 교육학과 석사학위논문.

이종란. 2008. 「최한기의 운화와 윤리」. 문사철.

이종호. 2004. 「퇴계 이황의 유기체 우주론과 생태사상」. 『한국한문학연구』. 한국한문학회.

李贄. 2004. 『焚書』. 김혜경 옮김. 한길사.

이현구. 2005. 「최한기의 학문관」. 『한국의 사상가 10인 - 혜강 최한기』. 김용헌. 예문서원.

임부연. 2007. 『실학에 길을 묻다: 정약용과 최한기』. 김영사.

임재택. 2005. 『생태유아교육개론』. 양서원.

정영희. 2006. 「혜강 최한기의 근대교육론」. 『백산학보』 제76호. 백산학회.

조동일. 1994. 『우리 학문의 길』. 지식산업사.

조현규. 2002. 『동양윤리사상의 이해』. 새문사.

진단학회. 2001. 『명남루총서』. 일조각.

채석용. 2008. 『최한기의 사회철학』. 한국학술정보.

최영진・이행훈. 2004. 「최한기 운화론의 생태학적 해석」. 『대동문화연구』 45. 성균관대학교 대동문화연구원.

최한기. 1971. 『명남루총서(3)』. 이우성. 성균관대학교 대동문화연구원.

_____. 1979. 『국역 기측체의 I』. 민족문화추진회. 고려서적.

_____. 1982. 『국역 인정 I - IV』. 민족문화문고간행회.

_____. 1986. 『명남루전집 1』. 여강출판사. 1-39.

_____. 2004. 『기학: 19세기 한 조선인의 우주론』. 손병욱 역주. 통나무.

_____. 2006. 『신기통』. 김락진・강석준 옮김. 여강출판사.

_____. 『국역기측체의』.

한영우 등. 2005. 『21세기 한국학, 어떻게 할 것인가』. 푸른역사.

황경숙. 1996. 『최한기 교육사상의 철학적 기초』. 일지사(한국학보). 한국학보.

E. Wilson. 2004. 『통섭: 지식의 대통합』. 최재천·장대익 옮김. 싸이언스북스.

H. Norberg-Hodge. 1992. *Ancient Future: Learning from Ladarkh.* Reder. 김종철 등(2007) 옮김. 『오래된 미래 - 라다크로부터 배운다』. 녹색평론사.

J. Dewey. 1978. 『민주주의와 교육』. 이홍우 옮김. 교육과학사.

Merchant, C. 1990. *The Death of Nature.* San Francisco: Harper.

Myerson, G. 2003. 『생태학과 포스트모더니티의 종말』. 김완구 옮김. 이제이북스.

Patterson, C. H. 1973. *Humanistic Education.* New Jersey: Prentice-Hall, Inc.

■ 김세정〈한국유학의 다양한 생태의식〉

참고문헌

『禮記』, 『周易』, 『論語』, 『孟子』, 『中庸』, 『王陽明全集』.

『栗谷集』. 韓國文集叢刊 44.

『霞谷集』. 韓國文集叢刊 160.

『湛軒集』. 韓國文集叢刊 248.

『燕巖集』. 韓國文集叢刊 252.

김교빈. 1996. 『양명학자 정제두의 철학사상』. 한길사.

계명대 한국학연구소. 2011. 『제5회 계명대학교 한국학 국제학술대회 자료집: 생태학과 한국의 유교사상』.

김세정. 2000. 「서구 환경철학과 왕양명의 한몸철학」. 『陽明學』 4호. 한국양명학회.

_____. 2003. 「생태계 위기와 儒家生態哲學의 발전 방향」. 『哲學硏究』 85집. 대한철학회.

_____. 2006. 『왕양명의 생명철학』. 청계.

_____. 2008. 「유가 생태담론을 통해 본 유가생태윤리」. 『동서철학연구』 50호. 한국동서철학회.

_____. 2011.12. The Current State of the Ecological Discourse within Korean Confucianism and Its Future Outlook. *Acta Koreana* 14-2. Academia Korean Keimyung Univ.

Mary Evelyn Tucker · John Berthrong 엮음. 2010. 『유학사상과 생태학』. 오정선 옮김. 예문서원.

박희병. 1999. 『한국의 생태사상』. 동베개.

한국유학과 사회과학의 대화

2014년 4월 15일 초판1쇄 인쇄
2014년 4월 23일 초판1쇄 발행

지은이 계명대학교 한국학연구원 편
펴낸이 신 일 희
펴낸곳 계명대학교 출판부
(704-701) 대구광역시 달서구 달구벌대로 1095
TEL: (053)580-6233
FAX: (053)580-6235
홈페이지: www.kmupress.com
출판등록: 제347-1998-1호(1970. 9. 1.)

ISBN 978-89-7585-669-3 93300
정가 28,000원
*잘못된 책은 교환하여 드립니다.

이 도서의 국립중앙도서관 출판시도서목록(CIP)은 서지정보유통지원시스템 홈페이지(http://seoji.nl.go.kr)와 국가자료공동목록시스템(http://www.nl.go.kr/kolisnet)에서 이용하실 수 있습니다.(CIP제어번호: CIP2014012239)